Schon seit vielen Jahren bestimmen ihre geliebten Huskys Silvia Furtwänglers Leben. Nachdem sie mit ihnen 2008 in Norwegen war, um auf der größten Hochebene Europas, der Hardangervidda, den Spuren Roald Amundsens zu folgen, fällt sie eine Entscheidung, die ihr Leben von Grund auf verändern soll: Nur fünf Monate später packt sie ihre Koffer und wandert mit ihrer Familie aus. Seither lebt sie in einem Häuschen am See in der norwegischen Wildnis, oft wochenlang durch Schnee und Eis von der Außenwelt abgeschnitten. Hier jagt und fischt sie, trainiert mit ihren Hunden und bereitet sich auf ihre außergewöhnlichen Expeditionen vor, wie etwa den Ersten Internationalen Volga Quest. Doch fast genauso abenteuerlich wie dieses Schlittenhunderennen ist die Reise dorthin, die Silvia und ihre Hunde über 3200 Kilometer quer durch Norwegen, Schweden, Finnland und Russland führt.

SILVIA FURTWÄNGLER, geboren 1961 in Köln, betreibt seit 29 Jahren Schlittenhundesport und nahm 2001 erstmals am Yukon Quest teil. Ein Jahr später erschien ihr Buch *Tausend Meilen Eis*. Sie wanderte 2008 nach Norwegen aus. 2014 nahm sie als einzige Westeuropäerin am Volga Quest in Russland teil – und gewann.

SILVIA FURTWÄNGLER

in Zusammenarbeit mit
Regina Carstensen

NORDWÄRTS

Eine Frau mit 30 Huskys in der Wildnis

Rowohlt Taschenbuch Verlag

Zum Schutz ihrer Identität wurden die Namen der
handelnden Personen teilweise pseudonymisiert.

3. Auflage November 2015

Originalausgabe

Veröffentlicht im Rowohlt Taschenbuch Verlag,
Reinbek bei Hamburg, Oktober 2015
Copyright © 2015 by Rowohlt Verlag GmbH,
Reinbek bei Hamburg
Umschlaggestaltung ZERO Werbeagentur, München
Umschlagabbildungen privat (unten);
Andrey Kamenev/Planetpics.ru (oben)
Karte S. 279 Peter Palm, Berlin
Satz aus der Mercury Text G3, InDesign, bei
Pinkuin Satz und Datentechnik, Berlin
Druck und Bindung CPI books GmbH, Leck, Germany
ISBN 978 3 499 63082 8

Meinen Hunden

Mit euch durfte ich so viel erleben und erfahren.
Ihr habt mein Leben mitbestimmt,
ohne euch wäre ich nicht, was ich jetzt bin.

INHALT

PROLOG

11   Ein Amundsen-Koller und ein Hochebenenrausch

TEIL I

27   Mit Gebimmel auf den Spuren des legendären
Goldgräber-Trails

42   Wagnis Wildnis ohne feste Bleibe

55   Umzug mit dreißig Hundehütten auf einem Floß

69   Bonanza-Anne, eine Nachbarin mit vier Kühen

79   Meine Seelenschwester stirbt

95   Unterwegs auf der Milchstraße

109   Zwei Frauen bäuchlings auf Rentierjagd

122   Wenn der Buschflieger nicht mehr landen kann

134   Heiligabend im Whiteout zum Zahnarzt

TEIL II

145   Ein italienischer Kommunist im russischen Exil –
und ein neues Hundeschlittenrennen

162   Wo kommt denn dieser Stein her?

178 Auf nach Osten! Allein!

194 Nichts ohne Google-Translator

211 Puschelhunde, Luftballons und Würstchenbuden

227 Drei russische Bären auf meinen Beinen

242 Canyon hoch, Canyon runter, Canyon hoch ...

260 Am Ende der Wolga-Show ein harter Konkurrent

EPILOG

271 Nie wieder zurück

277 Dank

NORDWÄRTS

PROLOG

Ein Amundsen-Koller und ein Hochebenenrausch

«Du darfst ihn mitnehmen.»

Eine Frau, die ich nur flüchtig kannte, bot es mir an. Da lag er, der Kompass von Roald Amundsen. In einer Vitrine, in einem Haus in Mogen.

«Das kann ich nicht, der ist viel zu kostbar.»

«Doch, nimm ihn ruhig mit, nach zwei, drei Tagen gibst du ihn zurück.»

Zögernd griff ich zu dem Kompass, betrachtete ihn lange, voller Ehrfurcht, steckte ihn dann sorgsam, in einen Schal gewickelt, in meinen Rucksack ein. In diesem Moment fühlte ich mich als Teil seiner Geschichte. In den nächsten Tagen streichelte ich ihn mehrmals wie einen meiner Hunde. Ich konnte mein Glück nicht fassen. Ich darf diesen Kompass in meinen Händen halten! Wem ist das schon gegönnt? Vielleicht war es kindisch, aber ich wollte gern kindisch sein. Wenigstens in diesem Moment.

Eines Tages hatte ich mich auf die Spuren von Roald Amundsen begeben, dem norwegischen Abenteurer – und am Ende wanderte ich mit Mann und Sohn in die Wildnis aus.

Natürlich wollte ich nicht wie Amundsen zum Nord- oder Südpol reisen, aber es konnte doch interessant sein, so dachte ich, dort mit meinen Hunden entlangzufahren, wo er sich für seine Südpolexpedition vorbereitet hatte: in der Hardangervidda in Norwegen. Die Hardangervidda ist Europas größte Hochebene mit einer Fläche von ungefähr achttausend Quadratkilometern. Sie ist ein Nationalpark, von Menschen wenig berührt, mit vielen felsigen Ebenen, Geröllfeldern, dunklen Seen und sanften Anhöhen aus der Gletscherzeit. Die größte wilde Rentierherde ist hier zu Hause, und es sind wirklich freilebende Tiere, sie haben keine Markierung im Ohr, keinen Knopf, der sie einem bestimmten Besitzer zuweist, wie es sonst bei Rentieren der Fall ist.

Die Hardangervidda war vom Bayerischen Wald aus, wo ich damals wohnte, nicht so weit, das schien machbar zu sein. Amundsen selbst hatte dort 1893, gerade zwanzig geworden, seinen ersten Versuch unternommen, die Hochebene auf Skiern und mit einem Rucksack auf dem Rücken zu bewältigen. Ein Schneesturm hatte das Vorhaben schließlich scheitern lassen, aber es war nicht vergessen, und drei Jahre später hatte er mehr Glück. Zusammen mit seinem Bruder Leon startete er ein weiteres Training, dieses Mal mit Huskys – Hunden, die auch ich besaß.

Die Briten hatten bei ihren Polexpeditionen als Erste Huskys eingesetzt, doch ohne Erfolg. Dann versuchte es der in Devonport geborene Robert Falcon Scott, Marineoffizier und Polarforscher und setzte sie zu Beginn des 20. Jahrhunderts vergeblich bei seinen Antarktis-Expeditionen ein, was Roald Amundsen, Erzrivale von Scott, zu der Bemerkung veranlasste: «Entweder müssen die Engländer schlechte Hunde gehabt oder nicht verstanden haben, mit ihnen umzugehen.» Als Scott nämlich in der Antarktis ankam, waren viele der Hunde krank und weigerten sich, das mitgenommene Futter zu fressen: verdorbenen Stockfisch. Ebenfalls von Belang war wohl, was ich aus Erfahrung bestätigen kann: Schlittenhunde brauchen Kommandos – und Scott soll da nicht richtig durchgegriffen haben. Als Alpharüde versagte er vollends, sodass am Ende er und seine Leute die Schlitten selbst ziehen mussten. Die Huskys trotteten nebenher oder saßen sogar auf den Schlitten und ließen sich ziehen. Das sollte auch nur einer meiner Hunde versuchen! Bei Amundsen hatten die Schlittenzieher es übrigens auch nicht versucht. Seine Südpol-Expedition gelang nur deshalb so gut, weil er wusste, wie die Hunde im Geschirr zu führen waren. Er litt auch nicht unter dem Bellen der Tiere, da war Scott doch sehr viel empfindsamer.

Ein guter Anlass für meine Tour war der achtzigste Todestag des norwegischen Bezwingers beider Pole, der von 1872 bis 1928 gelebt hatte. Jetzt war Frühling 2008, und bei Wintereinbruch konnte ich doch eine kleine Gedenktour an diesen großen Expeditionsleiter machen. Amundsen, Scott, Jack London, Ernest Shackleton und all die anderen Abenteurer hatten mich seit jeher fasziniert. Sie waren über ihre eigenen Grenzen gegangen, das war es, warum sie für mich so wichtig waren. Ich hatte das sehr bestimmte Gefühl, sie hätten mich verstanden, wenn ich über meine ging – was man bei meinen Mitmenschen im Bayerischen Wald, abgesehen von meiner Familie, nicht unbedingt behaupten konnte.

Amundsen war kein unumstrittener Mensch gewesen. Er galt als widersprüchlicher Charakter, ausgestattet mit einem enormen Selbstbewusstsein, der viel Anerkennung brauchte und Kritik nicht gut vertragen konnte. Sein Führungsstil war autoritär, von seiner Mannschaft verlangte er unbedingten

Gehorsam, wer sich ihm widersetzte, wurde aus dem Team geschmissen. Mit einem ähnlichen Verhalten geriet auch Reinhold Messner ins Kreuzfeuer, als sein Bruder Günther bei einer Expedition am Nanga Parbat, an der höchsten Eiswand der Erde, starb. Reinhold Messner war allein zum Gipfel aufgebrochen, sein jüngerer Bruder folgte ihm. Später warf man dem Überlebenden vor, das Leben des Bruders aufs Spiel gesetzt zu haben, um den Nanga Parbat zu überschreiten. Bei den Bezichtigungen ging es um «Tyrannei», «Männerspiele» oder «Imponiergehabe». Wie dem auch sei, nur Reinhold Messner war in der Nähe seines Bruders gewesen.

Doch zweifellos ist: Wer Erfolg haben will, wer auf eine Idee fixiert ist und Widerstände überwinden will, kann sich nicht nur als einfühlsamer und höflicher Mensch zeigen – was nicht bedeutet, dass ich es gutheiße, andere absichtlich in Gefahr zu bringen. Aber um eine Gruppe zu führen, eine Expedition zu leiten, Menschen so weit zu mobilisieren, dass sie über sich hinausgehen, sind einige «unangenehme» Eigenschaften notwendig. Ich hätte die von Amundsen gern in Kauf genommen, wäre gern in seinem Team gewesen, hätte mich mit diesem eigenwilligen Abenteurer auseinandersetzen wollen. Auch mit all den anderen, den Jack Londons, den Robert Falcon Scotts. Sie schienen etwas zu haben, etwas, das auch ich in mir trug – ein ganz spezielles Expeditions-Gen. Nun konnte ich ihrem Willen nur noch nachspüren.

Als die beiden Amundsen-Brüder die Hardangervidda im Dezember 1896 durchquerten, so las ich in einem Buch, wurden sie nachts von einem abermaligen Schneesturm überrascht, einem jener plötzlich auftretenden Stürme, die ich inzwischen selbst kennengelernt hatte. Beide wurden komplett eingeschneit, von Roald soll man nur seine Füße gesehen haben. Sein Bruder Leon konnte sich, nachdem er wach geworden war, zuerst aus den gigantischen Schneemassen befreien, danach buddelte er Roald aus. Ohne diese Tat hätte es Amundsens Südpolar-Expedition wohl nie gegeben. Der Schneesturm hielt anscheinend an, Genaueres weiß man darüber aber nicht. Es ist auch nicht dokumentiert, ob Roald und Leon danach durch die Hardangervidda herumgeirrt, ob sie im Kreis gelaufen sind oder ob sie sie tatsächlich, wie geplant, durchquert haben. Fest steht nur: Irgendwann fand sie ein Farmer und führte sie zu seinem Haus in Mogen, wo man ihnen zu essen und trinken gab, auch neue Kleider. Als Dank erhielten die helfenden Leute von den Amundsen-Brüdern einen Kompass.

Je mehr ich mich informierte, umso mehr dachte ich, dass die Hardangervidda ein Gebiet ganz nach meinem Geschmack sein musste. Schließlich stand meine Entscheidung fest: Ich wollte die Tour so mit meinen Hunden nachgehen, wie sie von den Abenteurer-Brüdern geplant worden war. Als ich anfing, von meinem Plan zu erzählen, drückte ich das sehr vorsichtig aus, denn ich ahnte, man könnte mich missverstehen: «Da kommt eine Deutsche und will das machen, was Amundsen angeblich nicht geschafft hat.» Insbesondere gegenüber Norwegern musste ich sehr vorsichtig sein, denn niemand durfte das Geringste gegen ihren Nationalhelden vorbringen. Deshalb sagte ich, wenn ich nach meiner Motivation für dieses Unternehmen gefragt wurde: «Ich will seinen Spuren folgen, um auf seine Leistung aufmerksam zu machen. Bei dieser Vorbereitung wäre er fast ums Leben gekommen. Kaum einer weiß davon, über diese Tour ist nur sehr wenig bekannt.» Das beruhigte möglicherweise in Unruhe versetzte Gemüter, und es hieß dann auch: «Ah, das ist toll, das muss endlich mal ans Tageslicht kommen.» In den norwegischen Medien wurde meine Miniexpedition in vielen Artikeln thematisiert.

Acht Hunde und einen Schlitten nahm ich mit, meine Basis war das Hotel Skinnarbu in der Nähe von Rjukan, eine schöne, auf einer kleinen Anhöhe einsam gelegene Anlage, mit weißen Sprossenfenstern, schlichten, schönen Zimmern, viel Holz und mit einer Schneehaube auf dem Dach. Rjukan selbst ist ein Ort mit 3500 Einwohnern, er liegt unten in einem Tal, Einheimische sprechen vom «tiefsten Loch der Erde». Sieben Monate, von September bis März, gibt es hier keine Sonne – und seit über hundert Jahren existierte die Idee, Sonnenlicht ins Tal zu reflektieren. 2013 wurde das scheinbar Unmögliche wahr: Drei Spiegel, Heliostaten, jeweils rund siebzehn Quadratmeter groß, werden seither per Computer so gesteuert, dass sie dem Sonnenlicht folgen und es in die Ortschaft reflektieren. Die Lichtellipse ist jedoch nicht sehr groß, nur fünf mal fünf Meter.

2008 aber gab es diese technische Neuerung noch nicht. Da fuhr ich vom Tal aus eine Passstraße hoch – und ein Bergpanorama lag vor mir, darüber ein strahlend blauer Himmel. Einfach grandios. So ein Empfang! Ich war völlig hin und weg. In diesem Moment konnte ich mir nichts Schöneres vorstellen.

Der Hotelmanager, Magnus Rybak, drahtig, anpackend, mit einem Bartansatz und perlweißen, kräftigen Zähnen, riet mir, mich bei der örtlichen Polizei zu melden, was ich dann auch tat.

«Wir haben von deiner Expedition gehört», sagte der Beamte (in Norwegen duzt man sich, auch wenn man sich gar nicht kennt). «Wir finden deine Aktion klasse. Aber wir möchten dir zur Sicherheit raten, ein Satellitentelefon mitzunehmen. In der Hardangervidda sind schon viele Menschen umgekommen.»

«Ich komme bestimmt nicht um», erwiderte ich gelassen, obwohl ich dennoch den Hinweis befolgte und mir ein solches Telefon besorgte. «Ich habe meine Hunde dabei. Es kann hier doch nicht schlimmer sein als in Alaska. Da bin ich mehrmals gewesen, unter den härtesten Bedingungen.»

Ich musste daran denken, wie ich 2003 bei einem der letzten großen Abenteuer auf dieser Erde, dem Yukon-Quest-Rennen, dabei gewesen war, dem gefährlichsten Schlittenhunderennen der Welt. 1600 Kilometer durch die menschenleere, eisige Wildnis Kanadas, entlang des zugefrorenen Yukon River. Extrem steile Anstiege, rasante Talfahrten, tückische Schneelöcher, scharfe Eisplatten, Temperaturen bis 50 Grad unter null. Zwei Wochen war ich mit meinen Hunden unterwegs gewesen, von Whitehorse nach Fairbanks, Tag und Nacht allein auf mich gestellt. Ich erlebte dabei meine bisher größte Herausforderung – und kam als erste Europäerin ins Ziel

«Das ist uns bekannt, aber wir möchten dich dennoch warnen, dieses Jahr haben wir einen sehr schneereichen Winter.»

«Danke, ich werde es im Kopf behalten.»

Damit war das Gespräch beendet.

Im Hotel Skinnarbu arbeitete eine Frau namens Nora, eine honigblonde Mittdreißigerin, die, wie sich herausstellte, die Freundin des Hotelmanagers war. Sie hatte ähnlich kräftigweiße Zähne wie Magnus Rybak, ein längliches Gesicht mit ehrgeizigen Zügen, wobei ihre Augen etwas Gutmütiges ausstrahlten. Nachdem Nora von meinen Plänen erfahren hatte, wollte sie unbedingt mit mir an der «Expedition» teilnehmen, sie meinte, sie würde mich gern auf ihren Skiern begleiten. Eigentlich hatte ich vorgehabt, die Vidda allein zu durchqueren, aber weil mir Nora gut gefiel, änderte ich meine Meinung. Sie wirkte sehr sportlich, wie eine der Frauen, die mit Skiern zur Welt gekommen waren.

«Aber dann musst du», sagte ich, «bereit sein, meinen Regeln zu folgen. Wenn ich noch weiterwill und du schon gern Rast machen möchtest, dann werden wir dennoch weitergehen. Und wenn ich Pause machen möchte und du nicht, hast du mit mir einen Stopp einzulegen.» Eindrücklich sah ich Nora an, sie strahlte noch immer. «Und du musst mir vertrauen», fuhr ich fort. Die Norwegerin nickte so ehrlich, dass ich ein gutes Gefühl hatte. «Okay, dann machen wir das zusammen.»

Die Hardangervidda konnte man in zwei Tagen durchqueren, aber auch eine Woche war denkbar – abhängig von den Witterungsverhältnissen. Auf meinen Schlitten verstaute ich Lebensmittel und Futter für die Hunde, sodass wir mindestens sieben Tage lang damit auskommen würden.

Nora stand auf ihren Skiern, um ihren Körper trug sie ein schmales Seil, das wir am Schlitten festgemacht hatten. Als es bald so viel Tiefschnee gab, extremen Tiefschnee, mussten wir dieses Fahr-Duo jedoch aufgeben. Sie fuhr dann voran und brach mit ihren Skiern den Trail. War für Amundsen noch der Kompass überlebenswichtig, war es für mich GPS. Nora kannte sich mit dem Navi-System nicht aus, vertraute ihm nicht, stützte sich lieber noch ganz traditionell auf Karten – und einen Kompass. «Das ist alles gut», sagte ich, «aber wir wollen auch im Dunkeln laufen, und mit Karte und Kompass sieht man in der Finsternis nicht viel. Da ist es besser, wenn du lernst, mit GPS umzugehen.» Zum ersten Mal blickte mich Nora an, als würde sie mir doch nicht so ganz vertrauen wollen. Aber sie hatte keine andere Wahl, sie musste lernen, mit dem satellitengesteuerten System umzugehen.

Natürlich kam auch am ersten Tag gleich ein Sturm auf. Gerade hatte ich noch in die Sonne geschaut, und während ich mich wieder den Hunden zuwendete, waren wir schon mitten in einem Sturm. Es war unglaublich, wie schnell sich das Wetter geändert hatte. Aber wir fuhren einfach weiter. Die erste Etappe war sehr lang. Elf Stunden waren wir unterwegs gewesen, als Nora sagte: «Wollen wir ein Zelt aufbauen?»

«Laut meinem GPS», antwortete ich, «sind wir höchstens eine halbe Stunde von Sandhaugen entfernt, einer größeren Hütte, die zwar um diese Jahreszeit nicht bewirtschaftet ist, aber es gibt dort Unterkünfte, die offen sind. Da müssen wir im Sturm kein Zelt aufbauen. Schaffst du noch diese halbe Stunde?»

«Klar, eine Hütte schützt uns mehr.»

Es war schon dunkel, und Nora folgte dem GPS-Trail bis nach Sandhaugen, die Koordinaten hatte ich schon zuvor eingegeben. Das Navi spricht nicht mit einem wie beim Auto, es piepst. Das Piepsen signalisiert einem, ob man mehr nordwestlich oder weiter östlich zu gehen hat – ein Pfeil hilft dabei, die Richtung entsprechend zu korrigieren. Man braucht schon etwas Übung, um das System zu beherrschen. Außerdem hilft es, genügend Batterien dabeizuhaben. Lithium-

Batterien, da diese bei großer Kälte länger durchhalten. Mir war schon so manche Geschichte zu Ohren gekommen, dass sich jemand nach dem Navi orientiert hatte, sich allein darauf verließ, aber irgendwann nicht weiterlaufen konnte, weil er keine Ersatzbatterien mitgenommen hatte.

Plötzlich tauchten in der Dunkelheit dunklere Umrisse vor uns auf.

«Sind das Steine?», fragte ich.

«Dafür sieht es viel zu organisiert aus», erwiderte Nora. «Das muss Sandhaugen mit den einzelnen Hütten sein.»

Nora hatte sich getäuscht. Gäbe es eine Fata Morgana in Schneelandschaften, sie hätte eine solche Erfahrung gemacht. Es war eine Ansammlung von Steinen, verborgen unter einer Schneewehe, die durch den Sturm in der Nacht schwer auszumachen war.

«Aber wir müssten doch längst dort sein», überlegte ich laut. «Was sagt denn das GPS?»

«Höchstens noch zweihundert Meter.»

Und plötzlich, wie aus dem Nichts, ragten vier Hütten vor uns auf. Nora wollte nachsehen, welche davon offen war, und als sie auf ihren Skiern davonfuhr, erwischte sie eine Bö so heftig, dass sie fast in den Schnee geworfen wurde. Sie rüttelte an einer Hütte, an der zweiten, der dritten – aber erst die vierte, wie sollte es anders sein, ließ sich öffnen.

Kalt war es in der Hütte, verdammt kalt, aber es lag eine Menge Holz herum. Während Nora sich um das Feuer im offenen Ofen kümmerte, machte ich bei den acht Hunden die hintere Leine los, die sogenannte Tugline. Die Tugline ist die Verbindung zwischen der Zentralleine und dem Hund und wird am Geschirr festgemacht; die Hunde selbst blieben also am Schlitten. Minnie, meine Leaderin, die mich beim Alaska-Rennen begleitet hatte, war nicht mehr unter ihnen. Ihre Position hatte Mrs. Greene eingenommen.

Mrs. Greene war eine ganz Schlaue, mit einer grauen Schnauze, leicht arrogant, die mich immer ansah, als wollte sie sagen: «Silvia, ich übernehme hier das Denken.» Oft genug musste ich ihr recht geben, denn es gelang ihr, stets den kürzeren Weg zu finden, wo ich einen Umweg genommen hätte – nur: Ihr Weg war perfekt für einen Einzelhund, nicht aber für ein Team, das auch noch einen Schlitten hinter sich herzog. So raste sie nur zu gern tolldreist über Gletschereis oder nahm die steilsten Abhänge. Oft konnte ich nur noch zu mir selbst sagen: «Festhalten! Laufen lassen! Nicht bremsen!» Was heißt: Eine Leaderin, die zu viel denkt, ist nicht immer gut. Auch nicht eine Leaderin, die nicht so denkt wir ihr Boss. Mrs. Greene hatte ich aus dem Tierschutz geholt, dunkel und kräftig war sie, nicht zu groß, ein klasse Charakter. Doch eine Super-Leaderin, wie es einst Minnie war – davon konnte bei ihr keine Rede sein.

Direkt vor der Hütte gab es eine riesige Verwehung, die eine Mulde bildete, eine Art Garage. So waren die Huskys in der Nacht gut vor dem Sturm geschützt. Sie würden sich einrollen, die Schnauze unter dem Schwanz, damit die Atemwege geschützt waren – ein bestens der Natur angepasstes Warmhaltesystem. Ein Dackel würde es bei diesen eisigen Temperaturen nicht eine Nacht schaffen. Ein Dackel hätte es auch nie und nimmer geschafft, zwölf Stunden bei Schnee, Regen, Sturm und schlechten Trails zu laufen. Mrs. Greene und die anderen hatten sich ihr Futter mehr als verdient.

Das Feuer verbreitete, wenn man dem Ofen nah genug

kam, eine angenehme Wärme. Amundsen hatte weder einen Ofen noch eine Hütte und erst recht kein GPS gehabt. Nicht zu vergessen meine Daunenjacke und Hose, sie waren aus einem Material, von dem der Norweger einst nur hatte träumen können. Meine Leistungen waren allein schon aus diesem Grund nicht mit denen der einstigen Abenteurer zu vergleichen – aber diesen im Kleinen nachspüren zu können, darüber war ich sehr glücklich. Das alles zu erleben bedeutete für mich, auf meine Art und Weise bei ihnen zu sein.

Nora war gerade dabei, ihren Gaskocher, den sie im Rucksack mitgeschleppt hatte, in Betrieb zu nehmen, doch er schien nicht zu funktionieren.

«Vergiss es, ich hole meinen vom Schlitten», sagte ich, nachdem sie einen dritten – vergeblichen – Versuch unternommen hatte.

Mein Kocher hatte mich noch nie im Stich gelassen, ich rollte ihn aber auch immer in irgendwelche Kleidungsstücke ein. Auf die Gaskartusche draufgesetzt – schon zeigte sich die Flamme. Während wir Suppe und ein Nudelgericht erwärmten und mit Heißhunger verschlangen, pfiff der Sturm immer lauter um die Hütte.

«Ich mag mir nicht vorstellen», sagte Nora, als sie ihren Schlafsack auf der hölzernen Bettstatt ausbreitete, «wir würden bei diesem Sturm jetzt im Zelt liegen. Da würde der Wind ganz schön an den Planen rütteln.»

Ich konnte keine Antwort geben, ich war schon eingeschlafen.

Sie jaulten. Die Hunde jaulten mitten in der Nacht. Länger als zwei Stunden konnte ich nicht geschlafen haben. Wieso jaulten sie bloß? Sie heulten mit dem Sturm um die Wette. Was war da los? Hatte sich einer der Hunde die Leine um den Fuß gewickelt, und die anderen stimmten gleich mit in sein Gejaule ein? Wenn das der Fall war, konnte bei dieser Kälte eine Pfote erfroren sein, überlegte ich. Auf jeden Fall wollte ich nachsehen, was der Grund für das Geheul war. Ohne Grund schlugen sie nicht an. Doch der Grund war dann ein ganz anderer, als ich erwartet hatte. «Hey, Silvia», empfingen sie mich, gleichsam mopsfidel, «wir sind startklar, für uns kann es jetzt losgehen.» Da musste ich ein klares Machtwort sprechen: «Bevor es nicht hell ist, geht hier überhaupt nichts weiter.»

Beim Aufwachen lauschte ich nach draußen: Alles war still. Sowohl der Wind wie auch die Hunde gaben keinen Laut von sich. Und Nora und ich lagen auch nicht wie die Amundsen-Brüder unter Schnee – gewisse Errungenschaften der Zivilisation haben auch ihre Vorteile, keineswegs will ich das bestreiten.

Was haben wir doch für ein Glück, dachte ich, als wir nach draußen traten und blauer Himmel und Sonnenschein uns begrüßten. Diese Landschaft war wahrlich ein Traum. Die Hardangervidda, so weit sie vor uns lag, wurde immer wieder von Blickfängen aufgehübscht: ein Berg, eine einsame Hütte oder ein weites Tal mit einem zugefrorenen See. Es war wunderschön!

Aufbruch von Sandhaug war dann genau um 10 Uhr 40, wie ich in meinem Tagebuch nachlesen konnte. Anfangs waren Nora und ich allein, doch dann, schon nach einer halben Stunde, trafen wir zufällig auf Alf Einar und Jarle. Mit seinem Gespann aus sechzehn Hunden und einem Haufen Lokalkenntnissen war Alf Einar der richtige Mann zur richtigen Zeit.

In weniger als vier Stunden hatten wir den zweiten Teil unserer Expedition hinter uns, und dank der beiden Musher aus Westnorwegen – wie Hundeschlittenführer in der internationalen Sprache Englisch genannt werden – wurde der Sonnabend um einiges leichter als der Tag zuvor. Nur die letzte Etappe durch das Tal des Bjoreio war ziemlich schwierig. Plötzlich einsetzendes Tauwetter, nicht genügend Schnee und die vielen Steine führten dazu, dass wir im Zickzack liefen. Die vielen Flüsse, die bereits an einigen Stellen offen waren, bereiteten uns auch einiges Kopfzerbrechen.

«Hält die Eisfläche?», rief ich mehrfach Nora zu, die mit ihren Skiern vorangegangen war, um festzustellen, ob wir, die beiden anderen Teams und ich mit meinen Hunden, nicht einbrechen würden.

«Scheint okay zu sein», rief sie meist zurück, doch nachdem wir alle das Eis überquert hatten, knirschte es gewaltig. Ein eindeutiges Zeichen, dass ein nächstes Schlittenhundeteam es nicht mehr geschafft hätte, trocken ans andere Ufer zu kommen.

Aber dann, nach einem Weg mit weichem Pulverschnee, hatten wir das Abenteuer überstanden und unser Ziel erreicht. Gegen halb drei kam unser Treck in Maurseth an, einem kleinen Platz mit vereinzelten Hütten. Mauerseth soll auch die Stelle sein, die Amundsen für sich als Ziel auserkoren hatte. Die Überquerung der Hardangervidda auf den Spuren des großen Norwegers war damit geschafft. Alles war gut verlaufen, doch innerhalb dieser wenigen Stunden, die wir unterwegs gewesen waren, hatte ich gemerkt, dass Europas größte Hochebene trotz perfekter Ausrüstung und GPS nichts für Anfänger war. Puderschnee, eine knallharte Eispiste und Schneestürme waren schon eine Herausforderung gewesen. Aber wenn die Sonne schien, war man umgeben von prachtvollen Farben, selbst das Grau bekam etwas Magisches. Nora sagte mit hochroten Wangen: «Es passiert etwas mit dir, wenn du schließlich realisierst, dass du im Fjell ganz allein bist.» Ich konnte ihr nur zustimmen. Ich war mitten dabei, ich konnte aus tiefstem Herzen nachempfinden, was Amundsen wohl gefühlt haben könnte.

Immer wieder warf mich die wilde Natur um, es war, als hätte ich meine Heimat gefunden. Es war so unbeschreiblich, ich wusste überhaupt nicht, was mit mir geschah. Diese wilde Umgebung nahm mir den Atem, ich konnte nicht mehr klar denken, mein Herz pochte und wummerte, es schien fast zu schreien: «Hier bist du zu Hause! Nirgendwo auf der Welt wirst du glücklicher werden.»

Zurück ich Rjukan, nahm ich immer wieder die Passstraße, um das Bergpanorama zu genießen. Ich kam von diesem Anblick einfach nicht los. Du spinnst, dachte ich. Du hast einen Amundsen-Koller, der Geist des norwegischen Abenteurers hat von dir Besitz ergriffen, du hast irgendeinen Rausch. Einen Hochebenenrausch. Morgen ist es vorbei.

Es war aber am nächsten Tag nicht vorbei. Ja, das ist es, dachte ich. Zwei, drei Tage wartete ich noch – unbedingt wollte ich in dieser Landschaft noch weiter mit meinen Hunden trainieren und dem nachgehen, was so Seltsames in mir passiert war –, dann rief ich Jürgen an.

«Kannst du nicht mal mit Steven vorbeischauen?», sagte

ich. «Es ist so schön hier. Die Flugtickets nach Oslo sind auch nicht so teuer.»

«Wieso habe ich geahnt, dass dieser Anruf von dir kommen würde?»

«Bitte, nimm dir ein paar Tage Urlaub. Du musst das hier sehen.»

Zwei Tage später waren Jürgen und Steven in Rjukan.

TEIL I

Mit Gebimmel auf den Spuren des legendären Goldgräber-Trails

Es war nicht das erste Mal, dass ich eine solche Memory-Abenteuer-Tour unternahm. Auch Jack London hatte es mir angetan, zwei Jahre vor meiner Amundsen-Tour – es trieb mich irgendetwas, diesen Männern nachzuspüren, ich war auf der Suche. Doch das, wonach ich suchte, hatte ich erst gefunden, als ich den Kompass berührte, den auch Amundsen berührt hatte. Jack London hatte nur meine Sehnsucht intensiviert, einen Ort zu finden, der mich ruhiger werden ließ.

Zur Welt kam dieser Rebell und Lebemann mit den großen körperlichen Kräften 1876 in San Francisco. Innerlich war er zerrissen, nie nahm er ein Blatt vor den Mund, ständig war er darauf aus, seinen Phantasien Nahrung zu geben. So wollte er sich unbedingt ein Bild von der großen Goldgräberstimmung in Alaska machen – und natürlich auch reich werden. Mit einem Dampfboot gelangte er im Herbst 1897 nach Skagway, um sich von der Hafenstadt aus auf den Chilkoot Trail zu begeben. Viele waren hier wie London aufgebrochen in der Hoffnung, reich zu werden – und nur bei sehr wenigen ging der Wunsch in Erfüllung. So sollen zwischen 1897 und 1899 über hunderttausend Menschen den Chilkoot Pass überquert haben, um ihr Glück zu versuchen. London beschreibt den damaligen Goldrausch in seinem Buch *Alaska-Kid* – ich war davon so hingerissen gewesen, so aufgewühlt, dass ich unbedingt die Reise des Kaliforniers nachmachen wollte. War es wirklich nur das Gold gewesen, dass die Menschen ein solches Wagnis eingehen ließ? Oder war ihre Situation nicht so verzweifelt gewesen, dass ihnen keine andere Wahl blieb?

Im Spätherbst 2006 flog ich nach Seattle, zusammen mit zwei Hunden, Sky und Floh, wobei Floh die Mutter von Sky war. Sie war eine bullige Dame mit braunschwarzem Fell, die einem Rottweiler ähnlich sah, dabei war sie ein Mischling, in dem sich ein Appenzeller Sennenhund sowie ein Berner Sennenhund verbargen. Skys Vater wiederum war ein Labrador, weshalb sie zierlicher und sportlicher als ihre Mutter war. Gern zickte sie diese an, ein typisches Mutter-Tochter-Verhalten. Alles wie im wirklichen Leben.

Wie einst Jack London wollte ich den legendären Goldgräber-Trail zu Fuß bewältigen. In der Nähe von Seattle bestiegen wir drei ein Schiff, um nach Skagway zu gelangen – ich schlief sogar an Deck, um dem Autor so nah wie möglich zu sein. Von Skagway aus ging es dann los, den historischen Trail entlang, Rucksack auf dem Rücken, darauf geschnürt ein kleines Zelt zum Übernachten.

Der Trail war wie ein großes Museum, überall lagen noch Sachen herum, verrostete Apparaturen, Gegenstände, die man damals zum Schürfen gebraucht hatte, außerdem Kochtöpfe und Schuhe. Es sah aus, als würden sie dort schon seit über hundert Jahren liegen. Alles sah so verloren und einsam aus, was vielleicht auch daran lag, dass um diese Jahreszeit nicht viele Menschen das Bedürfnis hatten, dem Trail zu folgen. Bald konnte schon der erste Schnee fallen, man roch ihn förmlich in der Luft – bei einem solch ungemütlichen Wetter suchte man sich angenehmere Wegstrecken aus.

Bei einer Rast lernte ich aber doch ein amerikanisches Ehepaar aus Colorado kennen, und es war ein äußerst bemerkenswertes Paar. Zunächst machte ich Bekanntschaft mit Emily, sie meinte zu mir, nachdem sie sich vorgestellt hatte: «Wissen Sie, ich muss immer vorlaufen, mein Mann Jeff ist so langsam. Damit ich ihn aber nicht verliere, habe ich ihm ein Glöckchen an den Rucksack gebunden.» Erst hielt ich das für einen Scherz, aber sie erklärte weiter: «Das hat auch den Vorteil, dass die Bären zuerst auf ihn aufmerksam werden.» Erstaunt schaute ich sie an: Wollte sie etwa, dass ihr Mann entsorgt wurde? Ich hoffte, dass sie es anders gemeint hatte. Aber wie? Schließlich tauchte Jeff auf, Anfang sechzig, ziemlich klein, rundlich, mit Schlapphut und großer Hornbrille. Ich fand ihn sehr nett, ein Mensch, den man gut um sich haben konnte, äußerst gemütlich und überhaupt nicht angriffslustig. Emily, ungefähr im gleichen Alter wie ihr Ehemann, schien da etwas schwieriger. Der blondierte kinnlange Pagenkopf saß über ihrem ungewöhnlich weißen Gesicht wie eine Sturmhaube, da war gleich klar, dass es sinnlos war, ihr zu widersprechen. Ihre zähe, hagere Gestalt unterstrich diesen Eindruck. Immer hatte ich das Gefühl, mir bei ihrem Anblick meine Locken aus dem Gesicht streichen zu müssen.

Wir blieben eine Weile zusammen, denn auf dem Chilkoot Trail durfte man nur den vorgegebenen Routen folgen, sodass die Ranger einen immer genau finden konnten. Die Braunbären waren tatsächlich eine Gefahr, gerade im Herbst sammelten sie sich in dieser Gegend – durch die vielen Flüsse machten sie Jagd auf Lachse, schlugen sich den Bauch voll, um für den Winter gerüstet zu sein. Auch Blaubeeren, von denen es viele gab, zählten zu ihrer Leibspeise – und als ich die erste Blaubeeren-Losung sah, also den Kot der Bären, meinte ich: «Oh, die ist aber frisch.» Eine Begegnung mit einem Bären stellte ich mir nicht so toll vor. Die Losung war groß, deshalb konnte auch dieser Bär nur groß sein. Ich war nur froh, dass ich Floh ebenfalls zur Sicherheit ein Glöckchen verpasst hatte, wenn auch ein wesentlich kleineres als das von Jeff. So bimmelten die beiden um die Wette, was anfangs ganz schön nervig war, dann aber gewöhnte ich mich daran. Kaum war dieser Moment eingetreten, verschwand Flohs Glöckchen; es war wohl an irgendeinem Strauch hängen geblieben.

Drei Tage war ich unterwegs. Der Pass markiert die Grenze zwischen Alaska und Kanada, es ist ein sehr gerölliges, steiniges Gebiet. Ich hatte kaum etwas bei mir, ein paar Lebensmittel für mich und Futter für die Hunde. Die Menschen, die sich aufgemacht hatten, nach Gold zu suchen, hatten sicherlich viel mehr Gepäck dabei, als sie über die Felsen kletterten – es muss für alle sehr anstrengend gewesen sein. Vielleicht erklärte das die vielen Sachen, die ich unterwegs sah und die immer mehr wurden, je höher ich kam. Die Dinge, die sie mitgeschleppt hatten, waren ihnen viel zu schwer geworden – und sie hatten sich nach und nach ihrer entledigt. Hier auf diesem Plateau, auf dem Grenzgebiet, gab es auch keine Bäume und damit kein Holz, mit dem sie Feuer hätten machen können, um sich an ihm zu wärmen und Essen zuzubereiten.

Und als ich wieder ein paar Schuhe sah, übermannten mich die Gefühle. Ich musste mich auf einen Stein setzen, Tränen liefen mir übers Gesicht. Wie viel Leid hatten die Menschen hier erlebt, wie viele waren an ihren Hoffnungen verzweifelt und aus Schwäche gestorben. Familien waren zerstört worden, und all das nur für ein bisschen Gold, für ein wenig besseres Leben. Die Empfindungen rissen mich mit. Ich spürte auf einmal sämtliche Strapazen, die diese Menschen auf sich genommen hatten, ihre Erwartungen, die nach und nach in Luft aufgingen. Es musste ziemlich dramatisch gewesen sein, fast schien es mir, als könnte ich die Menschen in ihrer Not hören.

Ich kam an den Lake Bennett, von hier ging es in Booten weiter den Yukon entlang nach Dawson. Der Yukon ist ein reißender Fluss, an seinen Ufern gesäumt von Bäumen, die die Goldsucher zum Teil fällten, um sich Boote oder Flöße zu bauen. Sie glaubten, dadurch schneller an ihr Ziel zu kommen, glaubten, es auf dem letzten Stück leichter zu haben, da sie ihr Gepäck nicht mehr schleppen mussten. Was für ein Irrtum! Auf dem Lake Bennett sah alles noch ganz friedlich aus, aber sie kannten nicht die Untiefen des Yukon und seine Stromschnellen. Ich hatte gelesen, dass viele ihr Leben ließen, weil die Boote der Kraft des Wassers nicht gewachsen waren und auseinanderbrachen.

Auf den Wasserweg verzichtete ich, aber auch mein Fußmarsch hörte am Lake Bennett auf. Stattdessen bestieg ich mit Sky und Floh eine Dampflok, die uns zurück nach Skagway brachte. Gut zwei Stunden dauerte die Fahrt nur. Demütig und voller Hochachtung für die Menschen, die alles für ein scheinbar besseres Leben gewagt und viel verloren hatten, schaute ich aus dem Zugfenster, zurück auf den Trail. Ich dachte daran, dass man sich selbst nicht so wichtig nehmen sollte. Aber auch und das vor allem: Wenn man etwas erreichen wollte, musste man es auch wagen, egal, was der Rest der Welt dazu sagte.

Berichtete ich Journalisten, insbesondere deutschen Journalisten, von der London-Expedition, erzählte ich von meiner Amundsen-Begeisterung und dem eisernen Willen des großen Abenteurers, bekam ich oft genug zu hören: «Gott, was sind Sie streng! Ihr armer Mann, das arme Kind!» Lange hingen diese Worte in mir nach. Warum trafen sie mich, was hatte das zu bedeuten? Amundsen und London waren auch oft genug angefeindet worden – und davon konnte bei mir noch nicht einmal die Rede sein –, dennoch schienen sie sich nicht darum geschert zu haben. Verletzende Worte waren an ihnen abgeperlt, hatten sie nur noch ermutigt weiterzumachen. Anscheinend war ich empfindsamer als sie, vielleicht hatte ich aber auch nur noch nicht gefunden, was ich brauchte. Womöglich hatten die beiden Männer auch nur einen dicken Panzer um sich geschnürt, der ihnen half, sich nicht verloren zu fühlen. Doch London war schon mit vierzig gestorben, Trunksucht war eine der Vermutungen, die über seinen Tod zirkulierten. So einfach war dann doch nicht alles.

War meine Spurensuche vielleicht der Wunsch nach einem Leben woanders? Schon länger trug ich mich mit dem Gedanken, auswandern zu wollen. Eines Tages, so war ich mir sicher, wollte ich nicht mehr auf dem Hof im Bayerischen Wald leben.

Meine Eltern hatten in Köln gelebt, als ich geboren wurde, irgendwann zogen sie nach Bielefeld, wo ich mit fünfzehn eine Lehre als Näherin begann. Fünfzig Jackenärmel musste ich in einer Fabrik pro Stunde einnähen, ohne eine schiefe Naht. Dann heiratete ich, bekam zwei Kinder, Maurice und Raffaella. Inzwischen lebte ich in Bielefeld. Nach einer Gallenoperation war ich so ausgepowert, dass ich mit Maurice und Raffaella im Sommer 1986 zu einer Mutter-Kind-Kur vom Arbeiter-Samariter-Bund nach Bad Dürrheim fuhr, meine Tochter war damals zwei Jahre alt, mein Sohn vier. Den Gedanken an eine solche Einrichtung fand ich schrecklich, aber wir alle brauchten dringend Erholung. Um mich zu motivieren, sagte ich mir vor unserer Abreise in den Schwarzwald: «Bei meiner Rückkehr schaffe ich mir einen Hund an.»

Noch während des Kuraufenthalts bekam ich einen Anruf von meinem damaligen Mann: «Eine Freundin hat einen Husky für dich. Einen Siberian Husky.» Und da ein Husky sehr robust und ausdauernd ist und, wie der Name schon sagt, ursprünglich aus dem nördlichen Sibirien stammt, wo er als Schlittenhund Begleiter der dortigen Nomaden war, hatte ich mir unbewusst – oder vielleicht sogar bewusst – eine neue Herausforderung gesucht. Ich begann Schlittenhunderennen zu fahren, zu trainieren, mir meine eigenen Hunde anzuschaffen.

Nach dem ersten Husky, dem bald drei weitere folgten, ließ ich mich scheiden. Mit den beiden Kindern und den vier Hunden zog ich an den Bodensee, wo ich Jürgen kennenlernte. Wir heirateten, und 1995 kam Steven zur Welt, mein drittes Kind. Noch in der Schwangerschaft, wenige Wochen vor seiner Geburt, hatte er einen Schlaganfall, der zu bestimmten Einschränkungen für sein weiteres Leben führte. Aber von Anfang an liebte er meine Hunde, was mich bestärkte, weiter mit ihnen zu trainieren.

Der Umzug auf einen Bauernhof, zuerst nach Argenbühl im Allgäu, dann in den Bayerischen Wald in die Nähe von Dingolfing, war eine notwendige Konsequenz. Die ganze Familie unterstützte mich dabei. Jürgen schaute mich manchmal mit seinen stahlblauen Augen etwas skeptisch an, überlegte sich wohl, was seine Frau da trieb und wohin das letztlich alles führen würde, aber auch den Wohnortswechsel nahm er, ohne zu meutern, hin. In jeder Familie gibt es einen Kapitän, in unserer bin ich es, auch wenn die meisten Entscheidungen bei uns zusammen getroffen werden. Aber eben nicht alle. Manchmal sage ich: «Wir machen das jetzt so!» – nicht um jemanden zu bevormunden, sondern weil ich mehr Erfahrungen habe und den Kompass zu deuten weiß. Wir kommen damit gut zurecht, auch wenn es nach außen hin nicht immer populär ist. Und solange Jürgen seine Arbeit hatte, der er sich mit aller Leidenschaft widmen konnte, oft auch am Wochenende, passte alles auch für ihn.

Was irgendwann nicht mehr so passte, war das kleine Dingolfing und seine Umgebung. Ich wurde das Gefühl nicht los, dass ich hier nicht mehr weiterkam, auch nicht mit meinen Hunden. Unter den Europäern, unter den Frauen allemal, zählte ich inzwischen zu den besten Mushern. Aber ich hatte den Ehrgeiz, noch besser zu werden, ich wollte mit den Kanadiern und Amerikanern konkurrieren können, die waren mir weit überlegen, allein schon aufgrund ihrer Trainingsbedingungen. Es wurde mir einfach zu eng im Bayerischen Wald, es fehlte mir ein Platz der Ruhe, ein Ort des inneren und äußeren Friedens, der Konzentration und einer, an dem ich mich eins fühlen konnte mit der Natur. Ich wollte auch nicht mehr ständig den Vorwurf hören, ich sei viel zu streng mit meinen Hunden. Nicht nur einmal kam mir sogar zu Ohren, ich sei eine Zicke. Das tat richtig weh.

Rennhunde sind keine Bassets, Pudel oder Terrier, die man am Tisch füttert, auf den Schoß oder gar ins Bett springen lässt. Sie sind keine Kuscheltiere, und sie können erst recht nicht als Kindersatz herhalten. Huskys sind Rudeltiere, die in einem Verbund leben und ihre ganz eigenen Vorstellungen von einem Hundedasein haben. Sie finden es nämlich klasse, mich hin und wieder ein wenig zu nerven. Dann nehmen sie geschlossen Anlauf und springen mit Wucht an mir hoch. Könnten sie reden, würden sie das Spiel «Silvia umschubsen» nennen. Sie mögen es auch gar nicht, wenn ich mich zu sehr in ihr Leben einmische und versuche, Ordnung zwischen ihnen herzustellen. Sie ziehen sich lieber selbst mit den Zähnen an den Ohren, bis es so stimmt, wie es ihnen genehm ist.

Meine Huskys sind sehr toughe Hunde, die genau wissen, was ich von unserem Team verlangen, was ich von ihnen erwarten kann. Sie reißen sich für mich den Hintern auf, aber sie wissen auch, dass das auf Gegenseitigkeit beruht. Wir haben die gleichen Rechte und Pflichten. Und damit ich nicht so schnell schlappmache und dann blöde vor ihnen dastehe, gehe ich aufs Laufband, stemme Gewichte, renne über die Berge. Hätte ich zwanzig Kilo Übergewicht, wäre ich nicht in der Lage, die Kraft aufzubringen, einen Schlitten mit zwölf Hunden straff zu organisieren und zu lenken. Keiner von meinen Vierbeinern bringt ja auch nur ein Gramm zu viel Fett auf die Waage.

Es wundert mich übrigens immer wieder, aber das nur nebenbei, wenn woanders die Hunde mit aufs Sofa dürfen, ihnen erlaubt wird, am Tisch zu betteln und mit dreckigen

Pfoten ins Haus zu gehen. Kindern gewährt man oft nicht so viele Freiheiten, und dass da so große Unterschiede gemacht werden, kann ich nur schwer verstehen. Auch wenn ich zugeben muss: So eine kleine Runde Schlafen in meinem warmen Haus würde wohl kaum einer meiner Huskys für eine schlechte Idee halten. Und manchmal hat sich auch schon einer reingeschummelt.

Und das andere: Mit Sicherheit musste man überall auf der Welt Rechenschaft ablegen, musste Gesetze beachten, aber ich wollte auch weniger den alltäglichen Zwängen ausgesetzt sein, die man unweigerlich hat, wenn man in einer Stadt lebt, selbst in einer Dorfgemeinschaft. Natürlich konnte man sich dem entziehen, das hatte ich auch im Allgäu und im Bayerischen Wald versucht, da lebten wir schon sehr einsam. Dennoch gab es noch genügend Nachbarn, die sich über das Bellen der Hunde beschwerten, die nicht verstanden, wie wir so leben konnten, wie wir lebten. Ruhe und Frieden ging nur, fand ich schließlich, wenn wir in einer Umgebung ein Zuhause fanden, die noch einsamer war als das ländliche Bayern.

Eine Auswanderung erschien mir deshalb als eine wirkliche Alternative. Jürgen hatte diese Idee nicht gerade vorangetrieben und meinte zu Recht: «Denk daran, Auswandern mit einem behinderten Kind ist mit einer anderen Verantwortung verbunden als Auswandern mit einem völlig gesunden Kind.»

Ich musste meinem Mann ehrlicherweise recht geben. Über Raffaella und Maurice musste ich mir keine Gedanken mehr machen, sie waren so viel älter als Steven und hatten selbst schon Familien gegründet; längst wohnten sie weit entfernt vom Bayerischen Wald. Um sie zu besuchen, musste ich weit fahren, von Oslo aus würde es mit dem Flieger auch nicht viel länger dauern. Aber Stevens Behinderung und meine Art damit umzugehen – was hieß, ihn so normal wie nur möglich zu erziehen und ihn bei Hunderennen immer mitzunehmen – wurde oft genug kopfschüttelnd kommentiert. Manches Mal war ich so verzweifelt über das Unverständnis gewesen, das ich ringsherum gespürt hatte, dass ich mich in die Ecke gesetzt und geheult hatte. Aber nach zehn Minuten war dieser Anfall dann wieder vorbei. Ich sagte mir: «Jetzt reiß dich zusammen und schau, dass du endlich eine Entscheidung triffst. Ob sie richtig ist, das kannst du im Vorwege nicht wissen. Aber du kannst es so angehen, dass du sie im guten Glauben fällst, es ist die richtige. Alles andere kannst du nur im Nachhinein feststellen.» Und dann sagte ich mir noch: «Je mehr Entscheidungen man trifft, umso mehr Fehler macht man. Wer nie eine Entscheidung trifft, ist (fast) immer der Gute, denn er gerät gar nicht erst in die Situation, Fehler zu machen. Aber er springt so auch nie für andere in die Bresche, nicht einmal für sich selbst.»

Und schließlich waren sie da: Steven, mit lustiger Brille, vielen Locken und immer einem Lächeln auf den Lippen, und mein Mann Jürgen, ein Meter neunzig groß, schlank, sportlich, durchtrainiert, mit dunkelblondem Wuschelhaar. Leicht erschöpft von der etwas überhastet angetretenen Reise. Aber auch neugierig auf das, was sich die Ehefrau und Mutter mal wieder so ausgedacht hatte, warum sie in dem Telefonat so aus dem Häuschen gewesen war.

Noch bevor ich die beiden begrüßt hatte, sprudelte es nur aus mir heraus: «Der Freund von Nora, also der Hotelmanager von Skinnerbu, hat eine gute Nachricht für uns. Ich habe ihnen von unseren Auswanderungsplänen erzählt, und wenn wir uns tatsächlich für diese Gegend entscheiden, dann können wir hier im Hotel wohnen. Die machen das Haus bis weit in den Sommer hinein dicht, es ist ein Wintersporthotel. Wir dürften dann hier übernachten. Und im Gegenzug übernehmen wir den Posten des Hausmeisters.»

«Nun mal ganz langsam und ganz ruhig», sagte Jürgen. «Komm erst einmal zu Atem. Wir haben uns ja noch nicht einmal richtig umsehen können.»

«Entschuldigung», sagte ich. «Aber ich hatte viel Zeit zum Nachdenken, und da wurde das, was ich so lange in mir herumgetragen hatte, auf einmal Wirklichkeit.»

Jürgen zog seine Jacke aus, ich die beiden in mein Hotelzimmer. «Das ist schon mal eine gute Option ...», sagte er dann.

«Toll», rief Steven dazwischen. «Ich will auch mal was Neues kennenlernen. Ich bin mit Mama in Kanada gewesen, in Alaska, bei Rennen in Spanien und in Österreich. Aber in Norwegen bin ich noch nicht mit ihr gewesen.» Das stimmte, immer hatte ich ihn im Schlepptau gehabt, oft genug hatte er als kleiner Junge im Hundesack gelegen, der eigentlich am Schlitten hängt, um müde oder kranke Hunde während eines Rennens dort zu platzieren. «Wenn Mama meint», fuhr mein Sohn fort, «dass es funktioniert, dann funktioniert es.»

Hatte ich die beiden mit meiner Euphorie angesteckt? Keineswegs wollte ich, dass sie mir zuliebe etwas taten, das sie bei nüchterner Betrachtung ablehnen würden.

Später, nachdem sich Vater und Sohn gestärkt hatten, machte ich mit ihnen einen Ausflug in die nähere Umgebung, und sie waren genauso begeistert von der Landschaft mit den vielen zugefrorenen Seen wie ich. Sie war aber auch magisch und überwältigend. Das Blau des Himmels war so abwechslungsreich wie eine Farbpalette. Dunkelblau, Azurblau, Türkisblau. Und nachdem sich langsam die Sonne durchgesetzt hatte, dominierte ein kitschiges Babyblau. Und weil es so kalt war, hatte man das Gefühl, dass man die Berge, die fünf Kilometer entfernt waren, fast anfassen konnte. Was man, suchte man nach Menschen, nicht unbedingt behaupten konnte. Weit und breit keine Spur von einer Ansiedlung.

«Würde es euch hier nicht zu einsam sein?», fragte ich vorsichtig. Denn das konnte wirklich zu einem Problem in dieser Wildnis werden. Steven schüttelte sofort energisch mit dem Kopf – aber konnte ein Elfjähriger das beurteilen?

«Die einsame Lage schreckt mich nicht, mir wäre nur wichtig, hier einen Job zu haben», sagte mein Mann. «Du hast deine Hunde, aber ohne eine Stelle kann ich hier nicht leben.»

«Viele Deutsche sind in letzter Zeit nach Norwegen ausgewandert, weil hier Leute gebraucht werden. Vielleicht hast du Glück.»

Jürgen hatte Glück. Er war Elektrotechniker, und als er noch am selben Abend im Internet nach Stellenangeboten suchte, fand er eine Ausschreibung, die so verfasst war, als hätte man in dieser Firma nur auf ihn gewartet. Sie benötigten Leute, die Techniker waren und bereit, als solche auf Bohrinseln zu arbeiten. Wir fuhren bei dem Unternehmen vorbei, und am Empfang sagte mein Mann auf Englisch, er hätte die Anzeige gelesen und würde sich gern vorstellen. Die Dame, der er sein Anliegen vortrug, wies ihn nicht ab, was ich eigentlich vermutet hatte. In Deutschland hätte man gesagt: «Ja, dann machen Sie mal Ihre Bewerbung fertig und schicken Sie uns diese zu. Sie werden dann wieder von uns hören.» Nicht so in Norwegen. «Wunderbar», erwiderte sie. «Setz dich, ich rufe gleich meine Chefin an.»

Die Chefin hatte dann auch nach wenigen Minuten Zeit für ein Interview, wie es hier heißt. Jürgen erzählte in dem Vorstellungsgespräch, was er in Deutschland alles gemacht hatte und dass er vorhätte, mit seiner Familie nach Norwegen auszuwandern. Die Chefin hörte konzentriert zu, am Ende verabschiedete sie sich von ihm mit den Worten: «Was du erzählt hast, klingt gut. Wenn du wieder zurück in Deutschland bist, dann kannst du mir deine Unterlagen schicken.» Händeschütteln, und kurz danach saßen wir wieder in unserem Transporter, mit dem ich samt Hundeanhänger nach Norwegen gereist war.

Uns wurde auf einmal bewusst, dass wir unserem – oder besser gesagt: meinem – Plan einen Schritt nähergekommen waren.

«Hatten wir eigentlich nicht über Schweden nachgedacht?», fragte Jürgen, etwas bleich im Gesicht. Es war alles ziemlich schnell und beinahe zu reibungslos abgelaufen, fast so, als könnte es gar kein Hindernis geben. Es war ein wahres Wort, Norwegen hatte nicht an oberster Stelle auf unserer Länderliste gestanden.

«Alaska, Kanada, Österreich, Schweden. Österreich und Schweden wäre sicher besser. Die beiden Länder sind in der EU, Norwegen nicht. Das wird manches erschweren», erwiderte ich.

«Etwa bei der Mitnahme des Autos.»

«Ja, das muss man dann verzollen. Was nicht der Fall wäre, würden wir nach Schweden gehen.»

«Aber wenn ich den Job bekomme ...»

«... dann machen wir das.»

«Haben wir noch alle Tassen im Schrank?» Jürgen, der am Steuer saß, blickte kurz zu mir hinüber.

«Für das, was wir da vorhaben, braucht man alle Tassen im Schrank.»

«Tassen im Schrank ... Tassen im Schrank ...» Steven grölte von der Rückbank.

Eigentlich konnte ich nur stolz auf meine Familie sein.

Wagnis Wildnis ohne feste Bleibe

«Heute habe ich die Küche verkauft!»

Laut jubelte ich. Norwegen wurde Wirklichkeit. Jürgen hatte bei der Firma in Rjukan die Stelle bekommen. Eine Woche nachdem er seine Unterlagen von Deutschland aus abgeschickt hatte, erhielt er einen Anruf, er könne den Vertrag unterzeichnen. Auch Noras Freund hatte sein Versprechen gehalten, die ersten Wochen könnten wir natürlich im Hotel übernachten. Damit waren zwei wesentliche Dinge geklärt. Einen Container wollten wir für unsere Auswanderung nicht mieten, das war viel zu teuer; sowieso waren die Wohnverhältnisse in Norwegen andere als im Bayerischen Wald, wo wir ein Bauernhaus gemietet hatten. Viel beengter. Meine große Wohnküche würde dort bestimmt keinen Platz finden. Da war es besser, das Geld, das wir durch den Verkauf und durch den Verzicht auf einen Container sparten, für neue Möbel auszugeben. Außerdem hatte ich mich informiert: Mietwohnungen in Norwegen besaßen meist eine Küche.

Unsere Devise war: Wir fahren einzig mit einem Lkw hoch – und wir nehmen nur so viel mit, wie in das Gefährt reinpasst. Da ich an einigen antiken Truhen hing, war der Lkw dann doch schnell voll. Kleider. Persönliche Gegenstände. Geschirr und andere Dinge, die für einen Haushalt notwendig waren.

«Zweifelt ihr nicht manchmal an eurem Entschluss?»,
fragten Freunde. «Und geht das nicht alles viel zu schnell?
Ihr verlasst eure Heimat, Steven seine Schulkameraden, und
überhaupt ...»

Richtig, alles stimmte. Jedes Argument lag schwer in unserem Herzen. Aber Jürgen und ich hatten ja schon länger darüber nachgedacht, es hatte sich nur nie eine konkrete Möglichkeit ergeben. Die war nun gekommen. Eine solche Chance
nicht wahrzunehmen würde vielleicht bedeuten, dass wir es
am Ende doch nicht wagen würden. Ich war Mitte vierzig,
und da konnte es schon passieren, dass man irgendwann den
Zeitpunkt verpasst hatte. Von unserem Voranpreschen waren
wir zwar selbst überrascht. Aber hätten wir mehr Monate mit
unseren Überlegungen zugebracht, wer weiß, was dann geschehen wäre. Außerdem: Stevens Schuljahr war gerade beendet und Jürgens Arbeitsvertrag ausgelaufen. Er hätte ihn
verlängern können, aber er nahm den günstigen Zeitpunkt
auch als Zeichen. Und so wanderten wir nur sechs Wochen
nach unserer Rückkehr aus Norwegen aus, genau dorthin, wo
wir die Gegend gerade erst kennengelernt hatten. Es war der
20. April 2008.

Jede Lücke im Lkw war ausgefüllt, es passte nicht einmal
ein Paar Socken mehr rein. Meine zwanzig Hunde, die ich
inzwischen hatte, waren in einem Hänger verstaut. Er war
extra so gebaut worden, dass einige Huskys sich eine Box teilen konnten, die dicksten Freunde bezogen ein Quartier. Die
Tiere kannten das, so waren wir auch wochenlang unterwegs,
wenn ich mit ihnen in Europa zu einem Rennen unterwegs
war. Mit dem bayerischen Veterinäramt hatte ich alles abge-
sprochen; die Boxen waren zum Glück groß genug, wie ich

durch Nachfrage erfuhr, denn Norwegen konnte ja andere Bestimmungen als die EU-Länder haben. Aber alles war in Ordnung, und auch die entsprechenden Auswanderungspapiere für die Huskys mit den erforderlichen Impfnachweisen waren bereit.

Noch im Dunkeln starteten wir, ein kurzer Blick zurück, ein langer nach vorne. Nur nicht sentimental werden. Es war eine schöne Zeit im Bayerischen Wald gewesen, aber sie war jetzt vorbei. Jetzt ging es hoch in Deutschlands Norden, nach Kiel. Die Überfahrt mit der Fähre war gebucht. Alexander, ein ehemaliger Arbeitskollege von Jürgen, begleitete uns, er wollte den leergeräumten Lastwagen wieder zurück nach Deutschland bringen.

Die Fahrt nach Kiel verlief ohne Probleme. Wir alle waren sehr schweigsam, jeder hing seinen eigenen Gedanken nach. Steven schaute die ganze Zeit aus dem Fenster, als wolle er noch einmal die alte Landschaft aufsaugen, dabei konnte er doch kaum etwas erkennen, nur da, wo Lichter die Landschaft erhellten, die Scheinwerfer die Straßenränder trafen. Als wir uns Kassel näherten, machten wir eine längere Pause. Ich ließ die Hunde raus, inzwischen knallte die Sonne vom Himmel, es war ein wunderbarer Frühlingstag, die Hunde hatten sicher durch ihre kleinen, geöffneten Fenster den kühlen Fahrtwind genossen. Wir redeten jetzt auch mehr, es war, als würde sich die Zunge mit jedem Kilometer, den wir Richtung Norden fuhren, lösen. Entfernungen bargen wie vergangene Zeit in sich die Kraft, schwere Gedanken leichter zu machen.

Endlich erreichten wir Kiel in Schleswig-Holstein und seinen Seehafen. Kurz bevor es auf die Fähre ging, ließ ich die Hunde noch einmal raus auf den Parkplatz. Ich war mir nicht sicher, ob das eine gute Idee war, eigentlich hatte ich vorgehabt, es außerhalb von Kiel zu tun. Doch wir waren zu unruhig gewesen, es drängte uns zum Hafen, auf keinen Fall wollten wir die Fähre verpassen. Gerade hatte ich die Hunde wieder in den Hänger geführt, als das unverkennbare Signal einer Polizeisirene ertönte. Sie kam immer näher, und ich wusste, dass der Polizeiwagen den Parkplatz anstrebte, ich wusste, dass die Sirene mir galt. Es war halb eins, in anderthalb Stunden hieß es «Leinen los».

Zwei Beamte stiegen aus, eine junge Frau, unter deren Kappe sich ein paar kastanienbraune Locken kräuselten, und ein Mann mit einem graublonden Schnurrbart kurz vor der Pensionierung, der aber so tat, als wäre er noch der jugendliche John Wayne. Vielleicht lag es an seiner stattlichen Größe von bestimmt einem Meter neunzig, vielleicht aber auch an der Art, wie er seine Arme in die Hüften stemmte.

«Guten Tag, können wir mal Ihren Ausweis sehen?» Das wäre eine einigermaßen höfliche Begrüßung gewesen, die die beiden Polizisten aber anscheinend nicht für nötig hielten. Sie sagten stattdessen: «Haben wir denn auch einen Ausweis?»

Jürgen, der wusste, wie ich auf dieses «Wir» reagieren konnte, murmelte nur leise: «Oh, nein!»

«Was für ein Problem gibt es denn?», fragte ich etwas spitz nach.

Doch keiner der beiden Uniformierten nahm mich wahr. Sie wandten sich an meinen Mann.

«Fahrzeugpapiere. Und die Papiere für den Hänger.»

«Die Fahrzeugpapiere kann ich Ihnen gerne geben», sagte

Jürgen, «aber der Hänger gehört meiner Frau, darüber müssen Sie mit ihr reden.»

Keiner ging darauf ein. Die junge Beamtin, kräftig gebaut und mit Wangen, als hätte der Ostseewind sie aufgeblasen, ignorierte mich weiterhin. «Und wie sieht es mit den Hunden aus?»

Bevor Jürgen antworten konnte, mischte ich mich ein: «Sie können mich gern weiter nicht zur Kenntnis nehmen, aber wenn es um die Hunde und den Hänger geht, sollten Sie tatsächlich mich fragen. Das ist zwischen mir und meinem Mann klar geregelt.» Und dann wollte ich noch wissen: «Wie sind Sie überhaupt auf uns aufmerksam geworden?»

Diesmal antwortete mir der Möchtegern-John-Wayne: «Jemand hat Sie vom Fenster aus beobachtet.» Aha. «Wir würden gern die Hundeboxen ausmessen.»

«Ich habe eine Bescheinigung vom bayerischen Veterinäramt, dass alles in Ordnung ist», warf ich ein, zugegebenermaßen etwas schnippisch.

«Wir würden das gern selbst überprüfen.»

«Gut, machen Sie das.»

Als ich die erste Box öffnete, stürmten Odin und Zeus sofort auf den Polizisten zu – die beiden waren unzertrennlich, sie mussten auch immer nebeneinanderlaufen, und so begrüßten sie auch jeden Menschen im Duo. Der Westernheld sprang augenblicklich zurück. Ihm war die Angst ins Gesicht geschrieben.

«Sie sind nicht der Erste, der Angst vor Hunden hat», sagte ich. Und fügte noch – ein bisschen provokant – hinzu: «Wenn Sie messen, dann müssen Sie schon richtig messen. Dann müssen Sie bis ganz nach hinten reingehen.»

«Das hat ein Nachspiel», brummte der Schnauzbart mit bedrohlichem Unterton und wiederholte mit schmalen Augen: «Das hat ein Nachspiel.» Und wie dieses aussehen sollte, verheimlichte er auch nicht: «Ihr Mann kann mit dem Lkw fahren, wohin er will. Aber Sie bleiben mit dem Hänger und den Hunden hier. Ich werde einen Veterinär rufen müssen.»

Viel Zeit blieb nicht mehr, bis das Schiff ablegte. Sollte dieser unfreundliche deutsche Polizist es wirklich schaffen, dass ich meine Fähre nach Norwegen versäumte? Das durfte einfach nicht passieren, aber mir blieb keine andere Wahl. Ich musste auf den von der Polizistin herbeigerufenen Tierarzt warten. Schweigend standen wir zusammen, langsam kochte ich innerlich vor Wut. Ich versuchte, aufs Wasser zu schauen, damit mir nicht der Kragen platzte und ich am Ende noch etwas sagte, was mir nur geschadet hätte.

Es tauchte schließlich nicht nur ein Veterinär auf, es kamen sogar zwei. Schnell stellten sie fest: «Die Boxen sind groß genug, dass die Hunde dort stehen, liegen und sich drehen können, ohne sich zu berühren. Alles ist ordnungsgemäß.»

«Also kann ich keinen Strafzettel aufschreiben?», fragte John Wayne irritiert nach. Die junge Polizistin hatte sich schon seit einiger Zeit aus dem Gespräch herausgehalten, ihr war die Sache offensichtlich peinlich.

«Richtig», sagten die beiden Tierärzte unisono. «Die Frau müssen Sie fahren lassen.»

Es war Viertel vor zwei, nichts wie rauf auf die Fähre.

Der Cowboy konnte es nicht fassen, was er da gerade gehört hatte, er wiederholte nochmals: «Das hat ein Nachspiel.»

Ich hörte ihm längst nicht mehr zu.

Die Klappen gingen hoch – zwischen Fähre und Mole wurde der Abstand immer größer. Nach dem Erlebnis mit den zwei Streifenbeamten dachte ich: Die Auswanderung war die beste Entscheidung deines Lebens. Was für ein Abschied, was für ein Weggang aus Deutschland! Es hätte auch mit weniger Verdruss sein können. Noch lange schaute ich auf die sich entfernende Küste. Nein, dahin wollte ich nicht mehr zurück. Es war ein gutes Leben gewesen, aber jetzt würde wieder ein gutes Leben folgen, wenn auch ein anderes. Wir drei nahmen uns an die Hand, wir mussten zusammenhalten.

Am nächsten Morgen gegen zehn legte das Schiff im Hafen von Oslo an. Einreise und Zoll waren so entspannt, dass die bürokratische Prozedur geradezu eine Wohltat nach dem gestrigen Tag war. Wir fühlten uns willkommen, man lächelte uns an. Keiner von den Beamten zog irgendeine Show ab. Die Papiere hatten wir auf der Fähre ausgefüllt, sie wurden nur noch gestempelt, danach wünschte man uns viel Glück in der neuen Heimat.

An Land ließ ich die Hunde raus, keiner nahm Anstoß an ihnen. Keine Sirene heulte auf, keine Gardinen bewegten sich, weil hinter ihnen Leute standen, die für Recht und Ordnung sorgen wollten. Bis nach Rjukan waren es noch rund 180 Kilometer. Das klang nicht gerade viel, aber wir brauchten für diese Strecke fast genauso lange wie für die quer durch Deutschland. Na, das ist vielleicht etwas übertrieben, aber fünf Stunden waren es dennoch. Hier oben war noch eindeutig Winter, von Frühling war nichts in der Luft zu spüren. Die Straßenverhältnisse wurden, je weiter wir uns von Oslo entfernten, immer schwieriger, geräumt war nichts. Eine Menge Ausweichmanöver waren notwendig, um nicht in einem der tiefen Schlaglöcher hängen zu bleiben, die sich unter der Schneedecke verbargen.

Dann aber war es geschafft, das Hotel Skinnarbu kam in Sichtweite. Da es auf einer leichten Anhöhe lag, war das letzte Stück nicht mehr zu verfehlen. Gleich nachdem wir angekommen waren und vor dem Eingang gehalten hatten, mussten wir den Lkw entladen, denn Alexander wollte unbedingt noch die Fähre bekommen, die abends wieder von Oslo zurück nach Kiel fuhr.

Noras Freund hatte mir schon vor meiner Abreise einen Schlüssel übergeben, denn das Hotel hatte tatsächlich zu. Er hatte mir auch ein Zimmer gezeigt, in dem wir zu dritt schlafen konnten, dazu noch einen größeren Raum in einem Seitengebäude, in dem wir unsere Sachen unterstellen konnten. Dorthin schleppten wir alles bis auf die Taschen mit Kleidern und Waschzeug. Die Hunde blieben in ihrem Hänger, was von ihnen ohne Klagen akzeptiert wurde, war er für sie doch nichts weiter als ihre übliche WG, nur auf etwas engerem Raum.

Zwei Tage genossen wir zu dritt (oder mit den Hunden: zu dreiundzwanzigst) die norwegische Luft, erschöpft, aber glücklich, dass dieser Schritt vollbracht war. Staunend ließen wir uns von der überwältigenden Natur einfangen, es kam uns vor, als wären wir im Garten Eden gelandet. Am dritten Tag fing Jürgen an zu arbeiten. Und auch Steven wollte nicht nur Ferien machen, sondern sein neues Leben anpacken.

«Wo ist die nächste Schule?», fragte er. So schnell wie möglich wollte er zur Schule. Er hätte auch damit warten können, bis wir ein endgültiges Zuhause gefunden hatten, aber das kam nicht für ihn in Frage. Und für mich eigentlich auch nicht.

«In Rjukan», antwortete ich. «Morgen gehen wir, wenn du willst, zusammen hin. Dann melden wir dich dort an.»

«Ich will. Und wie weit ist es bis nach Rjukan? Wir waren ja schon mit Papi dort, aber ich kann mich nicht mehr genau erinnern, wie lange wir da gefahren sind.»

«Ungefähr zwanzig Kilometer.»

«Nicht schlecht», sagte Steven, schien angesichts der Zahl aber nicht besonders beeindruckt zu sein.

Empfangen wurden wir in dem mittelgroßen Schulgebäude mit roter Fassade mit offenen Armen. Auch deshalb, weil viele Flüchtlingsfamilien aus der ganzen Welt nach Rjukan kamen, um von hier aus übers ganze Land verteilt zu werden. Eine Lehrerin, die uns nach der Vorstellung im Direktionssekretariat zugewiesen worden war, erzählte uns, die Stadt Rjukan sei ein Auffanglager für Immigranten – und entsprechend offen sei man für Fremde. Was ich sehr erstaunlich fand, es hätte durch diese sicher nicht immer leichte Situation ja auch genau andersherum sein können.

Die Lehrerin, eine Enddreißigerin mit langen dunkelblonden Haaren, die sie zu einem straffen Pferdeschwanz gebunden hatte, mit roten Wangen und blitzenden Augen, stellte sich als Merle Jakobson vor, bat uns, in einem Zimmer Platz zu nehmen und erklärte uns auf Englisch das norwegische Grundschulsystem.

«Bis zur sechsten Klasse läuft hier alles ziemlich relaxt, danach folgt erst die weiterführende Schule, da werden die Schüler dann mehr gepusht.»

«In welche Klasse würde denn mein Sohn kommen?», fragte ich und erzählte ihr von Stevens körperlichen Schwierigkeiten.

«Wie alt ist Steven denn?», fragte sie zurück, während sie die Ärmel ihres dunkelblauen Pullovers hochschob. Der Frühling hatte sich an diesem Tag endlich blicken lassen, sie war wohl viel zu warm angezogen.

«Zwölf», antwortete Steven selbst. «Gerade geworden.»

«Dann würde ich sagen, dass du es mit unserer dritten Klasse versuchen solltest.»

«Ich kann aber kein Norwegisch», fuhr Steven fort.

Merle Jakobson lächelte. «Das dachte ich mir schon. Jeder Schüler, der das nicht kann, und davon gibt es hier eine Menge, bekommt einen anderen Schüler aus seiner Klasse zur Seite gestellt. Er sorgt dann dafür, dass du dich hier wohlfühlst und nicht gemobbt wirst.»

«Mobben», hakte ich nach, «ist das hier ein besonderes Thema?»

Die Lehrerin schob noch weiter die Arme ihres Pullovers hoch, wahrscheinlich traute sie sich nicht, ihn vor unseren Augen auszuziehen. Dabei konnte man deutlich darunter die weißen Ärmel eines T-Shirts erkennen. «Gäbe es in Norwegen noch die Todesstrafe, dann nur wegen Mobben. Aber das nur als Spaß. Wir achten sehr darauf, dass die Kinder an dieser Schule nicht unterdrückt werden, dass niemand unter körperlicher oder seelischer Gewalt zu leiden hat. Die Klasse, in die Steven kommt, wurde sogar schon dafür ausgezeichnet, dass in ihr die wenigsten sozialen Probleme herrschen.»

Das klang alles sehr vielversprechend. Merle Jakobson verließ uns kurz, sie kam dann ohne Pullover und nur im T-Shirt zurück und mit einem Mädchen, das etwas größer als Steven war.

«Das ist Trine», stellte die Lehrerin das weizenblonde Mädchen vor.

«Hallo», sagte Trine mit einem ungewöhnlich rauen Akzent und reichte uns die Hand.

«Hallo», antwortete Steven leicht verlegen. Vermutlich hatte er mit einem Jungen als «Beistand» gerechnet, aber sie schien ihm dennoch zu gefallen. Sonst hätte er nicht verlegen reagiert.

«Noch etwas solltet ihr wissen», mischte sich Merle Jakobson wieder ein. «Wer noch nicht Norwegisch kann, wird immer wieder aus dem Unterricht rausgezogen. Lehrer oder auch ehrenamtliche Helfer gehen dann mit unseren ausländischen Kindern raus. Sie kaufen mit ihnen im Supermarkt etwas ein, besuchen Bäckereien, die Post. Sie gehen mit den Kindern auch hinaus in die Natur und erklären anhand der Bäume, Pflanzen und Tiere, die sie zu sehen bekommen, die norwegischen Namen. So lernen sie, den normalen Alltag sprachlich zu bewältigen. Die restlichen Stunden sitzen sie dann mit den anderen Kindern in der Klasse und haben ganz normalen Unterricht.»

Auch das gefiel mir gut. Denn wenn Steven in kleinen Gruppen unterwegs war und alle am Ende nur miteinander kommunizieren konnten, wenn sie Norwegisch sprachen, würde er die Sprache wohl schnell lernen. Und so war es auch.

«Klasse», sagte ich, «aber ich habe noch eine Frage.»

«Ja?»

«Wir wohnen momentan noch im Skinnerbu-Hotel. Ich habe gesehen, dass es von dort keinen Schulbus gibt. Müssen wir Eltern dann Steven jeden Morgen bringen und nachmittags, wenn die Schule aus ist, wieder abholen?»

«Nein, kein Problem. Ein Taxiunternehmen übernimmt diese Fahrten.» Steven bekam große Augen. «Sie müssen das auch nicht zahlen, das übernimmt der norwegische Staat.»

Unglaublich, schoss es mir durch den Kopf, in Deutschland war so etwas nicht vorstellbar. Gab es keinen Schulbus, musste man selbst dafür Sorge tragen, dass das Kind die Schule erreichte. Unter welchen Bedingungen auch immer.

«Komm, du kannst gleich am Unterricht teilnehmen, meine Pause ist nämlich jetzt vorbei.» Das war Trine, die den Schulgong gehört hatte. Steven ließ sich das nicht zweimal sagen.

Als Trine und er fort waren, sprach ich die Lehrerin noch einmal auf Stevens Behinderung an. Im Internet hatte ich gelesen, dass es in Norwegen keine Extraschulen für Kinder mit körperlichen oder geistigen Schwierigkeiten gab. In Deutschland war Steven auf eine solche Schule gegangen. Inklusion war damals noch ein Fremdwort; ich hatte es jedenfalls noch nie gehört.

«Ja», bestätigte mich Merle Jakobsen. «Alle Kinder besuchen die Grundschule, ganz gleich, welche Probleme sie haben. Erst ab der sechsten Klasse werden die Schüler in unserem Land getrennt, danach wird entschieden, ob ein Kind auf eine weiterführende Schule soll.»

«Aber wenn einige Kinder in der Grundschule nicht so gut mitkommen», wandte ich ein.

«Keine Sorge. Steven wird dreimal in der Woche in eine sogenannte Integrationsklasse gesetzt. Dort unterrichtet man die Kinder nach einem individuellen Lehrplan, und auch bei Steven wird dieser an sein Lerntempo und seine Lernfähigkeiten angepasst. Außerdem stehen diesen Kindern spezielle Therapeuten der Gemeinde zur Verfügung. Und für die Eltern werden immer wieder *møte* angesetzt, Meetings, auf denen besprochen wird, was es Neues gibt und was man zur Unterstützung machen kann.»

Ich fühlte mich sehr erleichtert, nachdem ich mich von Merle Jakobson verabschiedet hatte. Steven schien auf dieser Schule in wirklich guten Händen zu sein. Schon wieder war ein Schritt geschafft.

Umzug mit dreißig Hundehütten auf einem Floß

«Wir suchen eine neue Bleibe, für uns und die Huskys, möglichst einsam gelegen.»

Wen auch immer ich traf, der musste sich mein «Inserat» anhören. Anne-Gro, wie Nora eine Mitarbeiterin vom Skinnarbu-Hotel – äußerlich hätten sie sogar Geschwister sein können, wobei Anne-Gro gut zehn Jahre älter als Nora war – hatte mir versprochen, sich umhören zu wollen. Ich hatte sie beim Einkaufen in Rjukan getroffen, und eines Tages kam sie hoch zu mir ins Hotel.

«Silvia», sagte sie atemlos, als wäre sie die ganze Strecke gerannt, «ich hab was für euch, gar nicht so weit weg von mir, nur dreißig Kilometer entfernt. Das Haus liegt am Strand vom Møsvatn-See, so wie meins. Ist nur nicht gerade einfach zu erreichen.»

«Kannst du mir das ‹nicht gerade einfach zu erreichen› noch etwas genauer erläutern?», fragte ich und bot ihr einen Kaffee an.

«Na ja, ich sag's dir ehrlich: Um zu diesem Haus zu gelangen, muss man über einen See fahren.»

«Über einen See?»

«Genau, denn hinter dem Haus erhebt sich gleich steil das Plateau der Hardangervidda, links und rechts ist Waldgebiet.»

«Hmm», sagte ich, während Anne-Gro einen Schluck Kaffee nahm und einen Schokoladenkeks.

«Und wie bewerkstelligt man das, etwa mit dem Einkaufen?» Mein Blick fiel auf den Keks. «Wie kommt Jürgen zur Arbeit und Steven zur Schule?»

«So wie alle anderen Leute, die am Møsvatn leben: im Sommer mit einem Boot, im Winter mit einem Scooter. Ein Auto könnt ihr vor dem See parken, eben nur nicht direkt vor dem Haus. Ich weiß, Arbeits- und Schulweg wären dadurch doch etwas aufwendiger, als ihr es euch vielleicht vorgestellt habt. Und das Einkaufen sowieso: Man muss seine Lebensmittel erst vom Supermarkt ins Auto schleppen, dann vom Auto aufs Boot. Bei Wind und Wetter geht es danach zehn Kilometer über den See, bis man da ist. Und wenn deine Sachen zu schwer sind, musst du sie noch vom Boot auf einen Quad packen, einen ATV. Zwar sind es nur dreißig Meter bis zum Haus, aber manchmal geht es nicht anders, beispielsweise bei Umzügen. Und vor der Haustür darfst du das Zeug endgültig abladen und ins Innere tragen. Das ist richtige Logistik.» Anne-Gro schaute mich herausfordernd an, während sie mit der Zunge einen Kekskrümel aus einer Ecke ihres Munds fischte: «Na, habe ich dich gerade abgeschreckt?»

Ich musste erst einmal verdauen, was ich da gehört hatte. Normalerweise fasste man den Einkauf nach dem Verlassen des Supermarkts höchstens zweimal noch an: beim Ein- und beim Ausladen.

«Verstehe ich das richtig», sagte ich, nachdem ich mir in Gedanken den von Anne-Gro beschriebenen Weg nachgezeichnet hatte, «es gibt keine unmittelbare Straße in der Nähe?»

«Exakt.»

«Und wie sieht es mit Nachbarn aus? Ich frage das wegen der Hunde. Huskys bellen ja ganz gern.»

«Deine nächste Nachbarin wäre Anne in Skindalen, ungefähr acht Kilometer entfernt. Zu ihr gibt es einen Traktorweg, im Sommer ist es extrem einfach, zu ihr zu kommen. Im Winter kann man einen Trail schlagen, nur im Frühjahr und zu Beginn des Winters kann es ziemlich beschwerlich sein, zu ihr zu gelangen, da der Weg durch das Auftauen des Schnees beziehungsweise kurz vor dem Gefrieren nicht zu befahren ist. Die anderen leben noch weiter weg. Ist keine übermäßig bewohnte Gegend hier oben.»

Das klang in der Tat nach viel Ruhe. Ich wusste, ich musste mir dieses Haus unbedingt mit meiner Familie anschauen.

Der See war noch zugefroren, obwohl es schon Ende April war. Steven war ganz aufgeregt, als wir mit einem Schneemobil über den Møsvatn sausten. Wo waren wir nur gelandet? Es war wirklich ein Abenteuer. Und dann, nach einer guten Viertelstunde, standen wir vor einem Holzhaus, das von außen wie von innen unglaublich gemütlich war. Einfach, aber es hatte alles, was wir brauchten: Badezimmer mit Fußbodenheizung, Dusche, Keller, Internetanschluss – und eine eingebaute Holzküche mit Esstisch. Insgesamt waren es fünf Zimmer auf 160 Quadratmetern. Eine richtige Trapperhütte zum Wohlfühlen.

Steven war sofort Feuer und Flamme, ich ebenfalls, nur Jürgen zweifelte: «Das mit dem Job und der Schule, das kann schon ein Problem werden. Was ist, wenn im Winter starker Schnee fällt oder ein richtiger Sturm aufkommt? Bis nach Rjukan sind es von hier vierzig, fünfzig Kilometer. Einschließlich der Seeüberquerung hätten wir jeden Morgen und jeden Nachmittag beziehungsweise Abend einen Weg von anderthalb Stunden zu bewältigen.»

«Das ist viel», gab ich zu. «Deswegen will ich auch gar keine Entscheidung treffen, das müsst ihr tun, denn ich muss ja nicht jeden Tag diese Strecke auf mich nehmen. Ich kann hier wunderbar mit meinen Hunden trainieren.» Das hatte ich natürlich sofort inspiziert. Es war so perfekt, idealere Bedingungen hätte ich mir nicht erträumen können. Vom ersten Moment an fühlte ich mich auf diesem Grund und Boden heimisch, und meine Hunde würden kaum anderer Meinung sein.

«Und was ist, wenn der See auftaut oder später im Jahr wieder zufriert? Das kann Wochen dauern, da können wir weder ein Boot noch den Scooter benutzen.»

Jürgen hatte recht. «Ich weiß dafür momentan auch keine Lösung», sagte ich schulterzuckend, «aber bislang haben wir in ähnlichen Situationen immer eine gefunden.» Und das sollte auch in diesem Fall so sein.

Eine kurze Weile überlegten wir hin und her, dann sagte Jürgen: «Wir mieten das Blockhaus, nie wieder werden wir einen so schönen Blick auf einen See haben.»

Ich hatte ihn wirklich nicht zu dieser Entscheidung gedrängt, Steven und ich waren dennoch überglücklich.

Steven und Jürgen bezogen schließlich in den Übergangszeiten, wenn der See auftaute oder gefror, eine kleine Wohnung in Rjukan, während ich allein in unserer Trapperhütte zurückblieb beziehungsweise zurückbleibe, denn noch immer leben wir dort. Manchmal können das im Frühjahr und im Winter jeweils vier Wochen sein, manchmal sogar sechs, wenn das Wetter nicht geradlinig Richtung Wärme oder Kälte geht. Meist holen wir am ersten Dezemberwochenende das Boot aus dem Wasser heraus, und die beiden Männer wechseln zeitgleich ihr Quartier. Meine Aufgabe ist es dann, täglich zu testen, ob das Eis sicher genug ist, um mit dem Scooter darüberfahren zu können. Habe ich dann einen Trail übers Eis gemacht, kehren Vater und Sohn wieder nach Hause zurück. Muss ich während meiner Zeit als Single nach Rjukan, etwa um einen Arzt aufzusuchen oder Lebensmittel einzukaufen, breche ich einen Trail über die Berge. Dazu muss ich dann Unmengen Schnee wegschaufeln oder gar Bäume fällen. Ungefähr dreißig Kilometer verläuft der Weg durch die Wildnis, bis ich mit dem Snowmobil eine normale Verkehrsstraße kreuze.

Manchmal hilft mir Steven dabei, den Trail zu brechen, wenn er noch nicht mit seinem Vater weg ist, manchmal auch meine Nachbarin Anne. Anne kann aber immer nur bis zu einer bestimmten Uhrzeit bleiben, bis halb eins, dann sagt sie: «Ich muss zurück.» Inzwischen muss sie mir gar nicht mehr den Grund nennen, nach gut sieben Jahren am Strand vom Møsvatnsee weiß ich Bescheid. Im Fernsehen läuft eine Folge der amerikanischen Serie *Bonanza*. Ich weiß nicht, die wievielte Wiederholung es ist, sie kennt jeden Dialog auswendig. Aber das ist egal, diesen Moment des Tages darf Anne nicht verpassen. Es ist ihr Highlight.

Oder sie sagt: «Ich kann erst ab halb eins.»

Ich sage dann: «Alles klar, kein Problem.»

Weil wir aufeinander angewiesen sind, akzeptieren wir uns so, wie wir sind. Manchmal sieht man monatelang keinen einzigen Nachbarn, aber wenn jemand anruft und um Hilfe bittet – oder umgekehrt –, weiß man, dass man sich gegenseitig aufeinander verlassen kann.

Wir warteten ab, bis der See eisfrei war, denn nur dann konnten wir unser Hab und Gut auf einer Fähre über den Møsvatnsee zu uns nach Varmevoll transportieren. Als der große Tag endlich gekommen war, um das Wagnis der Seeüberfahrt zu begehen, war es der 7. Juli.

Die Zwischenzeit, die wir weiterhin im Hotel verbrachten, nutzten wir, um Hundehütten zu bauen. Das war fast Fließbandarbeit, denn wir hatten Holz für insgesamt dreißig Husky-Häuschen gekauft. Zwar besaß ich bislang nur zwanzig Hunde, aber einige Muttertiere waren schwanger, und in dieser herrlich weitläufigen Umgebung wollte ich mein Gesamtteam um mindestens zehn Huskys vergrößern. Und selbstverständlich sollte jeder Hund sein Eigenheim bekommen. Als wir die Holzhütten schließlich nach und nach nebeneinanderstellten, hatten wir eine richtig kleine Siedlung zusammen. Tagsüber konnten die hellen Boxen schon von Minnie & Co. bewohnt werden, abends kamen die Hunde zurück in den Anhänger, damit sie nicht einfach davonliefen.

Am Umzugstag fuhr ich mit Hänger und Hunden vom Hotel nach Varland. Bald sah ich das mir schon bekannte Schild, darauf stand: «Varland 12 Kilometer». Von hier sollte die Fähre losgehen, hier war auch der berühmte Parkplatz, auf dem man sein Auto zurücklassen konnte, bevor es über den See ging.

«Varland ist sicher ein Ort mit hübschen, bunt angemalten

Häusern», meinte Steven, der mit mir im Wagen saß. Er malte sich gerade seine neue Umgebung aus.

Ich zuckte nur mit den Schultern. «Es könnte aber auch das genaue Gegenteil sein.»

«Wie meinst du das?» Steven verstand erst überhaupt nicht, was ich damit zum Ausdruck bringen wollte. Ich hatte Varland während meiner Amundsen-Winter-Expedition gesehen, aber so richtig vermochte ich meinen Sohn nicht zu desillusionieren.

«Es könnte dort auch gar kein Haus stehen.»

«Aber es gibt doch die Fähre, mit der wir den Umzug machen. Und wo eine Fähre ist, gibt es auch Häuser», beharrte er.

«Meinst du nicht, dass du manchmal ein bisschen zu optimistisch bist?»

Als wir dann weiter die Straße entlangfuhren und links und rechts nicht ein einziges Haus entdeckten, beschlichen auch Steven einige Zweifel. Die ziemlich marode Uferstraße war gefühlte hundert Kilometer lang. Sie wollte und wollte nicht enden. Keiner wollte eine solche Straße fahren im Wissen, dass er bald in seinem gemütlichen Heim ankommen würde. Dazu passte auch der unablässige Regen, der bei unserer Abfahrt eingesetzt hatte.

Steven erkannte: Es war tatsächlich wie im schlechten Film. Varland war nichts weiter als ein sandiger, verstaubter Parkplatz. Keine Häuser, schon gar keine hübsch angemalten. Durch den anhaltenden Regen war der Platz die reinste Schlammwüste mit vielen vom Wetter ausgehöhlten Löchern. Es gab eine kleine Tankstelle, doch ohne Tankwart – wer rings um den See wohnte, besaß einen Schlüssel, und mit einer ganz normalen Kreditkarte konnte man an den Zapfhahn gelangen. Daneben standen drei, vier hässlich graue Garagen, die man für sehr viel Geld mieten konnte, wenn man sein Auto nicht draußen abstellen wollte. Langsam begriff Steven, dass dies in Zukunft auch unser Parkplatz sein würde. Er musste schlucken, und für kurze Zeit verschwand sein Lächeln auf den Lippen.

Ich wandte den Blick von ihm ab. Im Wasser konnte ich zwei Fähren erkennen, die diese Bezeichnung nicht im Mindesten verdienten. Flöße, ja, das war das richtige Wort. Überdimensional große Flöße aus Metall, die Bordwand ragte kaum einen Meter aus dem Wasser. Besorgt schaute ich zum Himmel empor. Hoffentlich kam zum Regen nicht noch Wind auf.

«Was machen wir bloß, wenn es jetzt auch noch starken Wellengang gibt?», fragte ich Steven, während ich argwöhnisch die schmale Bordwand betrachtete.

«Du wirst ja immer pessimistischer! Wie kommt denn das, Mama?»

«Was ist, wenn alles im Wasser landet? Alles!», rief ich aus, ohne auf die Bemerkung meines Sohns einzugehen.

«Die haben doch hier bestimmt Erfahrung damit.»

So leicht war ich nicht zu überzeugen. «Aber jeder Mitarbeiter eines professionellen Umzugsunternehmens würde bei einem solchen Floß die Hände überm Kopf zusammenschlagen und abwehren: ‹Schon aus versicherungstechnischen Gründen können wir das nicht machen.›»

«Beruhig dich, Mama. Bleib cool. Bist du doch sonst auch immer.»

«Aber wenn alle dreißig Hundehütten davonschwimmen ...»

«Das werden sie aber nicht.» Der das sagte, war wie aus dem Nichts aufgetaucht, ein Mann, der eine erstaunliche Ähnlichkeit mit Rübezahl hatte. Von riesiger Statur, langer Bart, wettergegerbtes Gesicht, sodass man nur schwer sein Alter schätzen konnte, gekleidet in einen weiten Umhang, sogar einen Stab hielt er in der Hand. Eine Stake, wie ich später begriff, um das Floß vom Ufer abzustoßen.

«Woher weißt du das?», fragte ich erstaunt.

«Ich bin hier der König vom Møsvatnsee.»

«Toll», sagte Steven.

«Aha», sagte ich. «Und wie heißt du?»

«Harald Hovden. Hovden, weil ich auf der gleichnamigen Insel wohne. Ich habe hier das Monopol.»

«Was für ein Monopol oder Königreich?» Ich wollte es mal wieder ganz genau wissen.

«Ich bringe dich und deine Familie mit dem Floß rüber. Mache mit einem Boot auch die Taxidienste auf dem See. Und im Winter räume ich den Schnee auf dem Parkplatz weg. An mir kommst du nicht vorbei.»

«Das möchte ich auch keineswegs.» Ich sagte das mit meiner freundlichsten Stimme und setzte mein schönstes Lächeln auf. Harald schien der Typ Mann zu sein, der einen je nach Lust und Laune grüßen, einen aber auch zusammenscheißen konnte. Das sollte der nur einmal versuchen, dachte ich. Doch damit es gar nicht erst zu einem Konflikt kam, wollte ich ihn entwaffnen – mit größter Höflichkeit, wie es sich für einen Untertanen seiner Majestät geziemte. «Es ist schon toll, was du da alles leistet.»

Meine Freundlichkeit blieb nicht ohne Wirkung. Rübezahl blickte mich verblüfft an. Damit hatte er nicht gerechnet.

Steven, der neben ihm stand und den er daher nicht sehen konnte, verdrehte die Augen.

In diesem Augenblick kam auch Jürgen, zusammen mit einem Kumpel, den er auf seiner neuen Arbeitsstätte kennengelernt hatte. Knut war ein schweigsamer Mensch, der gut anpacken konnte und keine royalen Allüren hatte.

Bald war das erste Floß beladen. Sämtliche Hundehütten wurden darauf gestapelt, der Hänger mit den Hunden kam in die Mitte, drum herum noch weitere Kisten mit Geschirr, Wäsche und Kleidung. In einer Ecke fand unser Kühlschrank Platz, ganz obendrauf meine Schlitten. Jürgen und Knut krabbelten über die kleine Berglandschaft und zurrten alles fest. Doch die Seile, die ihnen Harald zur Verfügung gestellt hatten, sahen eher aus, als könnte man damit Tauspringen spielen. Wie sollten die bei aufkommendem Wellengang Halt bieten? Immerhin konnten die Hunde schwimmen, wenn sie ins Wasser rutschten. Aber wenn die mühsam zusammengebauten Hundehütten ... Nein. Schluss. Aus. Ich verbot mir weitere Grübeleien. Irgendwie lagen meine Nerven am Umzugstag etwas blank. Das konnte ich nicht abstreiten.

Dann hieß es auf einmal: «Leinen los!», und Harald stieß sich mit der Stake vom Rand des Sees ab. Steven und ich fuhren in dem Boot mit, das vor das Floss gespannt war, wie das Pferd vor einen Wagen. Da die «Fähre» keinen Motor hatte, konnte sie nur auf diese Weise gezogen werden. Es war ja nur eine Fahrt von zehn Kilometern, aber in unserer ungewöhnlichen Formation kamen wir nicht schnell voran, und das Unternehmen «Umzug auf dem Wasser» dauerte rund zwei Stunden.

Schließlich aber näherten wir uns dem Ufer und damit

Varmevoll. Rasch wurden die Sachen am Strand abgeladen. Zum Glück stand da noch ein alter Trecker unserer Vermieterin herum, mit dem wir den Hundeanhänger vom Floß herunterbringen konnten.

Für Jürgen und Knut ging es danach zurück, um ein weiteres Mal das Floß mit den restlichen Kisten zu beladen. Inzwischen regnete es nicht nur in Bindfäden, es kam jetzt eimerweise vom Himmel. Bildlich sah ich vor mir, wie der See stieg und stieg – und alle Kisten mit sich riss. Steven und ich hatten nach dem Abladen zwar einige Sachen ins Haus getragen, aber nicht alle, es war zu viel, und wir waren zu erschöpft. Außerdem musste ich mich um die Hunde kümmern. Den Hänger hatten wir mit dem Trecker gleich zu dem Platz hochgefahren, wo die Hunde ihre neue Bleibe haben sollten, ungefähr fünfzig Meter vom Haus entfernt.

«Trara», sagte ich. «Jetzt könnt ihr raus!»

Wie verrückt sprangen meine Huskys herum. Im Hotel hatte ich sie immer am Stake-Out, am Führungsgeschirr, anleinen müssen, zu groß war die Gefahr, dass sie einfach auf und davon liefen. Für einen Augenblick hatte ich auch hier Bedenken gehabt, sie könnten mir abhauen, denn was gab es hier nicht an wahnsinnigen Gerüchen, besonders die Duftnoten von den Wildtieren der Umgebung. Zwar wusste ich, dass ich meine Hunde im Griff hatte, aber der Umzug war nicht nur für die Menschen, sondern auch für die Huskys eine Ausnahmesituation. Zudem hatten sie die letzten Wochen mehr oder weniger im Hänger gelebt, raus und wieder rein, insbesondere bei schlechtem Wetter, zwischendurch nur unterbrochen durch das eine oder andere Training. Alles war bisher ohne Probleme verlaufen, dennoch hatten die Hunde

gespürt, dass ihr Platz in Skinnerbu noch nicht die End-
station der Reise war. Und vielleicht hatten sie auch an mir
wahrgenommen, dass mich die Situation «Hotelleben» nicht
gerade befriedigte. Zu Hause fühlte sich anders an.

«Schau mal, Steven, wie die Hunde drauf sind! Yuppiduh!
Endlich! Wie sie herumrennen – auf in die Freiheit!»

«Da fällt dir sicher ein Stein vom Herzen, oder?» Mein
Sohn, der nicht nur mit einer Menschenmutter aufgewach-
sen war, sondern auch mit einer Hundemutter, wusste genau,
was ich in den vergangenen Wochen empfunden hatte.

«Minnie, Jeddy!», rief ich. Minnie und Jeddy waren Hündinnen, die mit mir auf dem Quest in Alaska gewesen waren
und langsam als betagte Ladys angesehen werden konnten;
beide Damen waren zwölf Jahre alt. «Habt ihr schon gesehen – ich habe eine Altersresidenz für euch geschaffen?! Das
ist Wildnis pur. Kein Zaun, nichts. Ihr dürft hier frei her-
umdüsen. Ganz wie es euch beliebt!»

Mein Hundemutterherz pochte und wummerte und
glühte wie verrückt. Ich konnte ihnen vertrauen, sie waren
so fest an mich gebunden, dass sie niemals das Weite suchen
würden. Manchmal streunten sie später in einer Entfernung
von bis zu zweihundert Metern herum, aber stets kehrten sie
am Ende der Verlockung der ewigen Wildnis den Rücken zu
und fanden wieder zu ihrem hölzernen Eigenheim zurück.
Eine so schöne Hütte mit Vollpension gab man in einem fort-
geschrittenen Hundealter nicht so schnell auf. Außerdem
sind Alaskan Huskys keine Jagdhunde, wie oft angenommen
wird.

Bei den Youngsters war ich mir jedoch nicht so sicher,
die wären vielleicht schneller über die Berge, als ich gu-

cken konnte. Die brauchten einen Zaun, damit mussten sie zurechtkommen. Und das taten sie später auch, denn so eine geniale Umgebung hatten sie bislang in ihrem Hundeleben nicht gehabt.

«Hilf mir noch ein wenig», bat ich Steven, nachdem die Hunde versorgt waren. «Wir sollten ein paar weitere Sachen ins Haus schleppen.»

«Bin aber müde», gab mein Sohn kund.

Er sah ziemlich blass aus, weshalb ich entschied, weiter allein unsere Sachen vor dem Regen zu retten beziehungsweise vor den ansteigenden Wasserfluten.

Jürgen und Knut kamen kurz darauf auch mit der zweiten und letzten Floßfuhre. Knut verabschiedete sich, fuhr mit Harald zurück, wir bedankten uns für so viel Hilfe. Ich weiß nicht, ob das einer unserer Nachbarn im Bayerischen Wald gemacht hätte; Knut und Jürgen kannten sich ja erst seit drei Monaten. Lange winkten wir den Davonfahrenden nach.

«Ich kann nicht mehr», sagte Jürgen, während er sich den Regen oder den Schweiß von der Stirn wischte, wahrscheinlich beides.

«Leg dich schlafen», antwortete ich. «Steven ist auch schon im Bett. Alles ist hergerichtet und bezogen.»

Wir nahmen uns in den Arm, und sicher hofften wir beide, die richtige Entscheidung getroffen zu haben. Für Worte fehlte uns einfach die Kraft.

«Morgen scheint bestimmt die Sonne», sagte Jürgen, bevor er sich umdrehte und ins Haus begab.

«Bestimmt», rief ich ihm nach.

Jürgen hatte dem Abenteuer zugestimmt, aber ich war diejenige, die alles initiiert hatte. Aus diesem Grund war ich auch viel zu unruhig, um mich jetzt schon hinzulegen. Die Dämmerung war längst schon angebrochen, als ich immer noch zum See und zurück rannte, um die eine oder andere Kiste ins Trockene zu bringen. In meinem Kopf wirbelte nur ein Wort herum: «Hoch! Hoch! Hoch!»

Bonanza-Anne, eine Nachbarin mit vier Kühen

Draußen knatterte es. Der Motor eines Boots war es nicht. Noch waren sämtliche Geräusche neu, als ich eine Kiste nach der anderen auspackte, und dieses konnte ich überhaupt nicht einordnen. Ein Blick aus dem Fenster gab mir Aufschluss. Es war Anne, meine neue Nachbarin, die auf einem ATV saß, einem Motorrad mit vier Rädern. Die recht kräftige Frau mit den roten Apfelwangen und dem freundlichen, offenen Gesicht winkte mir heftig zu. Sie trug auf dem Kopf eine dunkelgrüne Kappe mit flauschigen Ohrenklappen, die sie unter dem Kinn stramm zugebunden hatte; nur einige braune Locken hatten sich dem widersetzt. Das Ding sah schon recht zerfleddert aus, aber wie ich später erfuhr, konnte sie sich nicht davon trennen, weil die Mütze einst ihrem Vater gehört hatte. Zum hellgrauen Sporthemd trug sie dunkelblaue Hosen, die aus allen Nähten zu platzen schienen, als wären sie eine Nummer zu klein gekauft worden. Vielleicht auch zwei. Irgendwo konnte ich auch ein paar Löcher entdecken. Ihre Jacke musste einmal richtig rot gewesen sein, jetzt wirkte alles ein wenig verwaschen. Auch sie saß eher knapp als locker am Körper.

Ich wusste, dass sie so alt war wie ich, damals Mitte vierzig, aber irgendwie kam sie mir älter vor, obwohl ich nicht genau sagen konnte, woran das lag. Schon bald fand ich eine Antwort darauf: Es lag an ihrer Hilflosigkeit. Sie war nicht der Typ Frau, der von sich aus etwas anpackte, das hatten früher Mama und Papa gemacht, ganz gleich ob es ums Kochen ging oder das Melken der Kühe, die der Familie ein kleines Einkommen ermöglichten. Sie konnte auch nicht Boot oder Trecker fahren, es war schon verwunderlich, wie sie es in dieser Gegend allein aushielt.

Nach dem Tod der Mutter hatte sie mit ihrem Vater zusammengelebt, bis auch er starb. Noch heute höre ich Sätze von ihr wie: «Papa hat den Knoten aber so gemacht.» Klar, dass ich dann den Knoten auch so machen muss. Oder: «Papa, hat den Trail ganz anders gebrochen.» Selbstverständlich breche ich den Trail nach Annes Vorgaben. Nachbarschaft will gepflegt werden, gerade bei einer so herzensguten Frau wie Anne.

«Ich bin die Nachbarin», schrie Anne. «Ich wollte mal vorbeikommen und guten Tag sagen.»

«Komm rein», rief ich ihr zu.

«Das sieht aber schon schön bei euch aus», sagte sie, als sie unsere neue Bleibe betrat. «Das war sicher viel Arbeit.»

«Von nichts kommt nichts», sagte ich lapidar. «Willst du einen Kaffee??

«Hast du nicht einen Tee? Ich mag diese braune Plörre nicht. Besser gesagt, ich hasse sie geradezu.»

«Gut, dann kriegst du einen Tee.»

Anne setzte sich unter großem Stöhnen, als wäre sie gerade von einer anstrengenden Weltreise zurückgekehrt, an unseren Esstisch, von dem aus wir über den stillen See schauen konnten. Es sah aus, als hätte es nie geregnet. Da mir etwas auf dem Herzen lag, sprach es auch gleich an.

«Anne, was ich dich fragen möchte, da es mich beschäftigt – unsere Vermieterin hatte uns den Trecker dagelassen, mit dem wir bei unserem Umzug auch den Hundeanhänger von der Fähre heruntergeholt haben. Ich kann ihn aber seit zwei Tagen nirgends entdecken. Weißt du was davon?»

«Den habe ich mir ausgeborgt.»

Irritiert blickte ich sie an. «Wieso?» Etwas anderes fiel mir nicht ein.

«Jon konnte ihn gerade gebrauchen.»

«Und wer ist Jon?» Ich war immer noch perplex. Wieso hatten wir nichts bemerkt, als der Traktor «entfernt» worden war? Wahrscheinlich war ich gerade einkaufen gewesen, ein anderer Grund kam nicht in Frage.

«Jon war ein Freund meines Vaters. Als er starb, hat Jon ihm das Versprechen gegeben, auf mich aufzupassen.»

«Und Jon wohnt in deiner Nähe?» Vorsichtig tastete ich mich heran, keineswegs wollte ich mir nachsagen lassen, ich wäre eine allzu neugierige Nachbarin. Aber unter den Namen, die man mir als Nachbarn genannt hatte, war kein Jon, wenigstens konnte ich mich nicht an einen erinnern.

«Nee, drei Stunden von hier entfernt», erklärte Anne gut gelaunt.

«Aber er ist schon jünger als dein Vater ...»

«Eigentlich nicht. Die fünfundsiebzig hat er auch schon geschafft.»

«Und was hat er mit dem Trecker vor?»

«Keine Angst, du kriegst ihn wieder, aber vorher muss Jon noch ein paar Bäume auf meinem Grundstück fällen, wenn er Zeit dazu hat. Der Trecker steht bei mir auf dem Hof.»

Aha. Bäume fällen mit fünfundsiebzig. Das waren gute

Aussichten, in dieser Gegend alt zu werden und gesund zu bleiben.

Mein Blick fiel ohne Absicht auf die Löcher in Annes Hosen, er wurde sofort bemerkt.

«In Deutschland würde man mich bestimmt für asozial halten», sagte Anne und lachte, als hätte sie meine Gedanken erraten. «Hier stört es aber niemanden. Und du musst nicht glauben, dass ich keine Hosen habe. In meinem Schrank wirst du sicher an die neunzig Paar finden. Aber vierundachtzig passen mir davon nicht. Sie sind alle zu klein.» Meine neue Nachbarin seufzte. «Ich hoffe immer, dass ich noch abnehme. Aber wie es ausschaut, nehme ich nur zu.»

«Nur ein kleiner Tipp – vielleicht beim nächsten Hosenkauf zwei Nummern ...» Ich hielt inne. Ich sollte vielleicht nicht gleich ungefragt mit praktischen Vorschlägen aufwarten, und keineswegs hatte ich vor, Anne zu verletzen oder in Verlegenheit zu bringen. Ich hatte nicht unzählige Nachbarn, unter denen ich wählen konnte. Andererseits, warum sollte ich mich verstellen? Ich führte meinen Satz zu Ende. «... also zwei Nummern größer kaufen.»

Anne nahm meine Bemerkung nicht im Geringsten krumm. Es schien ihr eher zu gefallen, dass ich so direkt war.

«Daran habe ich auch schon gedacht.» Wieder lachte sie. «Jetzt will ich dich aber nicht länger aufhalten. Wäre schön, wenn du mal in den nächsten Tagen bei mir vorbeischaust.» Schwer und grinsend erhob sich Anne. «Ich freu mich jedenfalls darauf, dass du meine neue Nachbarin bist.»

Kurz darauf war ich wieder allein.

Ruhe. Frieden.

Nachdem ich eine große Wiese eingezäunt und die Hundehütten auf ihr verteilt hatte, backte ich einen saftigen Nusskuchen und machte mich mit diesem auf zu meiner neuen
Nachbarin. Es war mein erster Ausflug in die nähere Umgebung, und ich kam aus dem Staunen gar nicht mehr heraus, so
schön war diese. Ich fuhr auf meinem eigenen ATV durch ein
traumhaftes Tal und dachte nur: Was hat Anne für ein Glück,
hier leben zu können. Und was habe ich für ein Glück, jetzt
auch hier sein zu dürfen. Ich hatte mit jedem Tag das Gefühl,
nie wieder von diesem Fleckchen Erde fortzuwollen. Kaum
eine Sekunde dachte ich an mein früheres Leben im Bayerischen Wald. Es war so weit weg, fast als hätte es nie existiert.

Das Holzhaus, das schließlich auf einer großen Lichtung
vor mir auftauchte, hatte mehr den Charakter eines Bauern-
hofs, was auch daran lag, dass zu dem Gebäude Stallungen
gehörten. Die Tür war verschlossen, also klopfte ich, doch
niemand öffnete mir. War Anne etwa nicht da? Das konnte
ich mir nicht vorstellen. Wohin sollte sie gegangen sein? Oder
besser gesagt: gefahren. Ich klopfte noch einmal.

«Wieso kommst du nicht einfach rein?», sagte Anne, als sie
mir die Tür öffnete. «Hier oben in Norwegen klopft man an
und geht dann einfach ins Haus hinein.»

Gut, dachte ich, das werde ich mir merken. Es gefiel mir,
das eigene Zuhause so für einen anderen zu öffnen, dass er
nicht das Gefühl haben musste, ein Fremder zu sein.

«Ein kleines Willkommensgeschenk», erklärte ich, als ich
Anne den selbstgebackenen Kuchen überreichte.

«Du willst wohl, dass ich meine nächste Hose gleich drei
Nummern größer kaufe ... Aber danke. Soll ich dir den Hof
zeigen?»

«Ich will alles sehen», erklärte ich. «Auch den Traktor.»

Anne grinste, stellte den Kuchen auf den Tisch und lotste mich nach draußen. Auf einer eingezäunten Weide standen vier Kühe, die zufrieden vor sich hin grasten.

«Sind die noch von deinem Vater?», fragte ich.

«Ja, aber ich werde sie wohl bald verkaufen.»

«Warum?»

«Sie machen so viel Arbeit, ich muss sie morgens aus dem Stall lassen, abends wieder reinholen und dann auch noch melken.»

«Aber Anne, es sind doch nur vier Kühe. Und du hast sogar für die wenigen Tiere eine Melkmaschine. Im Bayerischen Wald habe ich bei einem Nachbarn Kühe mit der Hand gemolken. Mit der Maschine geht das doch ratzfatz.»

«Hast du eine Ahnung! Und es geht mir auch gar nicht ums Melken. Es ist die Butter, die ich daraus machen muss.»

«Was meinst du damit, dass du Butter daraus machen musst?»

«Hier draußen kann ja nicht jeden Tag jemand vorbeifahren und die Milch abholen, dafür liegt der Hof viel zu einsam. Aber die Butter kann ich an Tine Norske Meierier schicken, das ist ein großer Lebensmittelkonzern, der hauptsächlich Milchprodukte herstellt. Und schaffe ich bei meinen vier Kühen ein bestimmtes Kontingent, wird meine Butter auch noch staatlich subventioniert.»

«Aber das ist doch toll, so hast du eine sichere Einnahmequelle.»

«Das schon. Aber es geht auch ohne sie. Hoffe ich jedenfalls. Ich mag einfach nicht mehr buttern.»

«Und wovon willst du dann leben?»

«Meine Jagd, die habe ich verpachtet.»

«Würde das denn reichen?»

«Wenn ich mir weniger Hosen kaufe, dann schon.» Anne lachte.

Meine neue Nachbarin schien eine sehr spezielle Frau zu sein. Und speziell war auch ihr Umgang mit den Kühen, die sie später tatsächlich verkaufte. Im Bayerischen Wald, auch schon im Allgäu, hatte ich mitbekommen, wie die Bauern ihre Kühe im Sommer morgens gegen sechs rausließen und nach zwölf Stunden wieder in den Stall trieben. Anne führte die Tiere erst gegen elf Uhr vormittags auf die Weide, und es konnte sein, dass sie noch gegen zehn Uhr abends auf ihr herumstanden. Als sie mich einmal fragte, ob ich eine Woche lang auf die Tiere aufpassen und sie auch melken könnte, sie müsste verreisen, sagte ich sofort zu. «Mache ich, geht klar.»

Als ich dann am ersten Morgen als Ersatzbäuerin um sechs die Stalltür öffnete, vier Stunden zu früh, wirkten die Kühe völlig verblüfft. Sie schauten mich an, als wollten sie sagen: «Hier läuft etwas grundlegend falsch.» Anne hatte mich vorher noch instruiert, dass ich vor und nach dem Melken die Euter der Kühe säubern sollte, mit einem blauen sowie einem grünen Lappen. Der blaue Lappen war für die beiden vorderen Kühe im Stall, der grüne für die zwei anderen. «Um Gottes willen, du darfst sie nicht miteinander vertauschen!» Dazu gab es auch zwei Eimer, wobei der eine Eimer nur mit dem blauen Lappen zu verwenden war, der andere mit dem grünen. Die Eimer selbst hatte ich genau nach Anweisung vor Gebrauch mit einem bestimmten Mischungsverhältnis aus Wasser und *grønnsåpe*, grüner Seife, zu füllen. Als ich unter ihrer Aufsicht diese Reinigungsprozedur vollzog und selbstverständlich den grünen mit dem blauen Lappen verwechselte, hieß es gleich: «O nein, Silvia, das geht aber gar nicht.»

Erst dachte ich, es würde sich noch ein Sinn dahinter verbergen, vielleicht hatten die Kühe unterschiedliche Bakterienstämme an ihren Eutern, aber es war ausschließlich eine Marotte meiner Nachbarin. So wie ich auch lernte, dass man bei ihr nach dem Essen niemals Teller aufeinanderstellen durfte, sondern sie immer einzeln in die Küche zu tragen hatte. Aber da ich in Norwegen heimisch werden wollte, nahm ich mir vor, Anne zu nehmen, wie sie war. Nein, ich musste es mir gar nicht vornehmen, eigentlich nehme ich die Menschen immer so, wie sie sind.

Nachdem sie mich noch durch den Stall geführt und erklärt hatte, dass Jon das Heu für die Kühe mit dem Trecker – der neben dem Gebäude stand – oder auf altbewährte Art und Weise mit der Sense machen würde, fand Anne, dass es Zeit sei, sich meinem mitgebrachten Nusskuchen zu widmen. Ich hatte erst einige Bissen gegessen, als sie mir unvermittelt gestand: «Ich bin vollkommen verschossen.»

«Oh, das ist aber schön», antwortete ich mit vollem Mund. So viel Vertrautheit nach so kurzer Zeit hatte ich nicht erwartet. Doch das Geständnis ging noch weiter.

«Er ist aber fast schon tot.»

Fast hätte ich mich verschluckt. «Wie, fast schon tot?»

«Adam ist seit einiger Zeit sehr krank.»

«Verstehe ich das jetzt richtig? Du bist verschossen, und der, in den du verschossen bist, der ist fast nicht mehr am Leben?»

Jetzt fing Anne zu heulen an. «Ich kann es immer noch

nicht fassen. Dieser wunderbare Mann. Fix und fertig bin ich.»

«Das tut mir leid», versuchte ich sie zu trösten, wobei ich mich ziemlich hilflos fühlte.

«Soll ich dir ein Bild von ihm zeigen?», fragte sie unter Schluchzen.

Ich nickte. Ich wusste nicht, was ich sonst erwidern sollte.

Anne ging in den Nebenraum, offensichtlich das Wohnzimmer, und kam kurz darauf mit einem Bilderahmen zurück, die Vorderseite an ihren Busen gedrückt. Als sie sich wieder gesetzt hatte, hielt sie mir das Bild hin. Ich musste kurz die Luft anhalten. Der Mann auf dem Foto war mir nicht fremd. Ich kannte ihn aus einer Fernsehserie, und in dieser Serie hieß er tatsächlich Adam. Adam Cartwright. Der älteste der drei Cartwright-Söhne, die in den sechziger Jahren auf ihrer Ponderosa-Ranch den Wilden Westen verkörpert hatten, gleich einer moralischen Anstalt, nur mit den Mitteln von Vieh- und Pferdezucht. Über den weich geschwungenen Lippen und den dunklen, einfühlsamen Augen trug Adam, der im wirklichen Leben Pernell Roberts hieß, den für ihn typischen schwarzen Cowboyhut. Mir waren Little Joe und Hoss Cartwright näher gewesen. Oder Ben, der Vater der drei Jungs. Aber das sagte ich nicht laut. Mein Gott, war das lange her. Und nun holte mich diese verstaubte Fernsehserie – hatte man *Bonanza* überhaupt in Farbe ausgestrahlt? – ausgerechnet im Norwegen des 21. Jahrhunderts wieder ein.

«Wie alt ist er denn?», fragte ich vorsichtig nach.

«Ende siebzig.» Anne schluchzte wieder auf.

«Und was hat er?»

«Einen Bauchspeicheldrüsentumor.»

«Schrecklich», sagte ich. Ich war nahe daran, ihn neben Anne sitzen zu sehen, eingefallen und schwach.

Als Adam Cartwright alias Pernell Roberts knapp anderthalb Jahre später starb, im Januar 2010, heulte Anne drei Tage lang ununterbrochen und konnte kaum etwas essen. Adam war ihr imaginärer Ehemann gewesen. Kein Wunder, dass sie allein auf dem Hof lebte. Hielt sie den etwa für eine Ranch, die sie mit ihm hatte bewirtschaften wollen? Jedenfalls gab sie nach seinem Tod die Kühe weg.

«Ich habe alle Folgen aufgezeichnet, jede einzelne.» Anne blickte nun verträumt aus dem Fenster Richtung der vier Kühe.

Willkommen in Norwegen.

Meine Seelenschwester stirbt

Steven mussten die Schule wechseln, da wir in eine andere Kommune gezogen waren. In Rauland sollte er weiter die Schulbank drücken. Immerhin konnte er nach den wenigen Monaten in Rjukan schon gut Norwegisch sprechen, nicht perfekt, aber es war ihm möglich, sich mit jedem Norweger zu unterhalten. Das ließ einen Schulwechsel erträglicher aussehen. Aber wie der Name es schon sagte, die Bewohner von Rauland waren wirklich ein raues Volk.

Zwischen Rjukan und Rauland lagen nur sechzig Kilometer, dennoch waren es zwei Welten. Rauland war Wikingerland, hier, so schien es mir wenigstens, regierte noch das Faustrecht, hier lag man Jahrzehnte hinter einer aufklärerischen Entwicklung zurück. Somit war auch Mobbing gang und gäbe, unter Norwegens Schulen nahm Stevens neue diesbezüglich einen zweifelhaften vorderen Platz ein. Fremdenfeindlich war man auch ein wenig – als ich die Schule betrat, sah ich, wie im Treppenbereich eine Faschingsmaske von Hitler hing. Dunkle Ahnungen stiegen in mir auf. Oje, dachte ich, hoffentlich bekommt Steven in dieser Schule keinen Ärger.

Er bekam welchen. Er wurde auf übelste Weise gemobbt, man schmiss seinen Schulranzen in den Müllcontainer, und seine Jacken wurden durch Pfützen gezogen. Steven war damals noch nicht in der Lage, seine Hosen selbst aufzumachen. Musste er auf die Toilette, brauchte er einen Lehrer, der ihm dabei half – und dafür wurde er wieder und wieder ausgelacht. Als Steven mir das traurig erzählte, nachdem der Druck für ihn innerlich zu groß geworden war, sagte ich wütend: «Wie irrsinnig ist das denn? Wieso funktionierte es in Rjukan so gut und in Rauland überhaupt nicht?»

Auf dem nächsten Elternabend machte ich meinem Unmut Luft und erzählte von den Missetaten seiner Klassenkameraden. Auch davon, dass er, wenn er morgens um sieben das Haus verließ, bis zu seiner Rückkehr um halb vier, wenn ich ihn vom Bus abholte, nicht mehr zur Toilette gehen würde. Er würde sich nicht mehr trauen, einen Lehrer zu bitten, ihm die Hose aufzumachen, da man ihn wieder auslachen könnte. Am Ende meines «Vortrags» sagte ich: «Ich werde Steven aus der Schule nehmen und ihn in Zukunft zu Hause unterrichten. Das scheint mir die einzige Möglichkeit, dass er diesem extremen Mobbing entgeht.»

Einige Eltern reagierten schockiert, andere wagten auch zum ersten Mal, den Mund aufzumachen: «Ja, bei meinem Kind ist das auch so.» Es war erschreckend festzustellen, dass sie im Fahrwasser der anderen Eltern mitschwammen, jenen Eltern, die ihre mobbenden Zöglinge verteidigten.

Einige Lehrer versuchten, mit mir zu reden, versicherten mir, dass man besser auf Steven aufpassen würde, doch ich war nicht so leicht zu überzeugen, dass sich wirklich was ändern würde. Der Wikingergeist war zu allmächtig. Ich hatte mit meiner Absichtsbekundung, Steven zu Hause zu unterrichten, ein Exempel statuiert. So weit war noch keiner gegangen, und man fand es wohl auch am besten, wenn die Öffentlichkeit nichts davon erfuhr. Was, wenn andere meinem

Beispiel folgten? Hatte die Schule in Rauland auch keinen guten Ruf, aber so ganz wollten sie ihn doch nicht verlieren.

«Wir werden neue Projekte machen, damit so etwas wie mit Steven nicht mehr vorkommt.»

Hmmh. Sollte ich nachgeben?

«Gut», erklärte ich schließlich, «einen Versuch habt ihr noch.»

Es wurden daraufhin von der Schule auch Pläne entworfen, die in die richtige Richtung wiesen, nur wurden sie nie umgesetzt. Nach der vierten *møte* regte sich erneut mein Unwillen. «Wir haben jetzt eine *møte* nach der anderen abgehalten, aber die Ergebnisse sind dürftig. Ihr könnt anscheinend das Mobbing-Problem nicht lösen. Da ich keine Lust auf noch zehn Meetings habe, ist meine Entscheidung endgültig: Homeschooling.» Mit diesen Worten erhob ich mich und verließ den Raum.

In Deutschland hätte ich sicherlich ein gerichtliches Verfahren am Hals gehabt, man hätte mich dazu verdonnert, Steven in die Schule zu schicken. Nicht so in Norwegen. Ich ließ mir den Lehrplan geben, suchte all die Sachen aus dem Internet heraus, die er bis zum Ende des Schuljahrs können musste, und Mutter und Sohn lernten zusammen. Ernst und konsequent. Hin und wieder kamen Lehrer vorbei, um Steven zu überprüfen. Sie hatten Tests, die als objektiver Maßstab dafür dienen sollten, inwieweit er vorangekommen war. Nichts hatten sie zu bemängeln. Selbst in Mathe, was nun wirklich nicht seine Sache war – «Mama, wozu gibt es Taschenrechner?» –, konnten sich seine Leistungen sehenlassen. Fakt war sogar, dass er mehr gelernt hatte, als wenn er weiter in Rauland zur Schule gegangen wäre.

Das Homeschooling setzen wir fort, bis die sechste Klasse nahte und Steven auf eine weiterführende Schule gehen sollte, eine *videregående skole*. In Rauland gab es eine solche nicht, und so überlegten wir zusammen, was die beste Lösung wäre.

«Wie wäre es mit einem Internat?» Mindestens einmal in der Woche hatte ich gedacht: Ich muss schauen, dass mein Sohn mehr soziale Kontakte bekommt. Dadurch, dass die Lehrerin seine Mom war, hatte er keine Klassenkameraden mehr – aber auch niemanden, der ihn hänselte. Doch inzwischen konnte Steven, der jetzt fünfzehn war, seine Hose selbständig auf- und zumachen, da wäre es vielleicht ganz gut, wenn er unter Gleichaltrige kam.

«Okay», sagte Steven. «Können wir ja mal ausprobieren. Hast du schon ein bestimmtes im Auge?»

Aha. Ich deutete es als gutes Zeichen, dass mein Sohn sich nicht gegen eine Veränderung in seinem Schulleben sperrte.

«In Seljord soll es ein gutes Internat geben. Aber da kannst du nicht jeden Tag hinfahren, es liegt zu weit entfernt, gut siebzig Kilometer von uns.»

«Das heißt montags hin und freitags zurück?»

«Genau.»

Zwei Jahre ging Steven auf das Internat – und das Leben dort gefiel ihm ausnehmend gut, er kam mit seinen Mitschülern zurecht, nie gab es eine Klage darüber, dass man ihn mobben würde. Doch nach zwei Jahren erklärte er: «Ich habe keine Lust mehr auf Internat.»

«Warum denn nicht?», fragte ich nach.

«Ist mir zu langweilig.»

«Aber die weiterführende Schule ist erst in einem Jahr zu Ende, und die Lehrer haben gesagt, durch deine Lernverzögerung würden sie dir gern noch ein viertes Jahr geben. Oder willst du etwa nach Deutschland zurück?» Mit Schrecken fiel mir auch diese Möglichkeit ein.

«Spinnst du? Dahin will ich nicht mehr zurück. Ganz sicher nicht. Ich bin jetzt Norweger.»

Steven fuhr sich mit der Hand durch seine dichten Locken. Ja, wahrlich eine Haarpracht, die eines Wikingers würdig wäre. Ich vermutete in diesem Moment, dass er auch nicht mehr mit einem Leben in Deutschland klarkommen würde. Er hatte sich in den norwegischen Jahren seines Lebens verändert. Ähnlich wie ich war er gelassener geworden, auch was seine Kleidung betraf, Markenklamotten waren ihm egal. Am liebsten lief er in seiner verratzten Jeanshose umher, selbst wenn er mit mir einkaufen fuhr, sich also in der Öffentlichkeit zeigte. Und er hatte sich den norwegischen Verhaltensweisen angepasst. Hatte ich ihm in Deutschland noch beigebracht, älteren Menschen die Tür aufzuhalten, machte er das inzwischen nicht mehr, da es in unserer neuen Heimat einfach nicht üblich war. Ebenso das «Gesundheit»-Sagen, wenn jemand nieste. Ein Norweger tritt auch nicht zur Seite, wenn man an ihm vorbeigehen will. Mochten das auch banale Beispiele sein, dennoch sagten sie viel über Stevens Entwicklung aus. Manchmal musste ich ihn regelrecht ermahnen: «Einige deutsche Tugenden sind gar nicht so schlecht.»

«Aber was willst du dann?», fragte ich ihn.

«Es ist nicht so, dass ich nicht zur Schule will, aber ich möchte mehr Technisches lernen, das ist in Seljord nicht möglich.»

Daher wehte also der Wind. «Aber wo gibt es mehr Technikunterricht?»

«Auf der weiterführenden Schule in Rjukan.»

«Du weißt, was das für dich bedeutet?»

Steven nickte.

«Du willst wirklich morgens um Viertel nach fünf aufstehen und erst abends gegen halb sechs wieder zu Hause sein?»

Mein Sohn nickte abermals. «Ich weiß, das ist hart, aber ich will dorthin.»

Steven wurde umgemeldet. Ohne dass ich je einen Klageton hörte oder er sich unwillig zur Seite drehte, weil der Wecker ihn aus dem Schlaf gerissen hatte, stand er morgens auf. Er hatte genau das gefunden, was für ihn wichtig war. Er hatte seinen Lebensmittelpunkt gefunden. Und auch seinen Frieden mit seinen ehemaligen Mobbern gemacht.

Eines Samstags im Dezember kamen drei der Unruhestifter bei uns vorbei. Sie waren mit ihrem Scooter auf dem Eis unterwegs. Sauftour von Nachbar zu Nachbar, wo konnte man noch etwas abstauben.

«Hey, Steven», rief einer der drei, der damalige Wortführer. «Habt ihr mal 'n Bier für uns?»

«Klar!»

Sie quatschten noch lange in unserer Küche, keiner von ihnen war nachtragend. Hatten wir anfangs noch Bier im Haus, nach dem Überraschungsbesuch hatten wir keins mehr.

Aber Stevens Schulwechsel war nicht das einzige Problem. Da war noch Minnie, meine kleine Minnie. Sie fehlt mir so sehr, noch immer könnte ich heulen, wenn ich an sie denke. Über sieben Jahre nach ihrem Tod. Wir waren Soul Sisters.

Wir verstanden uns nur mit Blicken, mit unserer jeweiligen Körpersprache. Wir vertrauten einander absolut. So eine tiefe Ruhe ging von ihr aus, da konnte ich noch einiges lernen.

Als Minnie in unserer neuen Heimat ankam und ihre Hütte bezog, dachte ich: Ach, wenn wir beide nur noch zwei, drei Jahre zusammen diese unbändige Natur genießen können. Du liegst vollgefuttert und mit dickem Bauch in der Sonne, wir machen die eine oder andere Wandertour zusammen, wir werden noch eine tolle Zeit zusammen haben.

Es ging auf August zu, wir waren gerade drei Wochen in unserem neuen Heim, als Minnie sich plötzlich unter dem Hundeanhänger verkroch. Sie hatte die ganze Zeit frei herumlaufen können, und wenn sie sich doch mal den Anhänger als Rückzugsort aussuchte, dann kam sie wenigstens zum Fressen wieder unter ihm hervor. Aber an diesem Tag rührte sie sich nicht vom Fleck.

«Minnie, was ist los? Mit was kann ich dich denn locken, damit du da herauskommst?»

Mit einigen Leckerbissen schaffte ich es schließlich, dass sie zu mir kroch. Ich hatte aber eher das Gefühl, dass sie es mir zuliebe tat und nicht weil das Fressen sie reizte. Eine dunkle Ahnung beschlich mich. Meine Hände tasteten vorsichtig ihren Körper ab, in der Rippengegend entdeckte ich drei, vier Beulen. Am Tag zuvor waren die noch nicht da gewesen, denn ich hatte Minnie gestreichelt und nichts bemerkt. Die Beulen mussten über Nacht gekommen sein. Mein erster Gedanke: O nein, bitte nicht! Das sah gar nicht gut aus, zumal sie nicht ihren Hängerplatz hatte verlassen wollen und gefiept hatte, als sie es dennoch tat. Nicht laut, aber sie hatte gefiept. Irgendetwas musste ihr weh tun. Noch einmal tastete ich die Beulen ab, sie waren nicht sehr groß, vielleicht war alles doch nur halb so schlimm. Dabei wusste ich schon in diesem Moment, dass ich mir selbst etwas vormachte. Aber ich wollte die Konsequenzen meiner Entdeckung nicht wahrhaben.

«Minnie, morgen fahren wir zum Tierarzt. Der wird dir bestimmt helfen können», tröstete ich meine Hündin, es war eher der Versuch, mich selbst zu trösten. Minnie sah mich an, als würde sie es besser wissen.

Der nächste Tierarzt war 120 Kilometer entfernt. Im Notfall konnte ich vieles eigenhändig behandeln, aber in diesem Fall war ich auf seine Hilfe angewiesen. Ich rief Dr. Björnsdotter an und fragte, ob er am nächsten Vormittag Zeit für uns hätte. Er hatte.

Am darauffolgenden Morgen stiegen Minnie und ich ins Boot nach Varland, von wo wir unsere Reise mit dem Auto fortsetzten. Dr. Björnsdotter, leicht ergraut, viele Lachfalten um die Augen, absolvierte das komplette medizinische Programm: Ultraschall, Röntgen, Blutuntersuchung. Schließlich stellte er die Diagnose: «Das sind Metastasen.»

Genau das hatte ich befürchtet.

«Scheiße!», sagte ich nur. Dann: «Was für einen Krebs hat sie?»

«Gebärmutterkrebs. Aber ich sage es dir ehrlich, er hat schon mächtig gestreut.»

«Eigentlich ist es gemein, dass sich Hunde nicht rechtzeitig mitteilen können. ‹Du, Silvia, ich bin krank, mir geht es nicht gut, ich fühle mich schlecht.› Man möchte seinem Hund doch helfen.»

«Gemein ist es nur aus deiner Perspektive.»

«Stimmt.» Ich nickte. «Das ist schon sehr egoistisch. Für den Hund ist es das Beste.»

«So ist es. In der Wildnis müssen Tiere lange fit und mental stark bleiben, andere Tiere merken sofort, wenn eines krank ist. Langes Siechtum ist für sie nicht möglich. Und damit auch kein langes Leiden. Meist stellen wir Menschen eher durch Zufall fest, dass ein Hund Krebs hat. Oder man betreibt Vorsorge ...»

«Du meinst, ich sollte einmal im Jahr mit meinen bald dreißig Hunden zu dir kommen und sie durchchecken lassen, so mit Ultraschall und allem? Da würde ich ja arm bei werden.»

Dr. Björndotter schmunzelte ein wenig. «Das macht keiner. Nicht einmal der Besitzer eines einzelnen Hundes.» Dann wurde er wieder ernst. «Außerdem tritt Krebs bei Hunden sehr schnell auf. Extrem schnell.»

«Heißt das auch, dass es schnell zu Ende geht?»

Der Veterinär zögerte mit der Antwort. «Na ja, nach einer Diagnose kann ein Hund, wenn der Tumor nicht gutartig ist, innerhalb von zwei Wochen nicht mehr am Leben sein.»

«Und bei Minnie ist er eindeutig nicht gutartig?»

«Ich kann es auch so sagen ...» Dr. Björndotter strich sich über seinen Bart. «Es wäre gut, wenn du Minnie hierlassen würdest.»

«Minnie einschläfern? Heute? Nein, das möchte ich noch nicht. Ich nehme sie wieder mit.»

Vehement wies ich den Vorschlag des Tierarztes ab. Im Nachhinein weiß ich, dass ich eine feige Socke war.

«Gut, das ist deine Entscheidung.»

Es war eine falsche Entscheidung, das war mir schon klar, als ich mich von Dr. Björndotter verabschiedete. Ich wollte meine Soul Sister einfach noch bei mir haben, womit ich dem Hund letztlich nicht half, sondern nur seine Qualen verlängerte. Aber bis auf die Beulen und ihr Fiepen hatte Minnie für mich noch nicht krank ausgesehen. Schwanzwedelnd hatte sie die ganzen Untersuchungen über sich ergehen lassen, und mit den Schmerzmitteln, die mir Dr. Björndotter mitgegeben hatte, würden wir bestimmt noch eine gute Zeit miteinander haben. Davon war ich fest überzeugt – nichts von dem ahnend, was dann eintrat. Tatsächlich innerhalb der vom Tierarzt prognostizierten zwei Wochen. Noch keiner meiner Hunde hatte Krebs gehabt, für mich war das ein unbekanntes Terrain. Dennoch hatte ich Erfahrungen mit kranken Hunden, auch mit Hunden, die ich hatte einschläfern lassen müssen, aber bei Minnie hatte ich eine Blockade. Ich hätte mir selbst sagen müssen: «Silvia, gönne dem Hund ein friedvolles Einschlafen ohne Schmerzen.» Ich tat es nicht.

Rapide ging es mit Minnie bergab. Die Beulen sprangen regelrecht aus ihrem Körper heraus, und es wurden von Tag zu Tag mehr. Nach anderthalb Wochen nahm ich sie zu mir ins Wohnzimmer, wo sie die meiste Zeit auf meinem Schoß verbrachte. Minnie konnte sich kaum noch rühren und bewegen, aber noch immer vermochte ich es nicht, sie zurück zu Dr. Björndotter zu bringen.

Ihre Augen sagten mir: «Silvia, ich will noch nicht gehen, ich will bei dir bleiben.»

Meine Antwort: «Ich will auch, dass du bei mir bleibst.»

Aber es war klar, dass der Hund bald sterben würde. Und ich zögerte diesen grausamen Abschied heraus, für sie und für mich. Musste ich aufstehen und etwas erledigen, nahm ich Minnie in den Arm, denn sie schrie mich regelrecht an: «Geh nicht weg!» Dazu hob sie ihren Kopf, das war das Einzige, was sie noch konnte.

In diesem Moment wusste ich: Jetzt muss ich den Tierarzt anrufen, der muss jetzt kommen und sie erlösen. So geht es nicht weiter. Es war so unfair, was ich gegenüber dem Hund machte. Sicher zeigte mir Minnie, dass sie noch nicht gehen wollte. Aber sie tat dies auch, weil ich sie nicht ließ. Aus extrem starker Liebe zu dem Hund. Und wenn Minnie noch so viele Schmerzmittel bekam, es war nicht zu übersehen, dass sie litt. Ich musste handeln, zumal sie nicht mehr allein sein wollte. Steven aber musste in Varland, wohin er mit dem Schulbus gebracht wurde, mit dem Boot abgeholt werden, die anderen Hunde mussten draußen gefüttert werden, da gab es noch so viel nach dem Umzug zu tun.

«Kannst du heute Abend kommen?», fragte ich Dr. Björndotter am Telefon. «Ich will noch den Nachmittag abwarten, aber wenn Minnie bis zum Abend nicht eingeschlafen ist, könntest du dann zu uns rausfahren?»

Der Veterinär versprach es.

Danach sagte ich zu Minnie: «Ich muss jetzt los und den Steven abholen.» Beim Training oder bei einem Rennen müssen meine Hunde auf kurze Kommandos reagieren, aber außerhalb dieser Situationen hatte ich mir angewöhnt, mit ihnen in ganzen Sätzen zu kommunizieren. «Das wird ungefähr vierzig Minuten dauern, dann bin ich wieder da.»

Beim Hinausgehen dachte ich: Hoffentlich muss ich keinen Tierarzt rufen. Irgendwie muss Minnie meine Gedanken gespürt haben, da bin ich mir heute ganz sicher. Nun konnte sie den Druck, den ich auf sie ausgeübt hatte, abschütteln. Ich war nicht da, und Minnie konnte in dieser Zeit sterben – ohne vom Tierarzt erlöst zu werden.

Ganz friedlich lag sie da auf ihrem Sofa, als Steven und ich zurückkehrten. Tränen stürzten aus meinen Augen, als ich zu ihr rannte. Steven, der leise herantrat, legte mir seine Hand auf den Kopf und sagte: «Ihr habt doch noch eine gemeinsame Zeit gehabt, davon hat auch sie was mitgenommen.»

«Aber sie fehlt mir so sehr», schluchzte ich. «Das kann sich niemand vorstellen.»

«Doch, Mama, das kann ich mir vorstellen. Das ist fast so, als wenn du weggehen würdest.»

«Ach, Steven, ich gehe aber nicht.»

Mein Sohn streichelte über meine Locken, die seinen so ähnlich sind. «Minnie ist jetzt im Hundehimmel, es geht ihr da oben gut.»

«Ich habe sie aber so lange leiden lassen ...» Wieder brach ich in Tränen aus.

«Ihr habt diese letzten Tage noch gebraucht.»

«Sie sollte noch so viele schöne Jahre in Norwegen haben. Das ist hier doch ein Hundeparadies. Nun hat sie nichts mehr davon. Dabei hatte ich es ihr so gewünscht, sie hat so viel für mich getan. Ich habe ihr so viel zu verdanken. Da wollte ich ihr noch viele tolle Hundejahre bieten.»

«Das hat sie auch gespürt, Mama. Es ging nur nicht.» Steven strich weiter mit der Hand über meinen Kopf. Wie oft hatte er mit im Schlitten gesessen, während Minnie die Leaderin war, beim Yukon Quest 2003, im Femundløpet-Finnmarksløpet, im La Grande Odyssée, einem jährlichen Rennen steil bergauf um den Mont Blanc.

Noch lange saß ich bei Minnie, erinnerte mich an unsere gemeinsamen Erlebnisse. Dabei weinte ich mir die Augen rot. Als Jürgen nach Hause kam, setzte er sich zu mir.

«Minnie wird immer bei dir sein, sie ist immer da», sagte er tröstend.

«Ja, sie wird immer da sein.» Ich war davon inzwischen ebenfalls überzeugt. Langsam hatte auch der Schmerz ein wenig nachgelassen.

«Und hast du dir schon überlegt, was du mit ihr machen willst?», fragte mein Mann vorsichtig nach.

Ich nickte: «Ich will nicht, dass wir sie in der Erde verbuddeln, wo die Würmer sie auffressen. Das will ich nicht.»

«Und was möchtest du dann?»

«Mich mit einem tollen Feuer von ihr verabschieden. Sie soll verbrannt werden. Und wir alle setzen uns um die Flammen herum und rufen ihr die schönsten Wünsche zu.»

Am nächsten Tag bereitete ich alles für das Feuer vor. Minnie hatte ich am Abend zuvor noch in ihre Hundebox gelegt, sie sah aus, als würde sie tief und fest schlafen. Und so sah es auch aus, als ich sie zu ihrer «Zeremonie» wieder aus der Hundehütte holte.

Es loderte hell auf, Funken sprühten, als wir Minnie zu dritt ins Feuer legten. Um die Flammen herum hatte ich Stühle aufgestellt, auf denen wir uns niederließen und zusahen, wie sie langsam immer mehr eins mit dem Feuer wurde.

«Schau mal hinauf zum Himmel», sagte Steven, der als Erster unser Schweigen durchbrach. Auch die anderen Hunde waren völlig still gewesen, sie hatten gemerkt: Minnie war gegangen. Ich blickte hoch.

«Eine Mondfinsternis!», rief ich aus. «Der Mond ist in den Schatten der Erde getreten. Das gibt es ja gar nicht.»

Als das Feuer nur noch eine Glut war, kehrten Jürgen und Steven ins Haus zurück. Ich bleib bei Minnie, bei ihrer Asche, erzählte ihr für ihre Reise in die andere Welt Geschichten, die wir gemeinsam erlebt hatten. Ich hatte das Gefühl, dass Minnie um mich herumschwebte, es war ein warmes, glückliches Empfinden. Trotzdem heulte ich Rotz und Wasser.

Zwei Tage reagierten die Hunde nicht so ausgelassen wie sonst, sie zeigten sich reserviert, dann aber forderten sie ihr Recht: «Hallo, alles ist gut, alles ist okay. Silvia, können wir jetzt endlich mal wieder trainieren. Wie sieht es aus? Jedes Ende bedeutet auch einen Neuanfang.»

So locker konnte ich das nicht sehen. «Für euch Hunde ist alles so einfach. Da geht einer, und schon wollt ihr wieder Alltag. Für mich ist das aber ein großer Verlust ...»

Meine große Trauer führte letztlich dazu, dass ich dem Team zwei Jahre lang keine Chance gab, sich zu entwickeln. Immer nur machte ich meinen Hunden Vorwürfe. «Mit Minnie wäre das nicht passiert.» Machte einer von ihnen einen Fehler, war ich zwar nicht frustriert, aber ich konnte es auch nicht vergessen und mich damit abfinden. Dann sagte ich: «Ja, ihr seid eben so, ihr seid halt nicht Minnie.» Das war gegenüber meinen Partnern mehr als unfair. Nur ich war einfach nicht dazu fähig, mir das einzugestehen.

Aber eines Tages löste sich in meinem Gehirn der Knoten, diese allumfassende Blockade. Ich kraxelte hoch oben in den Bergen herum und ergoss mich wieder einmal in Tränen über Minnie. Bis ich mir Einhalt gebot, in mich ging und mich fragte: «Wie soll das bloß weitergehen?» Und dann stellte ich mich selbst vor Gericht: «Silvia», ermahnte ich mich. «Wenn du deinem Team keine neue Chance gibst, dann kannst du gleich wieder gehen. Warum bist du nach Norwegen gezogen? Du wolltest dich voranbringen, dir selbst neue Möglichkeiten eröffnen. Du wolltest mehr mit der Natur leben, und mit der Natur leben bedeutet auch, loslassen zu können. Natur ist ein Kreislauf von Leben und Sterben. Merkst du nicht, dass du dir mit deiner ewigen Trauer hier gerade alles verbaust? So kann es wirklich nicht weitergehen. Und vergiss nicht: Du gibt's nicht nur deinen Hunden keine Chance, du gibst auch dir keine Chance.»

Ich musste einsehen, dass ich in den vergangenen zwei Jahren – jedenfalls was meine Hunde betraf – eher einen Rückschritt gemacht hatte. Von Vorangehen keine Spur. Ich hatte mit ihnen wie gewöhnlich trainiert, aber nur das Übliche, das Normale. Hätte ich über Fehler nicht nur gemeckert, sondern sie zugelassen, um zu sehen, was man aus ihnen lernen könnte, und es danach anders und besser zu machen, ich hätte mit meinem Team wachsen können. Aber nein, ich musste mich querstellen ...

Diese Erkenntnis kam mir aber auch nur, weil sich meine Einstellung dem Leben gegenüber nach meiner Auswanderung grundsätzlich gewandelt hatte. Ich bin davon überzeugt, dass mir das in Deutschland nicht gelungen wäre. Inzwischen ging ich fischen, sammelte Beeren, all das hatte ich nie im Bayerischen Wald getan. Peu à peu hatte ich versucht, eins zu werden mit der Natur, und ich hatte den Eindruck gewonnen, dass es mir auch ganz gut gelang. Dieses Einswerden brachte mich schließlich dazu, dass ich mich von Minnie abnabeln konnte. Ich wusste: Nur so würde ich fähig sein, mich wieder auf meine ganz eigene Weise zu positionieren.

Sofort begann ich den Abstieg. Immer schneller ging es über Steine und Wurzeln hinunter. Die letzten Meter rannte ich. Mein Ziel war der Zwinger. Ich stürmte durch die Anlage und rief laut und deutlich: «Jungs, Mädels, jetzt fangen wir neu an.»

Und so war es dann auch. Von diesem Moment an war ich meinen Hunden gegenüber vollkommen tiefenentspannt – die natürlich meinen Stimmungsumschwung sofort registrierten.

Und zu meiner weiterhin um mich herumschwebenden Minnie sagte ich: «Verzeih mir, aber ich war wirklich ein Stück weit feige. Heute würde ich es anders angehen. Ein oder maximal zwei Tage, damit wir Zeit hätten, uns voneinander zu verabschieden. Aber mehr nicht. Damals war das nicht für mich machbar, dafür war unsere Beziehung einfach zu innig gewesen. Aber ich denke, du wirst mich schon verstehen. Nun muss ich mich um die anderen kümmern ...»

Unterwegs auf der Milchstraße

«Mama, kannst du nicht mal wieder Milch von Anne holen?»
Steven mit seinen dunklen Wuschellocken und seinen noch
dunkleren Augen, die meinen so gleichen, sahen mich bittend
an. Konnte ich meinem Kind, das so gern Milch trank, diese
Bitte abschlagen? Nein. Es war aber weder Scooter-Zeit noch
ATV-Zeit, es war einfach nur Matschzeit. Gerade begonnen.
Der Winter sollte endlich dem Frühjahr weichen. Das hieß:
Wollte ich Milch für meinen Sohn holen, den ich noch immer
zu Hause unterrichtete, dann musste ich mich dieses Mal zu
Fuß zu Anne begeben. Was wiederum hieß: richtig viel lau-
fen. Acht Kilometer auf dem Hinweg, acht Kilometer auf dem
Rückweg, noch beschwert mit einigen Litern Milch. Damals
wusste ich nicht, dass man Milch auch einfrieren kann. Nicht
gerade die frische Vollmilch, aber mit der fettreduzierten
H-Milch geht es ohne weiteres.

«Klar, Steven, auf deine Milch sollst du nicht verzichten»,
erwiderte ich, ganz die fürsorgende Mutter. Natürlich hätte
Jürgen auch Milch aus Rjukan mitbringen können, doch es
war ja Übergangszeit, der See noch nicht aufgetaut, sodass er
sich wie in jeder Übergangszeit ein Zimmer in der Nähe seiner
Arbeitsstelle gemietet hatte. Hinzu kam: Mein Sohn mochte
die frischgemolkene Milch von Anne am liebsten. Dagegen
war ich machtlos. Solche Milch konnte man nirgendwo mehr

kaufen, zudem sollte sie das Immunsystem besonders stabilisieren und Kinder widerstandsfähiger machen. Angesichts unseres Lebens in der Wildnis gab es kein besseres Argument, um sich sofort in die passenden Laufschuhe zu stürzen.

Vorher musste ich aber meine Nachbarin über mein Kommen informieren. Ich rief sie an und fragte: «Anne, haben deine Kühe genügend Milch gegeben? Wenn ja, würde ich dir gern welche abkaufen. Steven hat große Lust auf deine Milch.»

«Kein Problem, es ist ausreichend da», sagte Anne. Dann kicherte sie und erklärte fröhlich: «Super, dann muss ich wenigstens nicht so viel buttern. Und vergiss deinen Kanister nicht!»

Als wenn ich ihn jemals vergessen hätte. Den Fünfliterkanister für Stevens Milch.

«Bis bald!», rief ich Steven zu, der aber vollkommen in seinem Buch versunken war. Wahrscheinlich las er gerade einen Science-Fiction-Roman, in dem es um die Bewohner der Milchstraße ging. Womöglich hatte er deshalb Durst bekommen.

Noch nie war ich diese Strecke zu Fuß gegangen, obwohl wir schon ein gutes halbes Jahr in unserem Haus am See lebten. Den Übergang vom Sommer zum Herbst hatte ich beobachten können, schon Mitte August hatte es angefangen, dass die Natur ihr Kleid wechselte. Wobei sie es hatte richtig krachen lassen. Die Farben knallten nur so um mich herum, ein tiefes Rot zeigte sich, so glühend wie bei einem Sonnenaufgang, ein grelles Gelb, das fast in den Augen blendete, und natürlich überall das satte Dunkelgrün. Indian Summer in seiner schönsten Ausformung. Finaler, großartiger Endspurt, damit man die lange Winterstrecke durchhielt. Sosehr ich den Winter mag, gegen ein paar wärmende Frühlingsstrahlen hatte ich nichts.

Was mir zuvor mit dem vierrädrigen Motorrad allerdings nie aufgefallen war: Das Gelände zu *Bonanza*-Anne war ziemlich unwegsam. An einigen Stellen lag sogar noch richtig viel Schnee, Tiefschnee, und es waren einige Anhöhen zu bewältigen.

Drei Stunden brauchte ich für den Weg, den ich sonst mit dem ATV oder dem Snowmobil in fünfzehn Minuten schaffte. Gegen eins war ich da, genau zur Mittagszeit, und Anne hatte auch schon einen wunderbaren Kartoffeleintopf fertig. Und zum Glück war der Abspann der *Bonanza*-Folge auch schon vor einer halben Stunde über den Flimmerkasten gelaufen, sonst hätte ich noch neben ihr auf dem Sofa sitzen müssen ...

Wir erzählten uns das Neueste, selbstverständlich musste auch Adam erwähnt und gewürdigt werden, und zwischendurch rief ich Steven an, der ja allein zu Haus war.

«Mama, bist du gut angekommen?», fragte mein Sohn, dabei wollte ich eigentlich von ihm wissen, wie es ihm so ergangen war. Zugleich wirkte er so abwesend, ich hatte ihn wohl aus seiner Lektüre gerissen.

«Ja, alles perfekt», sagte ich. «Wir sehen uns später.»

Nachdem ich mich noch ein wenig ausgeruht hatte, machte ich mich wieder auf den Weg.

«Du kannst gern wieder Milch haben», sagte Anne zum Abschied, nachdem sie meinen Kanister gefüllt hatte. «Das war ein vergnügliches Mittagessen.»

«Mach ich. Wir wiederholen das», erwiderte ich und stiefelte davon.

Schon beim Schultern meines Rucksacks, in dem ich den Kanister verstaut hatte, empfand ich eine gewisse Schwere. Je länger ich durch das schwierige Gelände ging, desto häufiger dachte ich: Fünf Liter können brutal viel wiegen. Das hätte ich nicht für möglich gehalten. Und dann dieses ständige Hin-und-her-Schwappen. Ich kam mir vor wie ein Lkw, bei dem bei jeder Bremsung die nicht richtig festgezurrte Ladung auf der Fläche nach vorne und nach hinten rutschte. Dabei waren es nur fünf Liter Milch!

Um nicht ständig an die weiße Flüssigkeit zu denken, die an meinem Rücken klebte, holte ich meinen Fotoapparat aus dem Rucksack. Ich hatte ihn ohne bewusste Absicht eingesteckt, aber jetzt kam er mir als Ablenkung sehr gelegen. Als ich ihn in meinen Händen spürte, packte mich auch gleich die Abenteuerlust. Warum sollte ich den bekannten Traktorweg zurücklaufen? Ich konnte doch auch mal ganz neue Wege probieren. Nicht umsonst wollte ich mit fünf Litern auf dem Rücken acht Kilometer gegangen sein.

Auf einmal entdeckte ich an einem sonnigen Hang einen Steig, der sehr alt schien. Wer hatte ihn wohl angelegt? Ich hatte in Büchern über diese Gegend von solchen alten Pfaden gelesen, die einst von Farmern benutzt worden waren, um auf ihnen ihre Schafe den Hang hinaufzutreiben, möglichst gleich zu Beginn des Frühjahrs, wenn unten der Schnee noch nicht geschmolzen war. Diese Farmer hatten längst das Land verlassen, weil niemand mehr ihre Höfe hatte weiterführen wollen und können. Es hatte sich kaum noch rentiert, und die Jüngeren bevorzugten das Leben in größeren Gemeinden, in denen es mehr Arbeit gab.

Auf einem mit Moos und Flechten überzogenen Stein lag

mitten im Sonnenlicht eine völlig verrostete Schaufel. Keine kleine Gartenschaufel, sondern eine richtige Schippe. Während ich sie von allen Seiten betrachtete und ehrfurchtsvoll fotografierte, als hätte ich einen kostbaren Fund aus einer anderen Welt gemacht, fragte ich mich, was es mit dieser Schaufel auf sich hatte. Ich konnte mir keinen Reim darauf machen. Später fragte ich Anne danach, die tatsächlich eine Erklärung dafür hatte.

«Die muss da auf dem Stein liegen bleiben», sagte sie bestimmt.

«Ich will sie auch gar nicht wegnehmen, es geht mir nur darum, die Geschichte hinter dieser Schaufel zu erfahren.»

Anne erzählte: «Dort, wo du jetzt wohnst, in Varmevoll, hat früher ein Farmer sein Gehöft gehabt. Und auch hier in Skindalen gab es noch einige Bauern. Die Schaufel wurde von ihnen auf dem Stein gelassen, weil an dieser Stelle immer besonders viel Schnee liegt. So musste keiner von ihnen eine mitschleppen, jeder, der sie brauchte, konnte sie benutzen, wenn er seine Schafe den Hang hinauftreiben wollte, ohne dass diese im Schnee versackten oder, wenn es vereist war, ausrutschten.»

«Sehr praktisch gedacht», sagte ich.

«Man kann es auch Nachbarschaftshilfe nennen.»

Die weitere Strecke entwickelte sich nicht minder spannend. Die Blätter hatten sich erst in Ansätzen entwickelt, in dieser Gegend würden erst im Juni sämtliche Sträucher und Bäume blühen. Dann mit geballter Kraft und größter Geschwindigkeit, denn den Bäumen und Blüten blieb ja nur wenig Zeit, ihre Schönheit zu zeigen. Und weil es noch so licht war, konnte ich Dinge entdecken, die mir sonst vielleicht verborgen geblieben wären. Darunter einen Container aus dem Zweiten Weltkrieg. Es war einer der Container, die man nach ihrem Abwurf aus tiefem Schnee hatte ausgraben müssen. Einer der Container, die die Briten für Annes Großeltern und die anderen Farmer in der Umgebung als Gegenleistung aus der Luft abwarfen. Er sah aus wie eine überdimensional große Thermoskanne. Kinder- und Babykleidung war darin gewesen, sodass Annes Großmutter während des Krieges warme Sachen für Annes Mutter Signe Vågen und deren Geschwister hatte. Mir war es rätselhaft, wie die Piloten in diesem unwegsamen Gelände mit seinem Gewirr aus Steinen und Bäumen so genau hatten zielen können. Das konnte doch nicht ohne Absprache erfolgt sein, aber wie hatte damals überhaupt die Kommunikation funktioniert?

Hier oben in der Hardangervidda waren Saboteure am Werk gewesen, norwegische Widerstandskämpfer und Alliierte, um Hitlers Atomprogramm einen Strich durch die Rechnung zu ziehen. Darüber hatte ich im Internet gelesen, nachdem meine norwegischen Nachbarn immer wieder voller Stolz von dieser Aktion erzählt hatten. In einem Hotel in Rjukan konnte man sogar noch Uniformreste, Fallschirme und verschiedene Containerbehältnisse anschauen, deshalb hatte ich sofort gewusst, um was es sich handelte, als ich die «Thermoskanne» unter den Büschen entdeckt hatte.

In Rjukan, in Fylke Telemark, steht Vemork, ein Wasserkraftwerk. 1911 wurde es fertiggestellt und in Betrieb genommen, damals galt es als das größte Kraftwerk der Welt. Seine Energie erhielt es durch den Wasserfall Rjukanfossen, 104 Meter stürzt das Wasser hier in die Tiefe. Dann errichtete man 1934 neben dem Kraftwerk eine chemische Fabrik, die Kunstdünger, aber auch Schweres Wasser herstellte – notwendig bei Projekten, die mit Uran zu tun hatten. Nirgendwo in Europa gab es sonst eine solche Fabrik, den meisten anderen chemischen Betrieben fehlte der immense Energieüberschuss, der notwendig war, um mittels Elektrolyse Schweres Wasser zu produzieren. Die Deutschen hatten vor, einen Versuchsreaktor zu konstruieren, um waffenfähiges Plutonium zu gewinnen, aber auch um eine deutsche Atombombe zu bauen. Nachdem sie dann Norwegen 1940 besetzt hatten, versuchten sie Vemork unter ihre Kontrolle zu bringen, um sich damit einen Vorteil beim Bau der Atombombe zu sichern.

Den Alliierten war das jedoch ein Dorn im Auge. Die deutsche Nuklearforschung, vorangetrieben von den Wissenschaftlern Otto Hahn und Werner Heisenberg, musste ihrer Meinung nach gestoppt werden. Im Geheimen wurde geplant, die Fabrik auszuschalten. Das sollte mit Bombenabwürfen gelingen, aber sämtliche Versuche scheiterten. Danach überlegte man sich eine andere Strategie: Im November 1942 wollten schließlich britische Elitesoldaten mit Lastenseglern ganz in der Nähe der Sperrzone landen, sie stürzten jedoch im Gebirge ab. Diejenigen, die überlebten, wurden von den Deutschen gefangen genommen und erschossen.

Doch man gab nicht auf, jetzt erst recht nicht. Und so sprangen am 16. Februar 1943 sechs norwegische Kommandosoldaten, geschult von den Briten, über der Hardangervidda aus einem Halifax-Bomber und landeten zwischen den Seen Strykken und Mär im tiefen Schnee. Mit dabei in stoßsicheren Fallschirmbehältnissen: verschiedene Ausrüstungsgegenstände, Waffen, Sprengstoff, Lebensmittel – alles Dinge, die für die geplante Operation wichtig waren.

Das Kommando über die «Operation Gunnerside» hatte Leutnant Joachim Rønneberg, der aber mit seinen Leuten gegen einen der fürchterlichen Schneestürme anzukämpfen hatte, die in der Vidda wüten konnten. Aus diesem Grund waren sie auch dreißig Kilometer entfernt von ihrem Ziel, dem Kraftwerk Vermork, zu Boden gekommen. Zwei Nächte mussten die in Weiß gekleideten Männer unter den Planen ihrer ebenfalls weißen Militärzelte abwarten, bis sie eine Berghütte fanden, die ihnen besseren Schutz vor der klirrenden Kälte bot – es herrschten minus 20 Grad Celsius. Tagelang harrten sie in ihr aus.

Die Deutschen hatten die Sperrzone umzäunt. Wachen umgaben das Gebiet, auch war es durch Minen abgesichert. Es gab nur eine Chance, dorthin zu gelangen: den Weg über vereiste Felsen. Da dieser so unmöglich schien, hatten die Deutschen ihn nicht im Blick. Und so gelangten die Norweger über die Schlucht und einen Kabelschacht ins Innere des Kraftwerks, wo sie den mitgebrachten Sprengstoff anbrachten. Für den Rückweg wählten sie dieselbe Tour, während es hinter ihnen gewaltig explodierte. Danach versenkten sie mit ihrem Dynamit noch eine Eisenbahnfähre, die SF Hydro, auf der etliche Fässer mit Schwerem Wasser zur Abfahrt bereitstanden.

Als ich mit meiner Hand über den Container strich, fühlte ich mich auf einmal meiner neuen Heimat sehr nahe. Aus dem kleinen Hotel-Museum erinnerte ich noch ein Schwarzweißbild von König Haakon VII. von Norwegen. Stock und Hut hielt er in der einen Hand, mit der anderen schüttelte er einem der norwegischen Soldaten, die den Sabotageakt erfolgreich durchgeführt hatten, die Hand. Anlass war die Premiere des Films *Schlacht um das Schwere Wasser* 1948 gewesen. Knapp zwei Jahrzehnte später wurde dieser Heldenstoff noch einmal verfilmt, dieses Mal von den Briten. Unter dem Titel *Kennwort «Schweres Wasser»* mimten Richard Harris und Kirk Douglas zwei der norwegischen Saboteure.

Auch die ursprüngliche Anlage, in der das Schwere Wasser, das Deuteriumoxid, hergestellt worden war, hatte ich mir einmal angesehen; in Vemork gab es ein Industriearbeitermuseum, wo man sie besichtigen konnte.

Es war ein düsteres Kapitel in der deutsch-norwegischen Geschichte. Anne hatte mir erzählt, ihr Vater hätte den Saboteuren und anderen Partisanen geholfen und ihnen immer wieder Lebensmittel gebracht, während er den Deutschen, die nach der Explosion eine Suchaktion nach den Widerstandskämpfern gestartet hatten und auf ihren Skiern die Region absuchten, die falsche Richtung wies.

Ich, die Deutsche, die nun in Norwegen lebte, war froh, dass bei dieser Operation nur das Wasserwerk in die Luft gejagt worden war. Weder wurden die norwegischen Saboteure gefasst, noch war einer der deutschen Soldaten ums Leben gekommen. Widerstand war also möglich, ohne dass Menschen dabei ihr Leben ließen. Viel hatte ich über Nazi-Deutschland gelesen, und als Teil einer Generation, die gut ein Jahrzehnt nach dem Ende des Zweiten Weltkriegs geboren wurde und in der sehr zerstörten Stadt Köln aufwuchs, hatte ich oft genug Wut darüber empfunden, wie man nur der Propaganda von Hitler und seinen Nazi-Mitstreitern so hatte auf den Leim gehen können. Ein «Tausendjähriges

Reich» – was für ein Wahnsinn! Die Konzentrationslager und die Vernichtung der Juden! Eine Unmenschlichkeit, die ich nur schwer nachvollziehen konnte. Doch zugleich wies ich mich jedes Mal selbst in die Schranken, wenn ich so dachte. Wie hätte ich als Deutsche im Dritten Reich gehandelt? Ich konnte mir nur wünschen, ich hätte mich einem Kreis von Widerständlern angeschlossen.

Nun aber lebte ich in einem Land, das während der Nazizeit von den Deutschen besetzt worden war, hier kam ich mit dieser Vergangenheit in einen ganz anderen Kontakt. Auf einmal fühlte ich mich sehr demütig – eine Empfindung, die ich in dieser Form kaum kennengelernt hätte, wäre ich in Deutschland geblieben. Eine große Dankbarkeit erfüllte mich. Erneut hatte ich die Bestätigung dafür, dass wir den richtigen Schritt getan hatten. Es war nicht nur die gewaltige Natur, die mich mit dieser fremden Demut erfüllte, ich empfand sie auch gegenüber den norwegischen Farmern, die die Partisanen unterstützt hatten, gegenüber all den Nachkommen, die in der Hardangervidda einst meine Nachbarn gewesen waren.

Auf diesem Hochplateau waren nicht nur die sechs norwegischen Kommandosoldaten abgesprungen, hier hatten sich eine Menge Partisanen versteckt gehalten. An sie erinnerte ein kleines Steinhaus, das ich kurz nach dem Auffinden der britischen «Thermoskanne» entdeckte. Schon unzählige Male war ich daran vorbeigelaufen, hatte es aber nie zuvor wahrgenommen – so gut verborgen beziehungsweise getarnt lag es in der Natur. In ihm hatten Partisanen gelebt und sich vor den Deutschen versteckt; Nachbarn berichteten immer wieder von dem kleinen Häuschen, das jetzt mehr ein Steingebilde war. Ich dachte an die Widrigkeiten des Winters in dieser Gegend, die ich ja selbst erstmals erfahren hatte. Und woanders lamentierten Menschen, wenn der Bürgersteig nicht geräumt war – dieser Gedanke stieg unweigerlich in mir auf. Und jetzt beschlich mich nicht Demut, sondern große Hochachtung. Die Partisanen mussten mit diesem arktischen Klima zurechtkommen, überhaupt war ihr Dasein äußerst reduziert gewesen. Und von solchen Hütten aus hatten sie versucht, einen Aufstand zu organisieren.

Ehrfurcht erfasste mich. Vor dem Steinhaus, vor dem Container, vor der verrosteten Schaufel. Es war gut, dass es all das noch gab, dass niemand es weggeräumt hatte. Mir kam es vor, als würde der Geist der Saboteure noch in der Hardangervidda vorhanden sein, als würde ich plötzlich zu einem Teil dieser für mich neuen Geschichte werden. In Köln, im Allgäu, im Bayerischen Wald – natürlich hatte es dort auch eine Geschichte gegeben, aber nie hatte ich mich so involviert gefühlt. Mein Tagesablauf war immer so klar strukturiert gewesen, dass ich mich gar nicht darauf hatte einlassen können. Hier ging ich einfach raus in die Wildnis – und wurde, ohne dass ich es beabsichtigte, ein Teil von dem, was sie zu erzählen hatte.

Die Natur erlaubt es mir, so überlegte ich weiter, dass ich hier leben darf. Anders wusste ich es nicht zu bezeichnen. Ich bin ihr völlig ausgeliefert, ich muss mich damit arrangieren, und weil ich es tue, akzeptiert sie mich. Sie ist so gnadenlos. Da geht man bei schönstem Wetter raus, und wenn man sich nur einmal umdreht, steht man mitten im Sturm. Niemals darf man die Natur unterschätzen.

Die Partisanen hatten nicht das Equipment gehabt, um

sich gegen die Kälte zu schützen. Sie gingen mit Wollstrümpfen, Wollpullovern und Wolljacken raus – schnell war man da durchnässt. Ältere Leute, mit denen ich darüber gesprochen hatte, sagten dann: «Ja, das war damals eine harte Zeit gewesen, aber es war halt so.»

In meine Gedanken schwappte die Milch wieder hinein, die ich für ein, zwei Stunden komplett vergessen hatte – ähnlich wie Steven beim Abschied war auch ich auf meiner Milchstraße in Gedanken versunken. Bald war ich zu Hause bei meinem Sohn. Wie würde es bei ihm später sein, wenn er achtzehn, neunzehn war?

Um ins Kino zu gehen, musste man nach Rjukan. Eine halbe Weltreise. Aber es ging nicht nur um die Zeit. Hatte man sich mit Freunden in dem Bergstädtchen verabredet, konnte es sein, dass man genau an diesem Tag nicht mit dem Boot über den See fahren konnte, weil der Wind gerade ganz ungünstig stand. Da konnte man dann nur anrufen und sagen: «Ihr müsst alleine ins Kino gehen. Erzählt mir hinterher, wie es war.» Jede feste Verabredung war nur eine bedingt feste Verabredung. Und weil Kinobesuche in der Regel abends stattfinden, muss man sich für die Nacht in Rjukan eine Bleibe suchen. Eine Rückfahrt auf dem Wasser ist unmöglich, weil es dort stockduster ist. Nur wenige Häuser liegen am Wasser, sodass es kaum Umgebungslichter gibt. Bojen, die reflektieren und eine Fahrtrinne weisen, sucht man vergeblich. Gerade bei Wellengang wäre eine solche Heimfahrt sehr gefährlich.

Das musste man aushalten können. Bislang hatte ich nicht den Eindruck, dass Steven unter diesen extremen Bedingungen litt. Er war an meiner Seite groß geworden – und hatte schon reichlich Ungewöhnliches mit mir erlebt. Als ich ihn einmal nach Kinobesuchen oder Fußballspielen gefragt hatte, sagte er: «Ich brauche das nicht.»

«Aber wenn du mit deinen Kumpels trainieren willst, ich bringe dich überallhin und hole dich auch von überall ab.» Als Mutter wollte ich ihm natürlich eine ganz normale Kindheit bieten, mit all den Dingen, die dazugehörten. Und hin und wieder plagten mich Gewissensbisse. Hatte ich mit meinem Auswanderungswunsch in die «Wildnis» egoistisch gehandelt? Natürlich wollte ich als Elternteil das Bestmögliche für meinen Sohn, wollte auch, dass er unbedingt an den Errungenschaften der «Zivilisation» teilnahm. Denn was für mich gut war, musste noch lange nicht auch für meinen Sohn okay sein.

«Ist schon okay so, wie es ist.»

Damit war das Thema für ihn erledigt gewesen. Ich aber kämpfte noch lange damit. Jürgen war erwachsen, er konnte jederzeit sagen: «Du, mir reicht's, mir ist das alles zu öde hier, ich brauche mehr Abwechslung, mehr Menschen um mich herum.» Das konnte ein Kind weniger zum Ausdruck bringen – und schon gar nicht konnte es einen Umzug zurück nach Deutschland organisieren. Das war bei meinem Mann jederzeit möglich gewesen, aber eben nicht bei Steven.

Glücklich und ausgepowert von der Tour, stellte ich am späten Nachtmittag den Fünfliterkanister auf den Küchentisch. Steven las noch immer in seinem Buch.

«Magst du ein Glas Milch?», fragte ich.

Steven nickte. «Aber du musst es fotografieren, Mama, das ist ein besonderer Moment.»

Ich lachte. «Geht in Ordnung. Immerhin bin ich dafür den ganzen Tag unterwegs gewesen.»

Ich holte ein leeres Glas aus dem Küchenschrank, füllte es mit Milch auf und nahm es mit meiner Kamera auf. Danach tranken wir beide aus dem einen Glas, mit großem Genuss und in dem Bewusstsein, ja nicht verschwenderisch mit diesem weißen Gold umzugehen.

«Mama, wie lange hält die Milch?»

«Ich glaube, nicht so lange», antwortete ich.

«Gehst du dann wieder los?» Hörte ich da einen besorgten Unterton?

«Sicher, Anne freut sich über Gesellschaft.»

Da hatte ich mich aufgemacht, um nichts anderes als Milch zu besorgen. Doch währenddessen hatte ich mich auf eine wundersame Reise begeben. Ich hatte so viel gesehen und erlebt, so etwas war mir zuvor in Deutschland nicht widerfahren. Der Milcheinkauf hatte auf einmal eine ganz andere Wertigkeit bekommen, viel bedeutsamer als ein Kinobesuch, da auch lebensnotwendiger. Na, das ist jetzt übertrieben, aber ich hatte meinem Sohn einen Wunsch erfüllen können. Und wir beide hatten uns auf dem Milky Way, der Milchstraße, getroffen.

Zwei Frauen bäuchlings auf Rentierjagd

«Das Wetter soll weiterhin schön bleiben – wollen wir nicht zusammen zur Jagd gehen?» Anne, mit der ich gerade telefonierte, jagte selbst nicht, obwohl sie einen Jagdschein besaß, aber sie hatte meist nichts dagegen, mich zu begleiten – und so ihren Vorrat an Fleisch wieder aufzufüllen. Zudem war es ihr Grund und Boden, auf dem ich Jagdtouren unternahm, da war es nur rechtens, wenn ich sie fragte.

«Aber ich kann nicht so schnell laufen wie du», gab Anne zu bedenken. «Beim letzten Mal habe ich geschnauft wie eine Dampflokomotive. Vergiss nicht, ich habe Asthma. Das kommt von den Kühen.»

Meine Nachbarin hatte kein Asthma, sie hatte einfach keine Kondition. Und Übergewicht. Denn auch nachdem sie die Kühe verkauft hatte, änderte sich nichts an ihrer schweren Atmung.

«Ich werde langsam gehen, versprochen.»

«Okay, dann bin ich dabei.»

Als ich noch in Deutschland lebte, wäre ich nie auf die Idee gekommen, einen Jagdschein zu machen. Es erschien mir nicht sinnvoll, da es überall gutes Fleisch zu einem vernünftigen Preis zu kaufen gab, gerade im ländlichen Bayerischen Wald. Anders in Norwegen. Fleisch ist hier extrem teuer, und gerade in dieser rauen und einsamen Gegend, in der ich lebe, in der es bis zum nächsten Supermarkt anderthalb Stunden sind, ist Jagen etwas Selbstverständliches. Jagen bedeutet hier (neben dem Männerding): Selbstversorgung.

Irgendwann hatte mich Anne gefragt, ob ich nicht Lust hätte, den Jagdschein zu machen. Lust hatte ich schon, aber ich wusste nicht, ob meine Norwegischkenntnisse dafür reichen würden. Inzwischen konnte ich mich recht gut verständigen, aber eine Jagdscheinprüfung würde erfordern, spezielle Ausdrücke zu beherrschen – ich musste Tiere namentlich voneinander unterscheiden, die ich nicht einmal im Deutschen benennen konnte, so etwa die Bekassine von der Doppelschnepfe. Dabei gab es nicht nur das Problem der Bezeichnung, ich konnte sie nicht mal äußerlich auseinanderhalten. Beide langschnäbeligen Vögel waren für mich gleich groß, aber ich lernte dann, dass die Bekassine einen größeren weißen Bauchfleck hat als die Doppelschnepfe. Und bei den Flügeln. Aber wie sollte man das erkennen, wenn der Vogel diese angelegt hatte?

Anne spürte mein Wanken, deshalb legte sie nach: «Wenn du den Jagdschein machst, werde ich mich auch anmelden.»

«Verstehe ich das richtig», hakte ich nach, «eigentlich willst du den Jagdschein machen, möchtest das aber nicht allein durchziehen?»

«So kann man das sagen. Aber wenn wir es gemeinsam angehen, kann ich dir bei den norwegischen Wörtern helfen.»

Das war ein schlagendes Argument. Doch dann fiel mir noch etwas anderes ein. «Hast du nicht gesagt, dass es für dich nicht in Frage käme, Tiere zu töten? Dass du Angst hättest, du würdest danebentreffen und müsstest dem verletzten Tier hinterherlaufen? Woher auf einmal der Sinneswandel?»

«NRK will zu mir kommen und hier drehen», erklärte Anne. NRK ist ein staatlicher norwegischer Fernsehsender, und meine Nachbarin war, wie ich inzwischen erfahren hatte, eine kleine TV-Berühmtheit, weil sie allein als Frau in dieser Wildnis lebte. «Und dieses Mal möchten sie mich als Jägerin filmen», fuhr sie fort. «Ich soll mich auf den Boden legen, mit einem Gewehr in der Hand. Nur wäre es da unredlich, wenn ich keinen Jagdschein hätte.»

Das war auch ein Grund, um einen Jagdschein zu machen. Und so schaffte ich ihn mit Hilfe von Anne, wobei ich dafür sorgte, dass ab diesem Zeitpunkt ihre Gefriertruhen gefüllt waren. Ein Deal, mit dem ich seitdem gut lebte.

Die Rucksäcke waren gefüllt (Anne: unzählige Butterbrote, ich: Powerriegel und Bananen), und gemeinsam zogen wir Mitte September los, auf jenes Plateau hinter unserem Haus mit den noch wild lebenden Rentieren, die niemandem gehören. Jeder in dieser Gegend lebende und landbesitzende Mensch erhält vom Staat eine Erlaubnis, eine bestimmte Anzahl von Rentieren und Elchen zu erlegen, natürlich nur zur Jagdsaison. Diese beginnt Ende August und hört Ende September auf. Die Zahl der Tiere ist davon abhängig, wie viele der norwegische Staat jährlich zum Abschuss freigibt, wie groß der aktuelle Bestand ist. Wer nicht selbst jagen möchte, kann seine Erlaubnis, die in Form einer Karte daherkommt, verkaufen – viele Touristen und Hobbyjäger profitieren von diesem Handel. Immerhin erhalten die Norweger für eine Karte 6000 Norwegische Kronen, knapp 700 Euro. Ich hatte zwei Rentierkarten, durfte also zwei Tiere schießen. Eins hätte mir an diesem Tag gereicht.

Mit dabei und geschultert: mein Gewehr. Mit der Tikka T3, einer finnischen Repetierbüchse mit einem Gewicht von rund drei Kilogramm, musste ich mich im höheren Gebirge vorsichtig heranschleichen; würde mich das Tier bemerken, wäre es sofort auf und davon. Es war nicht garantiert, dass wir an diesem Tag Jagdglück hatten, manches Mal waren wir schon stundenlang in den Höhen herumgewandert, ohne auch nur ein einziges Rentier zu Gesicht zu bekommen. Oder man hatte eine frische Spur, die dann aber aufgrund des gerölligen, steinigen Untergrunds nicht mehr nachzuverfolgen war. Da konnte ich dann fluchen. Auch wenn man auf eine Herde traf, aber die Gelegenheit zu schießen ungünstig war, weil der Wind zu schlecht stand oder zu viele Bäume die Sicht behinderten, um einen wirklich tödlichen Schuss abzusetzen. Das war dann Pech für mich, aber Glück für die Tiere.

In jedem Fall handelte es sich aus meiner Sicht um ein faires Jagen. Ich sitze nicht auf einem Hochsitz und warte auf den passenden Moment, um mein Opfer abzuknallen. In dem Gebiet, in dem ich jage, gehe ich Berge hinauf und wieder hinunter, da gibt es keine Wanderwege, da kämpfen wir uns durch die Natur. Und ist das Wild erlegt, wird es nicht auf irgendein Auto gehievt und abtransportiert. Anne und ich zerlegen das tote Tier an Ort und Stelle und schleppen es in unseren Rucksäcken nach Hause – jede von uns hat dann rund vierzig Kilogramm zu stemmen. Es wird also nicht gejagt, weil man Spaß am Abknallen hat (den ich definitiv nicht habe), sondern um sich den Winter über von den erlegten Tieren zu ernähren.

Anne ging an diesem Tag hinter mir, ich hatte ein Tempo gewählt, bei dem sie keine Probleme hatte, mir zu folgen.

Schließlich blieb ich stehen – wir waren längst in der Vidda –, zeigte in eine bestimmte Richtung und sagte: «Wäre ich ein Rentier, würde ich da entlanggegangen sein.»

Anne schüttelte den Kopf. «Du weißt, was wir im Unterricht über Rentiere und den Wind gelernt haben. Der ist hier alles andere als günstig.»

«Aber wenn ich ein Rentier wäre, dann ...», wiederholte ich.

«Schon gut», unterbrach mich Anne, die wieder eine ihrer berühmten Lochhosen trug. «Langsam begreife ich es. Wo Silvia ist, ist auch ein Rentier. Schlagen wir diesen Weg ein.»

Nach einer halben Stunde sahen wir das, was ich mir gewünscht hatte zu sehen: eine Herde Rentiere. Nun kam der schwierigste Moment. Ich musste mich flach auf den Boden legen und mich an das Wild heranrobben. Bundeswehrsoldaten hätten bei meinem Anblick bestimmt gejohlt, denn es ging durch ziemlich viel Matsch. Das Jagdfieber hatte mich gepackt, aber nicht nur mich, auch Anne hatte sich auf den Boden gelegt und folgte mir nahezu lautlos.

Ein Kribbeln breitete sich im ganzen Körper aus, während ich mich an einem leicht ansteigenden Hang Meter um Meter vorwärtsbewegte. Den Dreck hatte ich hinter mir gelassen, nun rutsche ich auf felsigem Boden voran. Kein Tier hielt inne und schien alarmiert zu sein. Schließlich war ich nur noch zehn Meter von der Herde entfernt, Anne vielleicht fünfzehn, achtzehn Meter. Ich wagte nicht, mich nach ihr umzudrehen. Tack, tack, tack. Ganz in der Nähe kletterten Lemminge auf Felsgestein herum, doch auch sie hatten mich noch nicht gewittert. Ein Bock hatte es mir angetan. Wunderschön war er. Er befand sich genau vor mir, noch dazu allein. Ringsum kein einziger Artgenosse. Tiere im Rudel bargen die Gefahr, dass man noch ein anderes verletzte, was ich auf jeden Fall verhindern wollte.

Der Wind konnte jeden Augenblick drehen. Jetzt bemerkt er mich gleich, dachte ich. Du musst jetzt schießen.

Ich legte das Gewehr an. Vorsichtig. Dann: Schuss. Er saß. Das Tier trat kurz nach hinten aus, dann klappte es zusammen. Ich jubelte innerlich. Was für ein Treffer!

Aber war der Bock wirklich tot? Ich musste nachsehen. Er konnte nur verletzt und durch den Schock eingeknickt sein. Doch es gab keinen Zweifel: Er war mausetot – aber nicht nur er. Hinter ihm hatte ein zweiter Bock gestanden, der zuvor nicht zu sehen gewesen war. Meine Kugel hatte auch ihn getroffen. Ein Blatt- oder auch Kammerschuss, mitten ins Herz, vielleicht bei dem zweiten Tier auch in die Lunge, so wie ich es gelernt hatte. Bei einem Schuss in den Vorderlauf wäre das Tier zwar eingeknickt, hätte sich aber wieder aufgerichtet und wäre geflüchtet. Ebenso bei einem Schuss in die Wirbelsäule, bei dem das Tier rasch zusammenbricht, danach schnellt es aber wieder hoch und sucht das Weite.

«Anne, wir haben zwei Böcke!», rief ich aufgeregt. «Zwei Rentiere mit einer Kugel.»

«Du spinnst, das ist Jägerlatein.» Anne verharrte noch immer bäuchlings in Hanglage.

«Nein, kein Jägerlatein.»

«Aber ich habe doch nur ein Tier gesehen.»

«Ich ja auch, aber es ist ein glatter Durchschuss. Einmal jagen, zwei Tiere.» Ich konnte mein Jagdglück immer noch nicht fassen. Ich, die blutige Anfängerin ...

«Toll! Nur gut, dass wir zwei Rentierkarten haben.» Anne

richtete sich auf, kletterte zu mir hoch, betrachtete die beiden Prachtkerle und schaute dann den Berg hinunter.

«Wir sind ganz schön weit oben», sagte sie, nachdem die erste Freude über unseren Jagderfolg abgeklungen war und sich langsam jene Realität ins Gedächtnis vordrängte, die mit unserer weiteren Planung zu tun hatte.

«Ein leichter Rückweg wird das nicht», gab ich zu. «Wir haben ordentlich zu schleppen.»

«Vorher müssen wir die Tiere aber noch aufschneiden und ausweiden.»

Jede von uns nahm sich jetzt einen Bock vor. Wir fingen am Hals an, bei der Speiseröhre. Langsam zogen wir das scharfe Messer, das wir für diesen Zweck in unseren Rucksäcken verstaut hatten, nach unten. Wichtig war, beim Aufschneiden des Bauches nicht den Magen zu verletzen. Kam der Mageninhalt raus und in Kontakt mit dem Fleisch, hätte das zur Folge, dass es nicht mehr so gut schmecken würde. Nachdem wir jeweils den Bauch fachgerecht geöffnet hatten, entnahmen wir den toten Böcken sämtliche Eingeweide. Diese wickelten wir später in die abgezogenen Felle und legten sie unter einen Stein, sodass sich der ein oder andere Rabe oder Fuchs das für ein Festmahl holen konnte. Perfekte Verwertung. Anschließend enthäuteten wir das erlegte Wild, schnitten die Köpfe und die Beine ab. Wir selbst sahen ziemlich martialisch aus, der Dreck an unserer Kleidung hatte sich mit dem Blut vermischt. Zimperlich durfte man bei dieser Tätigkeit wirklich nicht sein.

Annes Blick wurde immer zweifelnder und ließ in mir eine Ahnung aufkommen, was in ihrem Kopf vorging.

«Anne, vergiss, was du gerade denkst.»

«Aber du weißt doch gar nicht, was ich denke.»

«Doch, du möchtest mehrmals gehen, damit die Last nicht so schwer wird.»

«Stimmt.» Meine Nachbarin schüttelte verwundert den Kopf. «Aber warum ist das keine so gute Idee?» Manchmal klang meine Nachbarin, als wäre sie auf einem englischen Internat erzogen worden und nicht von Eltern, die sich für die norwegische Wildnis entschieden hatten.

«Weil es ziemlich mühsam ist und unsere Rucksäcke groß genug sind, um alles zu tragen.»

«Da passen die Tiere aber nicht mit den Knochen rein. Von meinem Vater habe ich gelernt, wie man die Tiere auseinandernimmt, und dazu gehört, dass man sie mit den Knochen abtransportieren soll. Oder hast du etwa vor ...»

«Genau, das habe ich vor. Wir müssen das Fleisch der Tiere komplett von den Knochen lösen. Hier, an Ort und Stelle. Sonst schaffen wir das tatsächlich nicht.»

«Das wird eine richtige Sauerei, wir sehen doch jetzt schon wie Schweine aus.»

«Machen wir das bei uns zu Hause, wird das auch eine blutige Angelegenheit. Da können wir es gleich hier am Berg bewerkstelligen.»

«Dann müssen wir auf dem Rückweg aber mehrmals pausieren, sonst packe ich das nicht.»

«Kein Problem. Du hast genügend Brote mit, damit kannst du immer neue Energien schöpfen.»

Anne grinste.

Schließlich war die Arbeit getan. Normalerweise hätten wir für ein Tier zwei Stunden gebraucht, aber angesichts von zwei Böcken und dem Lösen des Fleisches vom Knochen benötigten wir fünf. Das Fleisch kam in größeren Portionen zuerst in einen Müllsack, dann in den Rucksack. Als alles verpackt war, half Anne mir dabei, meinen Rucksack auf den Rücken zu hieven. Zugegeben: Er war verdammt schwer. Dazu kam noch das Gewehr, das auch kein Leichtgewicht war.

«Und nun ist dein Rucksack dran», sagte ich zu Anne.

Sie stöhnte auf, als sie das Gewicht zu spüren bekam.

«Und bei unseren Pausen wollen wir diese Prozedur jedes Mal wiederholen?», fragte sie.

«Das Beste ist, wenn wir einen Stein oder eine kleine Anhöhe finden, wo wir die Rucksäcke so abstellen können, dass wir uns entlasten können, ohne sie abnehmen zu müssen.»

Der Abstieg ging in die Knie, ständig mussten wir aufpassen, nicht das Gleichgewicht zu verlieren. Zugleich hatten wir das Problem, einige Flüsse überqueren zu müssen, kleinere oder größere. Dabei bewegten wir uns von einem Stein zum anderen vorwärts, immer in der Angst, auf einem auszurutschen.

Gerade wollten wir einen kleinen Bach passieren, um auf die andere Seite zu gelangen. Anne ging voran, und in dem Moment, in dem sie sich umdrehte, um mich zu fragen, ob sie mir helfen könne, geriet ich auf einem Stein ins Straucheln und fiel samt Rucksack in den Fluss. Ich zappelte im Wasser wie eine Schildkröte, die auf ihrem Panzer lag. In einem Comic hätte das lustig ausgesehen, aber wir befanden uns real in einem Fluss, dessen Temperatur in diesem Spätsommer nicht gerade mehr als warm zu bezeichnen war.

«Kannst du mir helfen, Anne?», rief ich. «Ich komme allein nicht hoch.»

«Bin gleich bei dir», sagte sie und nahm den Weg zurück

über die Steine. Zuerst befreite sie mich von meinem Rucksack. Er war nass, aber das schadete dem Fleisch nicht, es lag ja sicher im Plastiksack. Außerdem würde ich es am Abend sowieso zum Ausbluten aufhängen. Von der Last befreit, konnte ich mich endlich aufrappeln. Zu zweit schleppten wir den Rucksack zurück ans Ufer, durch die Nässe war er nicht leichter geworden.

«Tut mir leid, dass du dabei auch pitschnass geworden bist», sagte ich, nachdem ich meine Helferin in Augenschein genommen hatte. «Sorry.»

«Überhaupt kein Problem», antwortete sie. «Die Sonne scheint, es weht ein Wind, bis wir unten sind, ist alles wieder trocken.»

Nach vier Stunden hatten wir den Abstieg bewältigt, insgesamt waren wir gut zwölf Stunden unterwegs gewesen. Anne hatte jeden Stein zum Ausruhen angepeilt, auf dem sie den Rucksack abstellen konnte. Als ich bei mir zu Hause ankam und das schwere Ding endlich vom Rücken nahm, hatte ich das Gefühl, federleicht zu sein und fliegen zu können. Wo waren meine Beine geblieben? Ich spürte sie kaum, es dauerte eine Weile, bis ich sie wieder fühlte, und da fingen sie auch schon zu zittern an. Ich musste mich unbedingt irgendwo hinsetzen. Anne erging es ähnlich, kräftemäßig war es mehr als sehr anstrengend gewesen. Vielleicht hatte ich ihr doch zu viel zugemutet?

«Jetzt muss ich mich wohl entschuldigen», sagte ich. «Das war heute nicht gerade ein Sonntagsspaziergang gewesen.»

Meine Nachbarin winkte ab. «Hauptsache, wir haben Fleisch.»

«Ich hänge es für dich mit ab, friere es auch ein.» Ich wollte etwas Gutes für Anne tun, und ich dachte, dass käme ihr recht.

«Gern, dann kann ich jetzt entspannt auf meinen Hof zurückkehren.» Leicht wankend stieg Anne auf ihr ATV, ließ Licht und Motor an, dann winkte sie mir zu und verschwand in der Dunkelheit.

Die Verlockung ins Bett zu kriechen war groß, aber daran war nicht zu denken. In unserer Scheune gab es einen Bereich, den ich mit einem Gestänge und Haken versehen hatte, sodass hier das Fleisch abhängen konnte. Zu dieser Jahreszeit, mit den schon sehr kalten Nächten, gab es zum Glück keine Schmeißfliegen mehr. Deren Weibchen legen ihre Eier mit großer Vorliebe in frisches Fleisch ab, und aus denen entwickeln sich dann eklige, beinlose Maden. Aber zu dieser Jahreszeit war kein gesonderter Raum mit Fliegenschutz nötig.

Nach gut einer Stunde hingen sämtliche Fleischteile. Noch ein Blick darauf, tief atmete ich durch. Ein wohliges Gefühl durchströmte meinen Körper, ein Gefühl davon, dass ich angekommen war, dass ich den Frieden gefunden hatte, nach dem ich so lange gesucht hatte. Ja, es war richtig gewesen, nach Norwegen auszuwandern. Sollte ich jemals Skepsis gehabt haben, in diesem Augenblick empfand ich eine rundum befriedigende Erschöpfung.

Drei Tage blieb das Fleisch in der Scheune hängen. Danach wurden die einzelnen Teile zerkleinert, und je nach Qualität würde ich Steaks, einen Braten oder Gehacktes daraus machen. Einen ganzen Tag dauerte es, bis ich sämtliches Rentierfleisch, auch das von Anne, verarbeitet und in meine zwei großen Gefriertruhen im Keller eingelagert hatte.

Im Oktober folgte die Elchjagd. Im Allgemeinen wird diese nicht allein, sondern in Gemeinschaft unternommen. Zu fünft oder sechst zog ich mit den Nachbarn mehrmals los, insgesamt durften wir drei Elche erlegen. Für diese Tiere gab es keine Karten, man bekam nur mitgeteilt, wie viele Elche man schießen durfte.

Die Elchjagd verlief nicht anders als die Rentierjagd, nur dass so ein Hirsch schon eine andere Nummer ist als ein vergleichsweise kleines Rentier. Ein ausgewachsener Elchbulle kann bis zu 850 Kilogramm wiegen, eine Kuh ungefähr die Hälfte. Da war es sehr sinnvoll, wenn mehrere Hände beim Aufschneiden, Häuten und Abtransportieren halfen. Als mein erster halber Elch dann portioniert neben den eingefrorenen Rentierteilen lag, konnte ich zufrieden meine Truhe schließen. Sollten wir witterungsbedingt im Winter nicht aus dem Haus können, keiner von uns würde einen Hungertod sterben müssen. Ich kam mir vor wie ein Nagetier, das alles bunkert, was es nicht sofort fressen kann.

Das Fleisch von Elchen mag ich lieber als das von Rentieren, letztlich aber schmeckt beides gut, weil die Tiere sich allein von dem ernähren, was die Natur zu bieten hat. Hirschfleisch aus Gehegehaltung hat immer den Nachteil, dass die Tiere eine Zufütterung erfahren, auch mit Antibiotika behandelt werden. Den Unterschied schmeckt man.

Die gigantischen Tiefkühltruhen hatte ich mir auch für die vielen Beeren zugelegt, die überall in der Gegend wachsen: rote und weiße Johannisbeeren, Blaubeeren, die bitter-süßen orangefarbenen Moltebeeren. Was man essen kann, wird gepflückt. Einige Beeren werden eingekocht und zu Marmelade verarbeitet, die meisten in Plastikbeuteln eingefroren.

Die Selbstversorgung hört damit aber nicht auf. So wenig wie ich im Bayerischen Wald das Jagen erlernt hätte, sowenig hätte ich mich ums Angeln bemüht. Aber der See liegt direkt vor unserer Haustür, die Gegend ist von Bächen und Flüssen durchzogen. Saiblinge und Forellen werden inzwischen von mir gefischt, ausgenommen, eingefroren oder direkt frisch auf den Tisch gebracht. Fisch und Fleisch aus dem Supermarkt gibt es bei uns nicht. Es ist ein authentisches Leben, das wir hier führen. In meiner alten Heimat hätte ich nie so leben können, aber in meiner neuen Umgebung sind alle Sammler und Jäger – ohne dass es einem von ihnen darum ginge, sich die Natur untertan zu machen.

Wenn der Buschflieger nicht mehr landen kann

Henrik Bjørndalen gehört zu den Menschen in Norwegen, die man als reich bezeichnen kann. In den Jahren, in denen ich inzwischen am Strand vom Møsvatnsee wohnte, hatte er sich ein recht großes Grundstück gekauft, insgesamt umfasste es 25 000 000 Quadratmeter. Hierzulande kauft man etwas größer, und in seinem Fall waren das ungefähr über zweitausend Fußballfelder – beachtliche Dimensionen, wenn man ansonsten einzig einen kleinen Vorgarten und einen etwas größeren rückwärtigen Garten aufzuweisen hat. Zu seinem Besitz gehören im Fjell, also auf dem Plateau der Hardangervidda, außerdem zwei Jagdhütten, die man nur mit dem Helikopter oder zu Fuß erreichen kann. Ich brauche für den Marsch drei Stunden, es geht stetig bergauf. Von einem lässigen Spaziergang kann keine Rede sein.

Nun hatte Henrik, Mitte fünfzig, schlank, ein Mann, der mit sich im Reinen ist und ein phänomenales Selbstbewusstsein hat, einen Freund, Kristian Holgerson, eingeladen, in dieser luftigen Höhe doch ein paar Tage mit Jagen zu verbringen. Er selbst konnte nicht mitkommen, aber er wollte später im Farmhaus eintreffen, das nicht weit von dem Hof von Anne entfernt liegt, um noch einen Abend mit Kristian zu verbringen. Henrik hatte mir das alles erzählt, weil auch wir Freunde geworden waren.

Kristian wiederum wollte nicht allein jagen, sondern hatte seinen Halbbruder Aksel mitgebracht, Ersterer war Mitte sechzig, Letzterer Anfang siebzig. Aksel konnte man darüber hinaus als recht korpulent beschreiben, er wog rund 120 Kilogramm und war auch gesundheitlich angeschlagen. Irgendetwas war mit seinem Herzen nicht in Ordnung, und aufgrund von Hüftproblemen konnte er nicht gut laufen, die Füße schwollen sofort an. Jagen konnte in seinem Fall also nur bedeuten, sich auf einen Stuhl zu setzen und darauf zu warten und zu hoffen, dass ein Rentier vorbeilief. Aber Jagen gilt in Norwegen als männlich, es ist Sinnbild dafür, wie viel Testosteron man in sich hat. Man muss ja nicht nach außen kommunizieren, dass man nur im Sitzen ein Gewehr in Händen gehalten hat.

Kristian und Aksel wurden, es war Mitte September, schließlich zusammen mit noch zwei weiteren Freunden von Hendrik in einem gecharterten Buschflieger zu einer der beiden Hütten geflogen. Buschflieger sind kleine Maschinen, mit denen man fast überall landen kann, so auch auf der Hardangervidda. Nachdem der Pilot beim Ausladen der persönlichen Sachen und der Gewehre geholfen hatte, meinte er jedoch: «Ich kann euch aber nicht wieder runter ins Tal bringen. Also, jedenfalls nicht zusammen.»

«Wieso das denn nicht?», fragte Kristian etwas unwirsch. «Die Ansage erfolgt recht spät. Hättest du das vorher gesagt, vielleicht wären wir gar nicht erst raufgeflogen.»

«Ich wusste es vorher auch nicht», erwiderte der Pilot. «Aber mit all eurem Gewicht seid ihr zu schwer. Das hat was mit der Thermik zu tun. Ich müsste dann zweimal kommen.» Was natürlich auch doppelt kostete.

Kristian seufzte: «Okay, um das Problem kümmern wir uns später, erst einmal widmen wir uns der Jagd.»

Sein Halbbruder kam von Anfang an nicht mit der Luft in diesen Höhen zurecht. Er blieb in der Hütte oder ganz in ihrer Nähe, während die anderen Männer nach einem Bock Ausschau hielten. Doch ihr Jagdglück war eher ein Jagdunglück, es ließ sich kein Rentier sehen, was zur Stimmung der Männerrunde nicht gerade beitrug. Man hängte noch den einen oder anderen Tag dran, doch es wollte sich kein Tier vor der Flinte zeigen.

Irgendwann war die Lust auf weitere Unternehmungen verflogen, und die Männer fingen an zu überlegen, wie sie wieder hinunter ins Tal kamen. Wenn es mit dem Buschflieger so kompliziert war, konnten sie vielleicht einen Abstieg wagen, geschossen hatten sie ja schließlich nichts. Aber für einen Menschen, der nicht einmal 500 Meter laufen konnte, war ein solcher Marsch ins Tal über unwegsames Gelände natürlich keine Option. Doch bevor sie eine Entscheidung getroffen hatten und doch den Flieger einbestellten, kippte auf einmal das Wetter. Die Bedingungen wurden so schlecht, dass nicht einmal mehr ein Helikopter dort oben landen konnte. Die Männer fassten nun den Beschluss, doch zu Fuß den Berg hinunterzugehen, da dringende Geschäfte warteten. Und was machte man mit Aksel? Man ließ ihn in der Hütte zurück, zusammen mit Thorben, einem der anderen Freunde von Hendrik. Er hatte sich bereiterklärt, bei Aksel zu bleiben. Davon erfuhr ich dann bald.

Ein, zwei Tage nach dem Abstieg der Dreiergruppe – das Wetter hatte sich immer noch nicht verbessert – erhielt ich einen Anruf von Kristian, der schon wieder in Oslo war.

«Hallo Silvia», begrüßte er mich am Telefon. «Hendrik meinte, ich sollte dich fragen. Wir haben nämlich ein kleines Problem.»

«Was denn für eines?», fragte ich noch ahnungslos.

«Mein Bruder Aksel ist noch oben in der Jagdhütte, zusammen mit unserem Jagdkumpel Thorben. Ich weiß gar nicht, ob er genügend Feuerholz hat. Hab vergessen, das zu überprüfen, bevor wir den Abstieg wagten. Aber Thorben wird schon für Nachschub sorgen können. Doch viel wichtiger ist: Er braucht einige Medikamente. Wir hatten alle nicht damit gerechnet, so viele Tage wegzubleiben. Von Hendrik habe ich nun gehört, dass ihr, also du und dein Mann, auch in der Nähe der Hütte jagen wollt. Könnt ihr die blutverdünnenden Mittel für meinen Bruder mit hochnehmen? Ich habe sie schon an Hendrik schicken lassen.»

Es stimmte, dass Jürgen und ich den Plan hatten, in der Gegend der Hütte auf Jagd zu gehen. Hendrik hatte uns den Vorschlag gemacht, wir waren davon ausgegangen, dass seine Freunde schon längst wieder im Farmhaus waren.

«Das machen wir gern», sagte ich. «Wir können auch die Medikamente bei euch abholen. Ist kein großer Umweg.»

«Da fällt mir ein Stein vom Herzen.»

Jürgen und ich gingen zu Fuß hoch, wir waren diese Wanderungen gewohnt. Jagdglück hatten wir ebenfalls keines, aber wir wollten es noch einmal am nächsten Tag versuchen, weshalb wir bei Aksel und seinem «Aufpasser» Thorben nicht nur die Medikamente abgaben, sondern mit ihnen in der Hütte übernachteten. Sie war wirklich sehr klein, höchstens sechs mal sechs Meter auf zwei Etagen, mit insgesamt vier Betten. Um sechs Uhr war es schon stockfinster, vorher hatten wir noch für Holznachschub gesorgt. Auf dem wärmenden und knisternden Ofen bereiteten wir eine Dosenmahlzeit zu. Als wir zusammen aßen, hörten wir im Hintergrund traditionelle norwegische Musik aus dem Radio – in meinen Ohren eine etwas gewöhnungsbedürftige Musik. Viel Geige, viel Zither, viele Flöten. Dazu noch die Hardanger-Fidel. Vierundzwanzig Stunden nonstop kann ich das nicht hören.

Nach dem Essen legten sich Aksel und Thorben sofort in die Betten im unteren Bereich, selbst für einen Abend in der Hütte war das recht früh. Augenblicklich fingen sie lautstark zu schnarchen an. Jürgen und ich sollten im oberen Bereich schlafen, aber da die beiden älteren Männer ordentlich eingeheizt hatten, war es dort extrem heiß. Sauna, dachte ich nur. Unten lagen die beiden tief in ihre Schlafsäcke vergraben, während ich es vor Hitze in meinem kaum aushielt. Irgendwann war ich aber doch so müde, dass der Schlaf mich einfach übermannte – weder die Wärme noch das Schnarchen konnte mich davon abhalten.

Am nächsten Morgen war es derart neblig, dass es keinen Sinn machte, nach einem Rentier Ausschau zu halten, Jürgen und ich hätten uns nur gegenseitig gefährdet.

«Wir gehen am besten wieder runter», sagte ich zu ihm. «Im Radio wurde gesagt, dass das Wetter noch schlechter werden soll.»

«Bin ganz deiner Meinung», erwiderte mein Mann.

Beim Abschied meinten Aksel und Thorben: «Wir können nur hoffen, dass sich das Wetter schleunigst ändert und bald ein Hubschrauber kommen kann.»

«Ihr müsst euch darauf einstellen, dass es noch eine Weile

dauern wird. Die Wettervorhersage ist nicht die günstigste.»
Ich drückte mich so vorsichtig wie möglich aus. Nichts war
demotivierender, als in einer Hütte in den Bergen festzusit-
zen, ohne zu wissen, wann man sie wieder verlassen konnte.

Nachdem Jürgen und ich wieder unten waren, gab ich
Hendrik, der noch im Farmhaus weilte, Bescheid.

«Es geht Aksel einigermaßen gut, Essen und Holz sind
auch ausreichend vorhanden. Aber dennoch will mir nicht in
den Kopf gehen, wieso die anderen schon wieder in Oslo sind
und den kranken Mann allein gelassen haben. Mit Aksel kann
jederzeit etwas sein. So wie der schnaufte, ist er nicht weit
von einem Herzinfarkt entfernt.»

«Du solltest dir nicht so viel Sorgen machen, Thorben war
früher mal Altenpfleger. Wird schon alles gutgehen. Außerdem konnte Kristian so die Medizin seines Bruders hierher-
schicken.»

Einen Tag später rief mich Hendrik erneut an. In seiner
Stimme konnte ich zum ersten Mal eine gewisse Unruhe ausmachen.

«Mist. Nun haben sie auch noch Schnee angekündigt.»

«Was nichts Ungewöhnliches da oben ist. Ende September
fällt dort öfter Schnee.»

«Dennoch ist die Wettervorhersage miserabel.»

«Jürgen und ich können noch mal hochgehen und nach-
schauen», schlug ich vor. «Zur Sicherheit können wir auch
Lebensmittel mitnehmen.»

«Das würdet ihr machen?»

«Natürlich, wir packen unsere Rucksäcke voll.»

Als wir auf der Farm von Hendrik eintrafen, hörten wir,
dass inzwischen eine offizielle Rettungsaktion angelaufen

war, in Gang gesetzt von Aksels Bruder Kristian. Auch ihn hatten die angekündigten Wetterverhältnisse zutiefst in Sorge versetzt, weshalb er sich an das Rote Kreuz gewandt hatte. Noch bevor Jürgen und ich uns von unserem Nachbarn verabschiedet hatten, rief jemand vom Roten Kreuz an und sagte: «Tut uns leid, aber es wäre zu gefährlich, im Augenblick einen Hubschrauber starten zu lassen. Wir können nicht hochfliegen.»

Nach diesem Gespräch, von dem Hendrik uns sofort erzählte, rief ich sowohl bei der örtlichen Polizei als auch beim Roten Kreuz an, vielleicht konnte man zusammen eine Lösung finden. Am Ende einigten wir uns darauf, dass ich zusammen mit Jürgen hochgehen würde – was ich ja ohnehin geplant hatte –, um eine Statusmeldung über eine Landemöglichkeit zu geben.

Bevor wir aber aufbrachen, sah ich auf einmal, dass Thorben in einem Sessel im Wohnzimmer saß. In all der Aufregung hatte ich ihn bislang nicht wahrgenommen.

«Ist denn Aksel jetzt ganz allein oben?» Ich war so verdutzt, dass mir gar nicht auffiel, wie überflüssig meine Frage war.

«Das sollte doch kein Problem sein», sagte Thorben, ohne dass ich in seinem Gesicht Anzeichen eines schlechten Gewissens erkennen konnte.

«Aber Aksel kann kaum auf den Füßen stehen. Er muss zum Pinkeln raus in die Natur, er muss sich Wasser holen, womöglich sogar Feuerholz suchen ...» Mehr fiel mir nicht ein, was ich noch aufzählen konnte. Es reichte auch schon, fand ich.

«Ich habe genügend Eimer mit Wasser in die Hütte gestellt, auch Feuerholz ist reichlich da. Da muss ich nicht länger in seiner Nähe sein.»

Es beschlich mich das eigentümliche Gefühl, dass diese Gruppe von Männern sich durch eine gewisse Naivität hervortat. Wahrscheinlich hatten sie sich schon vor dreißig Jahren so verhalten, nur dass sie dabei vergessen hatten, dass in diesen drei Jahrzehnten einer von ihnen gehbehindert geworden war und Herzprobleme bekommen hatte. Es war Zeit loszugehen.

Die ersten Schneeflocken kreiselten um uns herum, als wir den Anstieg begannen.

«Wir müssen den Aufstieg schneller schaffen», drängte Jürgen. «Vielleicht gelingt er uns auch in zwei statt in drei Stunden.»

Auf einmal klingelte mein Handy.

«Bist du auch versichert?», fragte der Polizist, mit dem ich zuvor gesprochen und der sich als Ole vorgestellt hatte. Eine offizielle Rettungsaktion wird in Norwegen vom Staat bezahlt, nicht aber wenn man nicht versichert ist.

«Selbstverständlich bin ich versichert», erklärte ich.

«Nicht dass dir auch noch was passiert.»

«Mir passiert schon nichts.»

Damit war das Gespräch beendet, und weiter ging es im rasanten Tempo nach oben.

Anne, der ich vor dem Aufstieg noch von dem Einsatz und der Unterhaltung mit dem Beamten erzählt hatte, rief danach sofort auf der Polizeistation an. Ole gab sie zu verstehen: «Wenn sich eine mit Winterverhältnissen in den Bergen auskennt, dann ist es Silvia. Da brauchst du dir keine Gedanken zu machen, die kommt da schon hoch.»

Plötzlich kreiselten die Schneeflocken nicht mehr, sondern fegten in einer wahnwitzigen Geschwindigkeit an uns vorbei. Ein Unwetter mit Sturm zog auf. Kein Vergleich zu den vorherigen Tagen.

Endlich waren wir oben – und tatsächlich, länger als zwei Stunden hatten wir nicht gebraucht. Dabei waren die Steine durch den gefallenen Schnee ziemlich rutschig gewesen. Teilweise musste ich auch das GPS einschalten, weil in dem Flockenwirbel und dem zusätzlich aufkommenden Nebel der Berggipfel nicht mehr zu erkennen war. Gute Leistung. Jürgen und ich nickten uns zu.

Als Aksel uns sah, wirkte er erleichtert. «Schön, dass ihr da seid», sagte er leise. Seine Stimme klang sehr schwach. Einen Tag war er nach Thorbens Angaben allein gewesen. Einen Tag zu viel. Schon bevor Jürgen und ich die Hütte betreten hatten, konnte ich im Schnee sehen, dass der Urin des Mannes nicht gelb war, sondern braun – ein Zeichen dafür, dass er dehydriert war. Ein eindeutiges Warnsignal. Zu Jürgen sagte ich: «Aksel müssen wir erst einmal mit Wasser vollpumpen!»

Ich kochte ihm einen Tee, achtete darauf, dass er die Medikamente nahm, die er aufgrund der Dehydrierung vergessen hatte einzunehmen.

«Ich muss mal kurz raus und einen Platz finden, wo ich Handy-Empfang habe», sagte ich, nachdem der Tee fertig war. «Ich hatte der Polizei versprochen, sofort anzurufen und Bescheid zu geben, wenn wir hier oben sind. Sie wollen wissen, ob alles okay ist.»

Aksel nickte, das Sprechen bereitete ihm noch immer Mühe.

«Kurz raus» war etwas untertrieben. Zwanzig Minuten

brauchte ich, bis ich einen Empfang feststellen konnte, dazu hatte ich noch viel weiter nach oben klettern müssen – und das bei einem richtig fiesen Schneegestöber. Permanent hatte ich aufs Handy geschaut, um die Anzahl der Striche zu registrieren. Es war zum Schluss Zentimeterarbeit gewesen, bis ich endlich zwei Striche hatte. Jetzt nur nicht bewegen! Bloß nicht! Keinesfalls wollte ich wieder Minuten damit zubringen, eine richtige Position ausfindig zu machen.

«Alles okay hier oben», berichtete ich dem Polizisten, der sich um meine Versicherung gesorgt hatte.

«Kannst du sagen, ob er transportfähig ist? Können wir mit dem Scooter zu euch rauffahren?»

«Scooter könnt ihr vergessen, geht gar nicht. Und laufen kann der Mann auch nicht, er ist viel zu schwach. Der Wasserhaushalt muss erst mal wieder stimmen.»

«Was machen wir dann?», fragte Ole.

«Das Beste ist, wir telefonieren morgen gegen neun noch mal, dann kann ich vielleicht mehr sagen.»

«Und ihr wollt die Nacht wirklich bei ihm bleiben?»

«Wir können ihn doch nicht allein lassen. Genügend Lebensmittel haben Jürgen und ich eingepackt.»

Ein Seufzer der Erleichterung war zu hören. «Danke.»

Zurück in der Hütte, nahm ich erfreut zur Kenntnis, dass Aksel schon wieder ein bisschen Farbe bekommen hatte.

«Aksel», sagte ich liebevoll, aber bestimmt. «Du musst dich jetzt ein bisschen bewegen.»

«In dieser kleinen Hütte?» Zweifelnd sah er mich an.

«Das geht schon», ermunterte ich ihn.

Und es ging auch. Erst ein paar Schritte zur Tür, dann ein paar Schritte zum Bett. Am Bett einige Sit-ups, um den Oberkörper zu strecken, dann das eine Bein heben, anschließend das andere. Zwischendurch tranken wir alle Tee, so viel, dass ich mir vorkam, als würde ich ein Detox-Programm absolvieren. Am nächsten Tag, nachdem Aksel sein Wasser abgeschlagen hatte, kontrollierte ich das Ergebnis: Es ging deutlich wieder in Richtung gelb.

Abends, als wir alle im Bett lagen, musste ich daran denken, wie es wohl für mich sein würde, in dieser rauen Wildnis alt zu werden. Ich hoffte, ich würde in Aksels Alter fitter sein, aber mit Sicherheit konnte ich nicht davon ausgehen. In einer Stadt oder auch in einem Dorf boten sich verschiedenste Möglichkeiten der Hilfe. Bei Nachbarn, die einige Kilometer entfernt wohnten, war das eine andere Sache. Würden wir in diesem Haus am Strand vom Møsvatn wohnen bleiben wollen, auch noch im hohen Alter, ging es nicht ohne jemanden, der sich um Jürgen und mich kümmerte, da brauchte ich nur an die Einkaufsbedingungen im Winter denken.

In einer dunklen Stunde hatte ich einmal mit Steven über die Zukunft geredet. Es war mir in diesem Moment wichtig, offen über das Thema Älterwerden zu sprechen. Er sagte sofort: «Mama, mach dir keine Gedanken, ich möchte immer bei euch bleiben. Nicht in diesem Haus, nicht mit euch unter einem Dach, aber in einem separaten Gebäude auf unserem Grundstück, das kann ich mir sehr gut vorstellen.»

Ich war erstaunt, dass er sich schon Gedanken darüber gemacht hatte. «Es ist nicht abschreckend für dich, wenn du dich um deine alten Eltern kümmern musst?»

«Überhaupt nicht, total normal.»

Er ist schon ein richtiger Norweger, dachte ich. In unserer Wahlheimat gibt es nicht viele Altersheime. In den größeren

Städten ja, wie überall in Europa, aber in den ländlicheren Regionen leben Alt und Jung meistens zusammen, so wie Steven es sich auch vorstellen konnte, auf demselben Grundstück, aber in getrennten Häusern. Besonders im Norden von Norwegen ist das noch sehr ausgeprägt. Mir gefiel diese Vorstellung.

Heiligabend im Whiteout zum Zahnarzt

Aufwachen. Da war doch etwas? Ach ja, das Problem mit Aksel. Wie bekamen wir ihn nach unten? Ich sah auf meine Uhr, es wurde Zeit, erneut mit dem Polizisten zu telefonieren. Schnell zog ich mich an.

«Wie ist das Wetter?», fragte Ole, nachdem er sich nach dem Gesundheitszustand unseres «Patienten» erkundigt hatte.

«Ziemlich stürmisch, schlechte Sicht», erwiderte ich.

«Wir haben uns gedacht, von Oslo aus einen größeren Hubschrauber zu organisieren, vom Roten Kreuz. Die kennen sich mit solchen Notlagen besser aus.»

«Das könnt ihr vergessen», wehrte ich ab. «Das Wetter ist einfach zu miserabel.»

«Hast du denn einen anderen Plan?»

«Ich kann euch nur auf den neuesten Wetterstand bringen. Wir müssen abwarten.»

Das war schließlich auch die einzige Chance, die mein Telefonpartner sah. In den folgenden Stunden nahm ich mehrmals Kontakt mit ihm auf, doch der Wind ließ nicht nach, im Gegenteil, er wurde sogar immer heftiger. Dann nahm auch der Nebel noch zu. Es gab einen kleinen See in der Nähe der Hütte, von ihm war nicht die kleinste Ecke zu sehen. Es war wie verhext.

Ole verkündete ich: «Heute geht gar nichts mehr.»

«Aber ihr bleibt noch bei dem Mann?»

«Wir bleiben.»

Holz war noch genügend da, zur Not konnte man immer noch die Betten und Stühle auseinandernehmen und verfeuern. Bevor wir erfroren, war das nicht auszuschließen. Lebensmittel hatten wir auch noch reichlich – verhungern würden wir jedenfalls nicht.

Am Morgen des dritten Tags betrachtete ich den bislang von Nebel gänzlich verhüllten See. An einigen Stellen hatten sich Sonnenstrahlen durchgesetzt und die dichte Zuckerwatte vertrieben. Ha, dachte ich, ich sehe die Sonne, und auch der Wind ist okay. Wenn nicht jetzt, wann dann?

Sofort stieg ich hinauf zu meinem Handy-Platz, doch seltsamerweise hatte ich keinen Empfang. Dabei stand ich genau dort, wo ich immer gestanden hatte. Egal, ob ich mich einen Zentimeter nach hinten oder nach vorne bewegte, es tat sich nichts. Also noch höher hinauf. Schließlich tauchten die zwei Striche wieder auf.

«Sonne», schrie ich ins Handy. «Startklar machen.»

«Wir wissen noch nicht so recht», wiegelte mein Gesprächspartner in der Polizeistation ab. «Unser Wetterbericht sagt was anderes.»

«Wir haben nur ein geringes Zeitfenster, aber momentan ist die Sicht gut, um zu landen.»

Ich legte auf, Ole war sich weiterhin unschlüssig.

Um die Chance nicht ungenutzt verstreichen zu lassen, rief ich Anne an: «Jetzt kann man fliegen, aber Ole, der Polizist, zögert noch.» Und da gerade Henrik bei ihr war, erzählte sie ihm sofort von meiner Einschätzung.

Henrik rief in den Hörer: «Silvia, ein Helikopter ist unterwegs.» Für ihn, den Besitzer einer Hubschrauberflotte, war dazu nur ein Anruf notwendig.

Nicht lange danach war das Geräusch der Rotoren zu hören. Wie eine Verrückte war ich den Berg hinuntergesprintet, um Aksel und Jürgen die frohe Botschaft zu überbringen. Noch atemlos suchte ich nach etwas, das man an einem Stab aufhängen konnte. Der Pilot sollte wissen, woher der Wind kam. Eine alte Tarnweste zum Jagen musste dafür herhalten. Der Himmel war noch immer strahlend blau, einen besseren Zeitpunkt würden wir so schnell nicht finden, um von hier oben fortzukommen. Schnell packten wir alles zusammen, Aksel bewegte sich trotz seiner Korpulenz so behände, als hätte er eine Verjüngungskur gemacht. Die Euphorie über den eintreffenden Helikopter hatte ihn sämtliche Hüftprobleme vergessen lassen.

Endlich saßen wir drin – und der Pilot hob ab. Fünf Minuten später landete er auf Hendriks Farm. Wir alle waren glücklich, und in diesem Moment schien es, als hätten Jürgen und ich in einer Fernsehserie wie *Die Bergretter* mitgespielt. Aber es war für Aksel schon verdammt knapp gewesen. Das Rote Kreuz wie auch die Polizei riefen noch nachträglich an, um sich zu bedanken, dass alles so gut ausgegangen war.

Auf dem Weg durch den Wald nach Hause, den bald beginnenden harten Winter vor Augen, musste ich an meine medizinische «Ausrüstung» denken: verschiedenste Medikamente, aber auch Verbandszeug, Nadel und Tucker. Musste nach einem Schnitt in den Finger die Wunde genäht werden, ich hätte keine Hemmungen, es selbst zu tun. Wer so isoliert und im Winter fast eingeschlossen lebt wie wir, darf keine Hemmungen haben. Auch absolutes Selbstvertrauen ist eine entscheidende Voraussetzung. Nichts wäre schlimmer, als Panik zu bekommen, sollte ich einmal nicht wissen, was zu tun ist. Es wird sich schon eine Lösung finden.

Mir ist klar, dass so, wie wir jetzt leben, die Gefahr von Unfällen weitaus größer ist als in der Stadt: Wir hantieren hier ständig mit verschiedenen Motorsägen herum und fällen Bäume, wir schlachten Tiere und gehen fischen. Die Widrigkeiten, die allein von der Natur ausgehen – ihnen ist man im urbanen Leben nicht ausgesetzt. Ein Arzt hat hier nicht um die Ecke seine Praxis, und auch das nächste Krankenhaus ist dort, wo Jürgen arbeitet, also anderthalb Stunden entfernt.

Verkehrstechnisch kann ebenfalls einiges schieflaufen. Kippe ich unterwegs mit meinem Snowmobil um, bin ich auf meine eigenen Kräfte angewiesen, um mich aus der fatalen Situation zu befreien. Und so ein Gefährt wiegt an die hundert Kilogramm, die dann auf einem draufliegen können. Es ist keineswegs davon auszugehen, dass ich in einer Notlage Handy-Empfang habe. Wie kommt man damit klar? Das muss man sich genau überlegen, wenn man ein Abenteuer wagen möchte, wie ich es getan habe. Wenn ich allein hier oben bin, insbesondere in der Übergangszeit, und zu meiner Nachbarin fahren will, rufe ich sie vorher an: «Anne, ich fahre jetzt los.» Sie weiß dann, dass ich unterwegs bin, sie kann sich ausrechnen, wie lange ich ungefähr brauche, um bei ihr zu sein. Tauche ich dann in dem Zeitfenster, das sie sich ausgerechnet hat, nicht auf, kann ich sicher sein, dass sie sich auf den Weg machen wird, um nach mir zu schauen. Will sie zu mir, handhaben wir es genauso. Bislang hat zum Glück niemand nach dem anderen suchen müssen.

Wie kompliziert ein Arztbesuch sein kann, erlebte ich an einem Heiligen Abend. In der Übergangszeit, also noch bevor der See zufror, besuchte ich meinen Zahnarzt in Åmot, ich dachte, dass es mal wieder an der Zeit wäre.

«Wunderbar», sagte Dr. Pettersen, jung und dynamisch und mit dem perfekten weißen Gebiss, das hier so viele haben. «Ich kann nicht das geringste Loch finden. Deine Zähne sind perfekt.»

«Bist du sicher?», fragte ich. «Da hinten, links unten, der Backenzahn, der ist mir nicht ganz geheuer.

«So ist nichts zu erkennen, aber um sicherzugehen, werde ich ihn röntgen.»

Das Ergebnis der Untersuchung: nichts Auffälliges. Nach der Zahnreinigung konnte ich die Praxis von Dr. Pettersen wieder verlassen.

In den nächsten Wochen hatte ich dennoch immer mal wieder Zahnschmerzen, und als sich der 24. Dezember näherte, war es kaum noch auszuhalten. Gefühlt ging der Schmerz natürlich vom hinteren linken Backenzahn aus.

Am 23. Dezember tauchte unser Postbote auf, der Überbringer von guten und schlechten Nachrichten: Trond, ein freundlicher, sportlicher Typ um die vierzig, mit kräftigen Händen und dichten blonden Haaren, die er bei jedem Wetter unter einer Strickmütze verbirgt. Er war in Begleitung eines Kumpels, der Zahnarzt war, Magnar hieß und Trond, wenn ihm gerade der Sinn danach stand, gern begleitete. Er sah aus wie die moderne Version eines Wikingers, mit langen dunklen Haaren, Vollbart und einem extrem breiten Kreuz. Ich hatte ihn schon mehrmals gesehen.

«Silvia hat Zahnschmerzen», erklärte Trond. «Schon länger.» Ein Postbote ist hier auch so etwas wie ein Beichtvater, ein guter Freund, einer, der viel vom anderen weiß. Tratsch ist in Norwegen – wie überall auf der Welt – ein wichtiger Unterhaltungsfaktor. Aber Trond gehört zu den Menschen, die nur netten Tratsch erzählen. Er ist ein ungemein hilfsbereiter Postbote, der seine soziale Funktion sehr ernst nimmt.

«Ach, nicht so schlimm», wehrte ich ab.

«Sie untertreibt, wie immer.»

«Und wo sind die Schmerzen?», fragte der Wikinger.

«Irgendwo dahinten», gestand ich kleinmütig.

«Weißt du was, du kommst morgen in meine Praxis nach Rauland.»

«Aber morgen ist doch Heiligabend!», gab ich zu bedenken.

«Willst du dir Weihnachten verderben?», warf Trond hartnäckig ein. «Außerdem ist für den 24. Dezember gutes Wetter angesagt, diese Chance musst du nutzen.»

Die Schmerzen waren groß genug, um nicht zu widersprechen.

Gut dreißig Kilometer waren es über die Berge bis nach Rauland. Der Wind hatte in der Nacht getost, aber am nächsten Tag war es zu Beginn still. Dennoch gab es unterwegs so hohe Schneeverwehungen, über zwei Meter hoch, dass Jürgen und ich zeitweise mit dem Snowmobil anhalten mussten, um uns einen freien Weg zu bahnen. Das hieß: schaufeln, schaufeln und nochmals schaufeln. Es wäre zu gefährlich gewesen, die Verwehungen zu umfahren, denn keineswegs wollten wir in irgendeinem Graben landen. Trotz zwei, drei Schaufelaktionen kamen wir gut durch. Es hätte schlimmer sein können.

Doch plötzlich fing es zu schneien an. Und nicht nur ein paar Flocken, es war ein derart dichtes Gestöber, wir konnten kaum erkennen, wo unser Gefährt vorne aufhörte. Waagerecht flog mir der Schnee ins Gesicht. Hatte Trond nicht von einer guten Wetterprognose gesprochen? Irgendwie schien da etwas nicht zu stimmen. Entweder er hatte er sich im Tag geirrt – was ich mir bei seinem Beruf nicht vorstellen konnte –, oder der Wetterdienst hatte eine falsche Prognose abgegeben. Dazu konnte ich nur sagen: nichts Neues.

Angesichts dieses unglaublichen Schneefalls wäre ich schon längst wieder umgekehrt, hätte ich nicht so entsetzliche Zahnschmerzen gehabt. Essen und Trinken hatte ich am Morgen vergessen können. Und nun musste ich mit diesen Schmerzen auch noch runter vom Scooter, rauf auf den Scooter und dazwischen immer wieder schaufeln.

Und dann trat dieses berühmte Phänomen auf: Whiteout, ein meteorologisches Ereignis, das hauptsächlich in Polarzonen und in höheren Gebirgslagen vorkommt. Gemeint ist damit eine bestimmte Helligkeit, die sich zeigt, wenn der Boden schneebedeckt und das Licht der Sonne durch dichten Schnellfall oder auch Nebel gedämpft ist. Das hat zur Folge, dass man kaum noch Kontraste erkennen kann, keine Schatten sind zu sehen, und der Horizont ist nicht mehr auszumachen. Alles ist nur weiß. Man selbst hat das Gefühl, in einem ganz merkwürdigen Raum zu sein, vollkommen ausgedehnt, vollkommen weiß. Jegliche Orientierung geht verloren, jegliches Vermögen, eine Entfernung einzuschätzen.

Es ist schon häufig vorgekommen, dass Menschen, die einen Whiteout erlebten und die Zeit, bis er vorüber war, nicht geschützt abwarten konnten, fünfzig Meter vor einer Hütte starben, weil sie diese nicht fanden.

Jürgen und ich kannten die Strecke nach Rauland gut, dennoch bewegten wir uns nur äußerst langsam vorwärts. Nur nicht irgendwo abstürzen, dachten wir. Unser Schneckentempo brachte es mit sich, dass wir für die dreißig Kilometer drei Stunden brauchten. Magnar hatte mir gesagt, wie lange er in seiner Praxis sein würde, noch mussten wir nicht befürchten, dass er sich in den Heiligabend verabschiedet hatte.

Nach all den Mühen hatten wir es irgendwann endlich geschafft, wir kamen in Rauland an, ohne dass wir uns verirrt hatten.

«Können wir noch vor deinem Zahnarztbesuch einige Sachen im Supermarkt einkaufen?», fragte Jürgen. «Nachher könnten sämtliche Läden geschlossen haben.»

Ich nickte, nur nicht den Mund aufmachen und die Kälte an meinen Zähnen spüren.

Mit vollgepacktem Rucksack und von oben bis unten nass durch den vielen gefallenen Schnee, betrat ich schließlich Magnars Praxis.

«Na, dann wollen wir mal loslegen», sagte der Wikinger und mögliche Erlöser meiner Schmerzen. «Setz dich doch auf den Stuhl.»

Ich tat, wie man mir geheißen hatte. Als ich dann still auf dem Zahnarztstuhl saß, fing mein Körper auf einmal zu zittern an.

«Silvia, ganz ruhig», sagte Magnar mit ungewöhnlich sanfter Stimme. «Es wird nicht so schlimm.»

«Ich zittere nicht, weil ich Angst habe», sagte ich. «Ich zittere, weil ich so nass bin.»

Magnar legte mir eine Decke über, die er aus einem Nebenraum holte. Danach betäubte er den Zahn, der mir so viele Probleme bereitet hatte. Eine Wurzelbehandlung war notwendig. Aufbohren, Entfernen der entzündeten Teile, Desinfizieren und den Zahn mit einer Füllung versehen. Eine aufwendige Prozedur, die einige Zeit beanspruchte. Dank der Betäubungsspritze bekam ich nur wenig mit. Was war ich froh, endlich einmal kaum Schmerzen zu spüren.

Jürgen hatte in der Zwischenzeit in einem Imbiss gewartet.

«Geht's besser?», fragte er, als ich den kleinen Laden betrat, in dem auf der Theke ein winziger Tannenbaum aus Plastik mit roten, blauen und hellgrünen Minilichtern den Raum weihnachtlich beleuchtete. Zugegebenermaßen armselig, aber mir kam es wie ein Rauschgoldparadies vor. Die Welt war auf einmal wieder so bunt.

«Viel besser», sagte ich. «Mal sehen, wie es ist, wenn die Betäubung nachlässt. Gleich nach Weihnachten muss ich wieder hin. Aber jetzt müssen wir zurück. Steven wartet bestimmt schon auf uns. Vielleicht wird der Rückweg ja leichter ...»

Jürgen nickte, brachte seinen leeren Teller zum Imbissbesitzer zurück und wünschte ihm frohe Weihnachten.

Draußen vor der Tür sahen wir in den Himmel hinauf. Noch immer fiel der Schnee ohne Unterlass. So launisch wie das Wetter in dieser Gegend sein konnte, dieses Mal zeigte es sich von seiner ungewohnt beständigen Seite. Nachdem wir beide eine Weile einträchtig nebeneinanderstehend den Flocken zugeschaut hatten, blickte ich meinen Mann skeptisch an.

«Mein Bauch sagt mir, dass unser Trail, den wir gefahren und geschaufelt haben, weg ist.»

«Keine guten Aussichten», murmelte Jürgen, als wir zurück zu unserem Snowmobil gingen.

Wir hatten tatsächlich keinen Trail mehr. Und noch immer herrschte Whiteout. Der Wind hatte sein Übriges getan. Es gab lauter neue Schneeverwehungen. Wir fuhren durch eine Natur, die wirkte, als hätte niemand vor uns sie je betreten. Man muss sich das so vorstellen: Man geht barfuß am Strand, hinterlässt ein paar Fußabdrücke im Sand, doch bei der nächsten Welle sind sämtliche Spuren verschwunden. So war es auch jetzt, wir fuhren zwei Meter, danach drehten wir uns um – und alles war wieder von einer weißen Decke bezogen, als wäre kein Gefährt durch den Schnee gezogen.

Es dämmerte bereits, als wir zu Hause ankamen. Ich war ziemlich müde, aber der Baum musste noch geschmückt werden. Als das endlich geschafft war – nie zuvor sah er so armselig aus –, setzten wir uns und verspeisten unseren Kartoffelsalat mit Wiener Würstchen. Wie froh war ich über diese Tradition, denn so musste ich nicht lange am Herd stehen! Den Rest des Abends verbrachte ich auf dem Sofa.

Die norwegische Wildnis hat es in sich, dachte ich weiter auf unserem Rückweg von Hendrik nach Hause. Aber man war nicht völlig auf verlorenem Posten. Hätte jemand aus der Familie etwa einen Blinddarmdurchbruch, gäbe es den Notruf. Nach einem Anruf wäre alsbald der Helikopter da – wenn die Wetterbedingungen mitspielten.

Grundsätzlich ist ein Leben wie das, das wir hier führen, nur mit einer bestimmten Einstellung möglich: Wenn etwas geschieht, dann geschieht es. Ähnlich muss man sich der Konsequenzen seines eigenen Tuns bewusst sein. Mache ich irgendeinen Fehler, weil ich unvorsichtig oder unkonzentriert bin, dann muss ich auch die Folgen, die daraus entstehen können, tragen. Unternehme ich Touren in die Berge hinein, weiß am Ende oft keiner, wo ich bin. Das muss man wollen und können. Und will und kann man das, dann lebt es sich in der Hardangervidda ganz wunderbar.

1 Die Jüngsten aus meiner Hundegang – mit ihnen habe ich immer viel Spaß und sie offensichtlich auch mit mir.

2 Auf den Spuren von Roald Amundsen in der Hardangervidda – eine magische Stille am Morgen nach einem gewaltigen Sturm.

3 Amundsens Kompass – für ein paar Tage durfte ich ihn in meiner Hand halten, ein unglaubliches Gefühl.

4 Geschafft! Nora und ich haben die Vidda durchquert: Amundsen, du bist mir so nah!

5 Auf dem legendären Chilkoot Trail mit Sky und Floh; zurückgelassenes Goldgräbergerümpel in einer engen Schlucht.

6 Schon Jack London stand hier oben im Lindeman Camp der Goldgräber.

7 Ein Umzug der etwas anderen Art – auf der Fähre mit dreißig selbstgebauten Hundehütten.

8 Unser neues Zuhause in Varmewoll, eine Blockhütte, zu der keine Straße führt.

9 Der Blick auf «unseren» Møsvatn-See, der gut die Hälfte des Jahres zugefroren ist.

10 Für Schlittenhunde ist die Umgebung von Varmevoll ein Paradies, aber nicht nur für sie.

11 Zeus, der alte Haudegen und mein Cheerleader beim Yukon-Quest 2003.

12 Seelenschwester Minnie an der Front – wenige Wochen nach dem Umzug starb sie. Noch immer vermisse ich sie schrecklich.

13 Bei Sturm geht es mit dem Snowmobil über den See, Jürgen zu seiner Arbeitsstelle, Steven zur Schule.

14 Meine Nachbarin Anne, zusammen gehen wir auf die Jagd und sprechen über Adam aus der Fernsehserie *Bonanza*.

15 Tiergarten direkt vor der Haustür – die größte wildlebende Herde von Rentieren in Europa befindet sich in der Hardangervidda.

16 Steven mit dreizehn – schon als Baby habe ich ihn beim Hundeschlittenfahren mitgenommen.

17 Nachbarschaftshilfe früher – jeder Bauer konnte die Schaufel benutzen, um den Weg für seine Schafe freizuschippen.

18 Besuch aus Deutschland: Vicky genießt den Abstieg über Geröllfelder, Vater Oliver schaut schon mal, wo es langgehen soll.

19 Eigentlich ein Umweg, aber mein Begleiter beim Volga Quest, Jurij, musste unbedingt zu seiner Frau Gruscha und der unvermeidlichen Wodkaflasche; rechts eine Freundin des Ehepaars.

21 Ich starte mit der Nummer 1, die Huskys tragen Booties, spezielle Hundeschuhe, damit sie sich auf dem scharfkantigen Eis der Wolga nicht die Pfoten verletzen.

20 Die Hunde wunderten sich, dass sie tagelang im Hänger fahren mussten, um dann an der Wolga zu trainieren, wo es genauso wie zu Hause aussieht.

22 Leaderin Line schleckt mir die Nase ab, das Licht meiner Headlamp scheint sie nicht zu stören.

23 Sergej Semenov, der Lokalheld aus Togliatti mit der Startnummer 6, mit seinen gemütlichen Puschelhunden.

24 Pelzmützenbewehrte Damen reichten mir, völlig ausgehungert, beim ersten Checkpoint Brot, das ich aber nicht essen durfte. Es war nur ein Willkommensgruß!

25 Mit Eiszapfen im Haar, aber völlig glücklich auf der Wolga.

26 Kazan, das Tor nach Asien und das Ziel vom Volga Quest.

27 Ziemlich stolz auf dem Siegerpodest. Mihail Fateev, links neben mir, fragt sich wahrscheinlich, warum ich als Einzige durchgekommen bin – und sechs russische Männer aufgaben.

TEIL II

Ein italienischer Kommunist im russischen Exil – und ein neues Hundeschlittenrennen

Aha. Ein neues Rennen. In Russland. Das 1. Internationale Volga Quest. Stattfinden sollte es im Januar 2014 in Togliatti, genauer Startschuss: 25. Januar. Ein Samstag. Ich las das alles über einen Link auf Facebook. Togliatti? Nie gehört. Gemütlich saß ich in meinem Holzhaus in Norwegen, Steven hatte mir gerade einen heißen Kaffee gebracht, draußen kläfften ein paar meiner Huskys, wahrscheinlich spürten sie, dass es mal wieder auf einen richtigen langen Trail gehen könnte. Huskys sind nämlich keine niedlichen Pelztiere, bei denen man vor Entzücken aufschreit, wenn sie treuherzig in die Kamera von irgendwelchen Disney-Produktionen blicken, sondern recht wilde Hunde und deshalb auch perfekt geeignet, um Schlitten durch Kälte und weite Schneelandschaften zu ziehen. Eskimos verzichten auf dieses Transportmittel noch immer nicht.

Ich googelte sofort, um nachzuschauen, was es mit Togliatti auf sich hatte. Zweitgrößte Stadt in der Oblast Samara, 1700 Kilometer von St. Petersburg entfernt, 1000 Kilometer von Moskau. Liegt an der Wolga, an einer Wasserschleife, der Fluss ist hier zu einem Damm aufgestaut, immerhin mit einer Ausdehnung von stolzen 200 Kilometern. Keine schlechte Ausgangslage für ein Hunderennen. Ich wurde immer neugieriger. Heimat der Lada-Werke. Ein Begriff. Aber warum klang der Name der Stadt so italienisch? Ein kurzer Blick in die Geschichte klärte mich auf: Einst hieß die Stadt Stawropol, erst 1964 wurde sie in Togliatti umbenannt – nach Palmiro Togliatti, der ein italienischer Kommunist und nach dem Zweiten Weltkrieg Generalsekretär der Kommunistischen Partei Italiens (PCI) gewesen und aus dem faschistischen Italien ins Exil in die Sowjetunion geflohen war. Stausee, Lada und Exil, das schien eine interessante Kombination zu sein.

Aber eigentlich wollte ich nie mehr nach Russland. 1991 hatte ich kurzfristig für ein Reiseunternehmen gearbeitet und eine Touristengruppe nach Indonesien mit Zwischenstopp in Moskau begleitet. Wenige Tage zuvor hatte es den Augustputsch gegeben, bei dem konservative Kommunisten versucht hatten, als «Staatsnotstandskomitee» den damaligen Präsidenten Michail Gorbatschow zu entmachten. Das Weiße Haus wurde gestürmt, Schüsse fielen, doch die Putschisten scheiterten. Auf den Straßen waren mehr Soldaten mit Kalaschnikows als zivile Bürger unterwegs, die gesamte Stimmung hatte mir gar nicht gefallen.

Das war jetzt über zwanzig Jahre her, die politische Welt hatte sich verändert, und nicht nur diese, auch in meiner eigenen Welt hatte es radikale Schnitte gegeben. Warum sollte ich nicht offen sein für ein Rennen, das es noch nie gegeben hatte? Auf jeden Fall musste ich an weitere Informationen über dieses Volga Quest kommen. Die Wolga, die durch den europäischen Teil von Russland fließt, gehört zu den längsten Flüssen der Erde. Über 3500 Kilometer. Fast so lang wie meine Anreise von Norwegen aus nach Togliatti, würde es mich dahin ziehen, diese Route hatte ich mit 3200 Kilometern berechnet. Das war an sich schon sehr reizvoll. Aber wer würde sich dort als Musher anmelden, also als Hundeschlittenführer? Welche Nationen würden an diesem fernen Ort zusammentreffen? Sicherlich Russen, aber es war ein internationales Rennen, als solches wurde es jedenfalls angekündigt – würde ich ein paar alte Bekannte wiedertreffen?

Die Website des Quests wirkte jedoch alles andere als global. Alles Wissenswerte stand nur auf Russisch da, und das, was ins Englische übersetzt worden war, konnte man den Hasen geben. Gleichbedeutend mit nutzlos. Mir wurde nur klar, dass ich mit einem Mann namens Nikolai Ettyne in Kontakt treten musste, dem offiziellen Race Marshall, von ihm brauchte ich eine Einladung, denn ohne Einladung wäre die Aussicht auf ein Visum für mich und die Hunde gleich null.

Nikolai erwischte ich ebenfalls über Facebook – ohne das digitale Netz wäre das erste Volga Quest nicht ein internationales, sondern ein nationales Hunderennen geworden. Was, im Nachhinein betrachtet, vielleicht nicht verkehrt gewesen wäre. Aber der Reihe nach.

«Und was ist mit weiteren Informationen?», fragte ich Nikolai auf Englisch. Obwohl ich schon seit gut sechs Jahren in Norwegen lebte, blieb ich tief in meinem Innern eine Deutsche, die alles genau wissen wollte. «Wie sieht es mit den Checkpoints aus, wie läuft es mit den GPS-Koordinaten? Gibt es eine richtige Karte, muss man das alles vorher ...?»

«Komm, Silvia, du wirst alles erfahren, wenn du dich anmeldest», unterbrach mich Nikolai, ebenfalls auf Englisch.

«Wieso muss man sich dafür anmelden, bei jedem anderen Rennen stehen die Infos vorher im Netz?»

Nikolai wiederholte: «Melde dich an, dann wirst du alles erfahren, was du wissen musst.»

Ich ließ nicht locker: «Wie viele Musher haben sich denn bislang schon registriert?»

Es war Dezember 2013, bis zum Start waren es nicht mehr viele Wochen.

«Du musst dich anmelden.»

Nikolai war noch hartnäckiger als ich. Innerlich seufzte ich. Na ja, das Rennen sollte in Russland stattfinden, vielleicht war die Mentalität doch eine andere. Außerdem bellten draußen mal wieder die Hunde, jeden Tag hatte ich sie stundenlang trainiert, ich wusste, dass sie laufen wollten, Kilometer um Kilometer. Ganz gleich, ob Eis oder Tiefschnee. Mein Bauch sagte mir: «Lass es, Silvia», doch in meinem Kopf setzte sich die Abenteuerin durch: «Noch nie gab es ein Schlittenhunderennen auf der Wolga, das ist deine Chance!» Es war nicht die schlechteste Vorstellung: Als Siegerin eines neu installierten Wettbewerbs hervorzugehen. Einmal musste ich es schaffen. Gut, ihr Hunde, ihr habt gewonnen. Die Entscheidung, mich für das Volga Quest anzumelden, hatten natürlich sie mit ihrem durchdringenden Gebell getroffen.

Nachdem ich die Anmeldung vollbracht hatte, nervte ich Nikolai weiter.

«Nun bin ich registriert – wer kommt denn jetzt? Jetzt kannst du es mir ruhig sagen.»

«Es dürfen nicht mehr als fünfzehn Musher teilnehmen, dann ist das Feld voll.»

«Aber wer ist denn dabei?»

«Mit dir sind es jetzt schon fünfzehn Hundeschlittenführer.»

Nikolai war ein Ausbund an Schlitzohrigkeit, wenn es darum ging, einer konkreten Frage auszuweichen. Ähnlich agierte er, als ich versuchte, von ihm die Rennregeln zu erfahren. Alles, was er auflistete, schien ein einziges Sammelsurium zu sein. Mir kam es vor, als hätte man einzelne Regeln von anderen Rennen nach Belieben zusammengesetzt – ein Puzzle, das aber nicht ganz aufging, da einige für Kurzetappenrennen waren, andere für Long-Distance-Rennen. Außerdem hieß es, dass man an den ersten drei Tagen den Volga-Quest-Regeln zu folgen hätte, dann dürfe man es so machen, wie man wolle. Das war schon sehr eigenartig. Aber die Vorgabe, um acht Uhr morgens mit den Hunden raus aufs Eis zu gehen und abends um acht wieder bei den Checkpoints zu sein – das klang vernünftig und schien auch nach deren Vorgaben zu schaffen sein. Achtzig Kilometer konnte ich mit meinen Hunden bewältigen, bei einer Strecke von insgesamt 600 Kilometern würde das Rennen dann rund acht Tage dauern. Das war gut zu machen. Mein letztes größeres Rennen, das Iditarod-Rennen in Alaska, an dem ich 2012 teilgenommen hatte, war von anderer Qualität gewesen, hatte es doch tausend Kilometer mehr. Diese Entfernung war nicht leicht zu bewältigen gewesen, aber es war höchste Zeit, mich wieder in ein neues Abenteuer zu stürzen. Von nichts wollte ich mich mehr abschrecken lassen, ich wollte es jetzt wissen. Niemand hatte dieses Rennen an der Wolga je zuvor gemacht – und spannende Herausforderungen hatten mir schon immer gefallen.

Jeder, dem ich davon erzählte, riet mir von meinem Vorhaben ab, genauer gesagt, jeder Deutsche: «Tu dir das bloß nicht an! Bist du dir wirklich sicher? Es sind Russen ...»

Meine Antwort fiel dann jedes Mal äußerst lapidar aus: «Russen sind keine Aliens, sondern auch nur Menschen.»

«Aber denk an Putin!»

«Soll ich Menschen daran messen, wer sie gerade regiert? Sind denn alle Russen wie Putin?»

Meine norwegischen Nachbarn, auch einige Musher unter ihnen, sahen das relaxter. Die sagten: «Silvia, fahr du mal dorthin, einer muss ja den Anfang machen, wir sehen dann im nächsten Jahr, ob wir uns auch für das Rennen anmelden wollen.»

Bald darauf erhielt ich die Einladung zugeschickt, doch als ich sie eingehend studierte, konnte ich nicht einen einzigen offiziellen Stempel darauf erkennen. Mit so etwas brauchte ich gar nicht erst in der Russischen Botschaft in Oslo aufzukreuzen, nie würde man mir mit diesem Wisch ein Visum für mich und die Hunde geben. Das teilte ich dann auch Nikolai über Facebook mit, der seelenruhig meinte: «Wir arbeiten mit dem Reisebüro Intourist zusammen, da kennen wir jemanden in der Geschäftsstelle in St. Petersburg. Schick dem eine Mail, der wird das Visum für dich fertig machen – kostet 40 Euro.»

Inzwischen hatte ich Kontakt zu einem norwegischen Tierarzt aufgenommen, Steinar Dagestad. Ein ausgesprochen ruhiger, ein wenig alternativ aussehender Typ, mit graumeliertem Bart, aber noch braunen Haaren. Ihn hatte ich im Rahmen eines Mitteldistanzrennens in Schweden kennengelernt, ein Jahr vor meiner Amundsen-Tour. Dort hatte er auch als offizieller Veterinär gewirkt. Er sollte, wie ich erfahren hatte, nun das Rennen auf der Wolga begleiten. Auch ihm war ein Visum von Intourist versprochen worden, doch als ich ihn fragte, ob er seines schon hätte, bekam ich nur einen Negativbescheid.

Schließlich antwortete mir Jurij Lyaschenko, der schließlich für mich von Intourist als «zuständiger Mann» ausgesucht worden war. Jurij konnte Französisch, aber kein Englisch – dabei ist die allgemeine Sprache bei internationalen Schlittenhunderennen Englisch und nicht Französisch oder Russisch oder Deutsch. Daran konnte ich schon merken, wie professionell das Ganze aufgezogen war.

Klar, dass ich auf meine in Englisch verfasste Mail zwecks eines Visums keine weitere Antwort erhielt. Da die Zeit drängte, musste ich die Sache wohl selbst in die Hand nehmen, wenn ich denn noch wollte. Ich wollte. So schnell gab ich nicht auf.

Eigentlich wollte ich Anfang Januar nach Oslo zur Russischen Botschaft, doch da war sie, wie ich übers Internet erfuhr, geschlossen. Der Grund: Russische Weihnachten. Am 7. Januar wird bei den russisch-orthodoxen Christen das Fest der Erscheinung des Herrn gefeiert, es ist der Tag, an dem Gott Mensch wurde. Also blieb mir nichts anderes übrig, als mich schon im Dezember auf den Weg in die Hauptstadt zu begeben. Vorher machte ich noch telefonisch einen Termin aus. Zwar sind es nur 180 Kilometer bis nach Oslo, aber bei den derzeitigen Witterungsverhältnissen brauchte ich sicher vier Stunden, da wollte ich nicht einfach mal vorbeischauen. Der vereinbarte Termin war übrigens am ersten Weihnachtsfeiertag, für die Russen ein ganz normaler Arbeitstag.

Zugleich hatte ich Nikolai die Hölle heißgemacht, damit er mir eine neue, eine brauchbare Einladung schickte. Als diese dann eintraf, hatte ich sie gleich zur Russischen Botschaft weitergeleitet, um sicher zu sein, dass alles in Ordnung war. War es nicht. Es fehlten ein Zusatz und ein weiterer offizieller Stempel.

Parallel kontaktierte mich eine Person von der Organisation des Volga Quests, die wissen wollte, welchen Grenzübergang ich von Finnland nach Russland nehmen würde, dann würde man schon die entsprechenden Papiere fertig machen und die Grenzer über mich und die Anzahl meiner Hunde informieren. Auch sollte ich die Impfpässe für die Tiere in Kopie schicken. Kurz darauf, nachdem ich das Gewünschte vorgelegt hatte, erhielt ich eine E-Mail, es würde bei den Hunden eine Impfung fehlen. Diese hatte ich nicht gemacht, weil bekannt war, dass der Impfstoff für die Tiere gesundheitsschädlich war. Steinar, der Veterinär, bestätigte mir das, sein Schreiben schickte ich als Scan nach Russland.

Die Antwort: «Okay, dann ist diese Impfung wohl nicht notwendig. Die Impfpässe reichen aus.»

Meine Reaktion: «Die müssen auch reichen, denn es sind international anerkannte Impfpässe, andere gibt es nicht.»

Die Russen: «Vorsichtshalber fragen wir noch mal an der Grenze nach.»

Ich: «Ja, macht das!»

Dann war das endlich abgeklärt.

Zum vereinbarten Termin am ersten Weihnachtstag fuhr ich mit dem Schneescooter über den See, danach stieg ich auf dem tristen Parkplatz in meinen alten Mercedesbus ein. Tatsächlich brauchte ich die von mir berechneten vier Stunden bis Oslo, die Straßen waren extrem glatt, hochkonzentriert saß ich hinter dem Steuer. Ein Unfall hätte mir gerade noch gefehlt.

Als ich endlich in der Botschaft eintraf, musste ich gleich die nächste Hürde nehmen. Bei meinem Visumsantrag hatte ich nicht die Russische Botschaft angekreuzt, die mir das Visum ausstellen sollte, sondern deren Visastelle – mir war nicht bewusst gewesen, dass es sich dabei um zwei verschiedene Einrichtungen handelte.

«Sie müssten online einen neuen Antrag stellen», erklärte mir die Botschaftsmitarbeiterin in gebrochenem Englisch, eine Bilderbuchrussin, Mitte zwanzig, hellblond gefärbte Haare und ein völlig übergeschminktes Gesicht.

«Aber wieso online?», fragte ich irritiert. «Ich stehe doch direkt vor Ihnen. Und wie stellen Sie sich das vor, mein Büro mit meinem Computer habe ich zu Hause.»

Die Blondine war genauso stur wie Nikolai. Ihren Computer bot sie mir natürlich nicht an.

«Gut», sagte ich schließlich, «ich versuche einen neuen Onlineantrag über mein Handy.»

Natürlich funktionierte es nicht.

«Wenn wir Ihren Code vom jetzigen Antrag haben, dann komme ich da rein. Kennen Sie den Code?»

Die unechte Blondine schien ein gewisses Erbarmen mit mir zu haben. Vielleicht wollte sie auch nur sichergehen, dass sie rechtzeitig Feierabend machen konnte.

Nein, den Code kannte ich nicht. Um den zu erfahren, hätte ich ebenfalls meinen Computer gebraucht. Aber da Jürgen frei hatte, konnte ich ihn zu Hause anrufen. Es dauerte ungefähr eine halbe Stunde, bis er den Code in meinem PC gefunden hatte. Aber er hatte ihn gefunden! Ich nannte ihn der russischen Lady und fügte hinzu: «Dann haben wir das ja geklärt.»

«Im Grunde hätte ich es auch ohne den Code geschafft», erwiderte sie lapidar.

Gern hätte ich jetzt etwas gesagt, aber ich wollte keinen Ärger machen, ich wollte schlicht und einfach nur das Visum.

Nach einer Weile fragte mich die Botschaftsangestellte nach meiner Einladung, die ich ihr in der neuesten Fassung in die Hand drückte. Eingehend studierte sie diese.

«Ich möchte mit meinen Hunden zu einem sportlichen Event», sagte ich. Man hatte mich im Vorfeld darüber aufgeklärt, dass es Visa für Firmenleute gab und Visa für Menschen, die kein Business in Russland betreiben wollen, sozusagen ein privates Visum.

«Mit wem wollen Sie dort Geschäfte machen?» Diese Frage musste fallen.

«Ich möchte dort keine Geschäfte machen», antwortete ich so höflich, wie es mir gerade noch möglich war. «Ich will zu einer Sportveranstaltung. Sie müssen sich das wie die Olympischen Spiele vorstellen, nur eben mit Hunden, die auf der Wolga laufen.»

«Nix geschäftlich?»

«Nein, nix geschäftlich, sportlich.»

Dann erhob sie sich, ging in einen Nebenraum und telefonierte dort eine geschlagene Stunde. Verstehen konnte ich nichts, war ja alles auf Russisch. Schließlich legte sie auf und kehrte zurück.

«Ah, sportliches Event», sagte sie.

«Ja, sportliches Event.» Dazu nickte ich.

«Das ist super, das freut uns ja.»

«Ja, mich freut es auch.»

Nach diesem erhellenden Moment holte ich mein Portemonnaie heraus, um für mein Visum zu bezahlen. Ich wusste, man hatte in Norwegischen Kronen zu bezahlen und in bar.

Die junge Dame winkte ab. «Nein, das Visum kostet nichts, ist ja ein sportliches Event.»

Danach sagte sie mir noch, wann ich es im Januar abholen könne, gleich nach den Russischen Weihnachten. Es wäre auch zu schön gewesen, wenn ich es sofort ausgehändigt bekommen hätte. Für die Hunde brauchte ich keine Visa, die Impfpässe reichten; auch hatte ich den Zettel, auf dem stand, dass man an der Grenzstelle Vaalimaan rajanylityspaikka über mich und die Tiere Bescheid wisse.

Auf Facebook hatte ich schon im Dezember 2013 gepostet, ob jemand Lust hätte, mich nach Russland zu begleiten. Ich brauchte einen Fahrer für die weite Strecke, auch einen, der den Hänger für die Hunde – das Zuhause für die Tiere in der Nacht – von Checkpoint zu Checkpoint fuhr, einen sogenannten Doghandler. Jürgen musste ich gar nicht erst fragen, er unterstützt mich zwar bei den Hunden vor Ort, das funktioniert gut. Aber bei einem Rennen verwandele ich mich von der liebenden Ehefrau in eine Sportlerin, die nicht immer freundlich ist, gerade bei großer Müdigkeit, wenn ich mich nach einem langen Tag völlig k. o. fühle. Er weiß um meine Fokussierung auf die Hunde und sagt selbst: «Ich bin nicht dein Doghandler, sondern dein Ehemann.» Und das stimmt: Bei einem Rennen zählen die Bedürfnisse der anderen nicht, da kann man keine Rücksicht nehmen, da muss sich die Familie zurückstellen können. Jeder Hochleistungssportler kennt das. Er will sein Bestes geben, da interessiert es wenig, ob der Partner Kopfschmerzen hat oder der Sohn die Socke links oder rechts falsch angezogen hat. Mir sind dann allein die Hunde wichtig, denn mit ihnen möchte ich das Rennen fahren, und ich bin mir wichtig.

Also, aus der Familie sollte keiner mitfahren, daher Facebook.

Es meldeten sich viele bei mir, aber keiner schien mir wirklich geeignet, da niemand Erfahrung mit Schlittenhunden hatte. Außer Rob Den Breems. Ein Holländer, der in Schweden lebte, aber eine Sozialversicherungsnummer in Norwegen hatte – mithin etwas merkwürdig. Rob schrieb, dass es sein größter Traum sei, einmal bei einem Rennen mitzumachen, er hätte auch Huskys, sieben an der Zahl, müsste sie aber mitnehmen, denn er könne kaum einen Babysitter für sie finden. Seine «Bewerbung» fand ich nicht gerade umwerfend, aber es blieb mir keine Alternative. Schließlich sagte ich mir: «Warum nicht!»

Ich schrieb Rob: «Pass auf, bring deine Hunde mit, die können bei mir bleiben. Ich nehme nicht alle meine Tiere nach Russland mit, sodass die, die zurückbleiben, gefüttert werden müssen. Mein Sohn Steven und mein Mann werden sich darum kümmern, die können dann deine Hunde mitversorgen. Und wenn du das nicht willst – ich habe einen großen Hänger, wir könnten sie auch mit an die Wolga nehmen. Aber du musst wissen, als mein Doghandler wirst du dich nicht um die Tiere kümmern können.»

«Ich bin kein Doghandler», mailte Rob zurück.

«Wieso bist du kein Doghandler?», fragte ich verdutzt nach.

«Silvia, ich bin gern dein Fahrer, aber ich bin wirklich keiner, der die Scheiße von den Hunden aus dem Hänger wegkratzt.»

Der Doghandler eines Mushers hat die Aufgabe, die Schlittenhunde nach einem Rennen zu versorgen: Natürlich gehört dazu auch, ihre Boxen sauber zu halten. Und wenn er selbst sieben Huskys hatte, wieso war das dann ein Problem? Ich seufzte.

Schließlich einigten wir uns darauf, dass er schon einige Zeit vor dem Rennen vorbeikommen konnte. In der Nähe des Wohnhauses gab es eine kleine Hütte, da konnte er wohnen. Ich hatte ihm vorgeschlagen, gemeinsam zu trainieren, um sich dadurch ein bisschen besser kennenzulernen. «Nur um dein Essen musst du dich selbst kümmern.» Rob fand alles perfekt, wollte auch seine eigenen Lebensmittel mitbringen, vor dem 1. Januar könne er aber nicht da sein, er müsse ja noch nach Stockholm, um das Visum zu beantragen.

«Alles klar», lautete meine Antwort. «Ruf mich kurz an, bevor du aufkreuzt, dann heize ich die Hütte ein.»

Rob tauchte genau am 1. Januar auf, ein kräftiger Typ, Ende vierzig, mit grau-blonden Strubbelhaaren, von einer Frisur konnte keine Rede sein. Sein Gesicht war außergewöhnlich schmal angesichts seiner stabilen Statur, sogar etwas eingefallen, die Augen lagen in tiefen Höhlen, als würde er zur Welt keinen rechten Zugang finden wollen. Er reiste an dem Tag an, an dem in Norwegen kaum Geschäfte geöffnet haben. Es war, im Nachhinein betrachtet, nur logisch, dass er mir gestand, keine Lebensmittel mitgebracht zu haben, alle Läden seien ja geschlossen gewesen. Daraufhin konnte ich nur sagen: «Gut, komm zu uns rüber, dann kannst du heute Abend bei uns mitessen. Zum Frühstück gebe ich dir was mit. Morgen haben die Geschäfte ja wieder offen, dann kannst du dir alles Nötige besorgen.»

Ich hatte ihn am Parkplatz mit einem Ersatzschlitten von mir abgeholt, so konnte er seine Hunde anspannen und mit ihnen über den See ziehen.

«Und wo kann ich meine Hunde lassen?», fragte er, als wir am Strand angekommen waren.

«Da drüben.» Ich zeigte mit dem Finger zu einem eingezäunten Gehege in der Nähe seiner Hütte, in dem ich manchmal Junghunde hielt. Als es sich füllte, betrachtete ich mir Robs Huskys genauer. So richtig gut gefielen sie mir nicht, sie wirkten ungepflegt, auch nicht erzogen. Mir war nicht ganz wohl bei ihrem Anblick, ich vermochte dieses Gefühl aber nicht weiter zu beschreiben.

Zu diesem Zeitpunkt hatte ich Gäste aus Deutschland bei mir zu Besuch, Oliver, Oberarzt und Gynäkologe aus Hamburg mit seinen beiden Töchtern Basti und Vicky. Der Tag war gerade ein wenig unpassend, eigentlich hätte er nach der Abreise meines Besuchs ankommen sollen. Aber immerhin hatte er eine lange Reise auf sich genommen, um zu uns in die Pampa zu gelangen, also sollte er willkommen sein. Doch als hätte er geahnt, wann das Essen auf den Tisch kommt, öffnete sich unsere Haustür. Vielleicht hatte er es gerochen? Rob hatte seine Jeans gegen Wollunterhosen ausgetauscht, ohne höflich zu fragen, setzte er sich breitbeinig an den Küchentisch. Sympathisch war etwas anderes. Rob dachte sich wohl: Super, ich habe einen Musher, der für mich kocht. Normalerweise kocht kein Musher für seine Helfer, beim Hundeschlittensport herrschen Verhältnisse wie im Patriarchat. Man hat den Musher zu unterstützen, nie umgekehrt.

Am nächsten Morgen frühstückten wir um acht, danach wollte ich mit meinen Besuchern noch eine Tour unternehmen. Um halb neun, ich war gerade am Abräumen von Marmelade und Brot, tauchte Rob auf und meinte: «Oh, ihr seid schon mit dem Frühstück fertig? Du hattest mir gestern Abend nichts mitgegeben.»

Anstandshalber stellte ich alles wieder hin, dachte nur: Silvia, bleib ganz ruhig, alles wird gut.

Den ganzen Tag verbrachte ich mit den Hamburgern draußen im Schnee, Rob ließ sich nicht mehr blicken, er kümmerte sich anscheinend um seine Hunde oder was auch immer. Ich hoffte auch, dass er das Snowmobil benutzt hatte, um nach Varland und von dort aus nach Rjukan zu kommen. Dort gab es ja einen Supermarkt. Doch zum Abendessen setzte er sich wie selbstverständlich wieder in seinen Wollunterhosen an den Tisch, so als sei er ein vollwertiges Familienmitglied. Für ihn war klar, dass er verköstigt wurde. Nicht für mich. Da musste etwas geschehen.

Am nächsten Abend, gerade wollte ich ein deutliches Wort mit Rob sprechen, unterbrach er mich und fragte: «Silvia, wo ist denn der nächste Tierarzt?»

«Wir sind mitten in der Wildnis», erwiderte ich, «der nächste Tierarzt ist 150 Kilometer entfernt. Um was geht es denn?»

«Unter meinen Hunden gab es eine kleine Beißerei, eines der Tiere hat sich dabei verletzt.»

«Dann bring den Hund rüber, ich kümmere mich um ihn, ich habe entsprechende Medikamente da.»

Hatte ich es doch geahnt, dass die Tiere nicht ordentlich geführt wurden. Ich hoffte nur, dass sie mit ihren Eigenmächtigkeiten nicht meine Hunde ansteckten. Zum Glück lagen die Unterkünfte der beiden Parteien weit auseinander.

Als Rob sich wieder im Haupthaus einfand, brachte er den verletzten Husky mit, der eine böse Bissverletzung am Ohr hatte. Aber auch mein zukünftiger Fahrer hatte eine Verletzung, seine Hand blutete. Da es draußen inzwischen zu stürmen angefangen hatte, mussten wir das Zusammentackern der Wunde im Haus erledigen, genauer gesagt im Badezimmer auf der Waschmaschine. Ich deckte vorher alles mit sauberen Tüchern schön ab. Betaisodona hatte ich schon herausgelegt, ein Antiseptikum, ebenso Klemmen, und Oliver, der Arzt, hielt das Tackergerät bereit. Rob hatte den Hund aber nicht unter Kontrolle, wir konnten nicht loslegen. Ich sagte zu ihm: «Du hast schon eine Bisswunde, ich möchte keine haben. Versuch mal, deinen Hund besser im Griff zu haben.»

Das Antibiotikum, das ich dem Tier nach dem Tackern verabreichen wollte, war vor kurzem abgelaufen, weshalb ich Dr. Björndotter anrief, jenen Veterinär, der Minnies Diagnose gestellt hatte, und ihn fragte, ob ich es noch verwenden könne. «Ja», antwortete er, «liegt noch im Rahmen, morgens und abends ins Futter geben, vier Tage lang.» Ich dankte für die unkomplizierte Hilfe.

Nachdem es uns endlich gelungen war, den Husky so zu halten, dass keiner mehr verletzt werden konnte, und ich die Wunde getackert hatte, verarztete Oliver Robs Bisswunde und gab ihm Antibiotika aus seinen eigenen Beständen, die er sicherheitshalber immer mitnahm, wenn er auf Reisen ging.

«Ich bezahl das alles», sagte Rob, als wir uns endlich zum Essen setzen konnten.

«Super!»

Ich hätte gleich das Geld von ihm einfordern beziehungs-

Ein italienischer Kommunist im russischen Exil – und ein neues Hundeschlittenrennen **161**

weise eine Rechnung schreiben sollen, denn Antibiotika sind in Norwegen sehr teuer. Rob selbst kam nie wieder darauf zu sprechen. An dem Abend wurde es aber trotzdem noch ernst.

«Wieso gehst du eigentlich einfach davon aus, dass ich für dich mitkoche?», fragte ich ihn, als wir uns alle um den Tisch versammelt hatten.

«Ich dachte, das wäre völlig normal.» Rob zupfte etwas verlegen an seinem Handpflaster herum, ansonsten versuchte er ein Gesicht aufzusetzen, das signalisieren sollte: Ich weiß von nichts, ich bin ganz unschuldig. Am Ende einigten wir uns darauf, dass ihm Jürgen seine Sachen bei unserem nächsten Einkauf mitbesorgen würde. Bis heute habe ich das ausgelegte Geld nicht zurückerhalten.

Als Oliver sich mit seinen Kindern von uns verabschiedete, um wieder zurück nach Hamburg zu fliegen, sagte er: «Mal sehen, wie lange Rob bei dir überlebt.»

«Ich kriege das schon hin», antwortete ich. «Ich brauche nur einen Fahrer. Alles gut.»

Nichts wurde gut.

Wo kommt denn dieser Stein her?

Oliver und seine Töchter hatte ich auf ungewöhnliche Weise kennengelernt. Jenny hatte vor vielen Jahren ihrem Mann Oliver ein Abenteuerwochenende geschenkt, mit Schlittenhunden und allem Drum und Dran. Bei mir in Varmevoll am Møsvatnsee. Damals hatte sie zum ersten Mal Kontakt zu mir aufgenommen, schrieb mir, dass sie mich im Fernsehen gesehen hätte, und fragte, ob ich auch Touren mit meinen Schlittenhunden anbieten würde. Im Allgäu und im Bayerischen Wald hatte ich das noch gemacht, doch schließlich hatte ich entschieden: Das hat jetzt ein Ende, ich will meine Hunde nicht mehr irgendwelchen Touristen zur Verfügung stellen. Dafür sind sie mir zu schade. Touristen, so hatte ich festgestellt, würden in der Regel nicht darauf achten, was mit den Hunden vor ihnen passierte. Standen die Gäste auf dem Schlitten, hieß es einfach nur: «Go!» Wohin es ging und ob das Gespann auch gleichmäßig lief und sich nicht verhedderte, das interessierte unwissende Touristen meist wenig. Da ich mit meinen Hunden noch einiges vorhatte, wollte ich sie davor schützen.

Jenny ließ aber nicht locker, erzählte von dem großen Wunsch ihres Mannes, sodass ich am Ende sagte: «Gut, ihr könnt gern für ein Wochenende kommen, ich mache bei euch eine Ausnahme.» Ich war selbst erstaunt über mich, normalerweise ließ ich mich nicht so schnell umstimmen. Aber irgendetwas schien darauf hinzudeuten, dass ich es mit keinen «normalen» Touristen zu tun hatte. Und genau das traf auch zu.

Schließlich stand ich Jenny und Oliver gegenüber, zwei Menschen, so unterschiedlich wie Tag und Nacht, und doch unzertrennlich. Oliver wirkte bei seiner Ankunft, als wäre er ein ADHS-Kind, ein hochgewachsenes ADHS-Kind, denn er hatte eine stattliche Größe von eins fünfundneunzig. Schon als ich die beiden auf dem Parkplatz abholte und er aus dem Auto stieg, dachte ich: Dem Mann müsste man sofort Ritalin verabreichen, damit er etwas ruhiger wird. Wild hüpfte er umher, streckte die langen Arme aus, der dunkle Haarschopf schwankte von einer Seite zur anderen, als wäre er auf einem Schiff bei Windstärke 9. Irgendwie kam er mir vor wie der *Dschungelbuch*-Bär Balu. Dabei rief er aus: «Das ist ja so toll hier, so irre, so superschön. Ich bin völlig bewegt.» Ich holte einmal tief Luft, das konnte ja was werden. Hatte Jenny mir nicht erzählt, ihr Mann sei Oberarzt in einer Hamburger Klinik? Wie bekam er bei diesem Temperament seine Patienten in den Griff – beziehungsweise erst mal sich selbst? Gut, das war nicht mein Problem. Meins würde darin bestehen, ihn davon abzuhalten, mit meinen Hunden einen Höllenritt zu veranstalten.

Jenny schaute ihrem Mann nach, nicht einen Moment konnte ich in ihrem Gesicht erkennen, ob sie irritiert oder irgendwie angespannt war. Sie war zurückhaltend, fast ein wenig reserviert, und die Ruhe selbst. Groß, schlank (das war die einzige Gemeinsamkeit mit Oliver, jedenfalls was das Äußere betraf), dichtes blondes Haar. Wäre sie zwanzig Jahre jünger gewesen, hätte sie gut als Kandidatin bei *Germany's Next Topmodel* durchgehen können.

Es war tiefster Winter gewesen, als die beiden eintrafen, und ich hatte sie mit dem Snowmobil vom Parkplatz abgeholt. Nachdem Oliver sich ausgetobt hatte, war er dazu zu bewegen, sich still auf das Gefährt zu setzen.

«Du musst eine Mütze aufsetzen», sagte ich zu ihm. «Wir haben minus 20 Grad. Auf dem See frieren dir die Ohren ab.»

«Ich setze aber keine Mütze auf.»

Na, das war ja klar. Wie der Suppenkasper: «Nein! Ich esse meine Suppe nicht auf.»

Ich musste deutlicher werden: «Ohne Mütze fahren wir nirgendwohin.»

«Wie?» Erstaunt schaute mich Oliver an, Jenny verdrehte nun doch ein wenig die Augen.

«Hallo», legte ich nach. «Ich habe die Verantwortung dafür, dass ich dich heil über den See bringe. Da es schweinekalt ist und ich nicht will, dass du erfrierst, gibt's nur eins: Mütze aufsetzen!»

«Okay, dann setze ich meine Mütze eben auf», gab das «Kind» Oliver klein bei.

Wir sind später sehr gute Freunde geworden, und bei jedem Treffen erinnert er mich noch heute an diesen Kennenlernmoment mitten in der winterlichen Wildnis: «Ich bin ein Meter fünfundneunzig, und da steht eine Person von einem Meter sechzig vor mir und sagt, was ich machen soll. Und ich mache es auch noch.»

So handzahm wie Oliver nach meiner Ansage war, lief dann auch das restliche Wochenende ab. Zwei Tage waren wir nur mit den Hunden unterwegs, er war völlig begeistert, so begeistert, dass er im nächsten Winter mit drei «Kumpels» wiederkam. Ein Psychotherapeut, ein Nervenarzt, ein Psychologe und eben der verkappte ADHS-Arzt. Jener hatte die Lektion vom letzten Jahr komplett vergessen und kam mit Forderungen an: «Können wir nicht eine Schneeschuhtour machen, können wir nicht dieses machen, können wir nicht jenes machen?» Wie ein Kind, das losgelassen wird und alles auf einmal ausprobieren will. Da musste ich ihn wieder etwas bremsen, darauf hinweisen, dass man vielleicht auch Rücksicht auf die Gruppe nehmen müsste. Wir unternahmen dann tatsächlich eine Schneeschuhwanderung, auf der ich, oben auf dem Fjell angekommen, meinen Rucksack auspackte, in dem sich ein Grill und eine Menge Würstchen verbargen. An einem anderen Tag machten wir eine Tour mit den Hunden, einmal war das Wetter leider so schlecht, dass wir nur drin sitzen konnten – für Oliver eine Qual.

Eines Tages bekam ich abermals eine Mail von Jenny: «Silvia, können wir mit unseren beiden Kindern zu dir kommen? Oliver und ich möchten ihnen auch mal diese unbändige Natur zeigen.» Vicky war vor einigen Jahren an Leukämie erkrankt und hatte eine schlimme Zeit durchgemacht. Ein Aufenthalt bei mir in der Natur und mit den Hunden würde den Mädchen sicher guttun.

Mehrmals hatte ich in der Zwischenzeit Jenny und Oliver in Hamburg besucht, dabei hatte ich auch mit ihren beiden Mädchen Freundschaft geschlossen, Vicky und Basti, die eigentlich Victoria und Bastienne heißen und damals neun und elf Jahre alt waren. Vicky und Basti passten als Namen aber besser zu den beiden sportlichen und lustigen Mädchen, die immer bereit waren, etwas auszuhecken. Doch dann hatte

Vicky mit einer Leukämie gekämpft, das muss für die ganze Familie nicht einfach gewesen sein. Eine dunkle Wolke schwebte über ihnen, und lange Zeit war nicht klar, ob sie sich jemals auf und davon machen würde. Doch nun gab es anscheinend einen Lichtblick, sonst würden sie es nicht wagen, eine solch weite Reise zu unternehmen, schon gar nicht in unsere Abgeschiedenheit. Aber da Sommer war – was sollte schon passieren?

Als wir nach ihrer Ankunft kurz über die Leukämie sprachen, hieß es etwas nachdenklich: «Wir müssen auf Vicky ein wenig Rücksicht nehmen ...» Dieser war anzumerken, dass ihr das ziemlich unangenehm war, sie vielleicht sogar belastete. Auf jeden Fall machte es sie traurig, als Jenny und Oliver mir erklärten: «Wir können nicht einfach in die Berge klettern, das kann Vicky noch nicht.»

Das musste sich ändern! Behütetsein ist ja in Ordnung, Fürsorge ganz wichtig, ebenso ein rücksichtsvoller Umgang, dachte ich, aber etwas Robustheit kann nicht schaden. Das hatte sich auch bei Steven bewährt. Natürlich war seine körperliche Behinderung nicht vergleichbar mit einer Leukämie, aber manchmal durfte man als Elternteil nicht zu besorgt sein, so zerbrechlich waren Kinder nicht, weder Jungen noch Mädchen.

Also nahm ich Vicky beiseite und sagte: «Vicky, lass uns doch mal eine Tour machen, wir gehen hoch aufs Fjell. Hast du Lust dazu?»

Vickys Augen leuchteten, aber ihr Blick glitt hinüber zur Mutter. Sie war die Person, die jede Unternehmung absegnen musste.

«Ist das nicht zu anstrengend?», fragte Jenny auch prompt.

«Wir laufen nur ein bisschen», erklärte ich bemüht beiläu-
fig. Insgeheim hatte ich mir einen Plan überlegt. Ich wollte so
hoch wie möglich und damit dem Kind zeigen, dass es eine
solche Tour schaffen, dass es etwas erreichen konnte. Ich
hatte das Gefühl, Vicky brauchte ein Erlebnis, das ihr zeigte, dass sie etwas zusammen mit ihrer Familie unternehmen
konnte, ohne extra große Rücksichtnahme. Sollte ich mich
getäuscht haben, konnten wir jederzeit umkehren, es wusste
ja keiner, was mein eigentliches Ziel war. *Take it easy*, sang
ich vor mich hin, sodass ich von den anderen schon ganz ko-
misch angeguckt wurde.

Am nächsten Tag verkündete ich: «Wir gehen jetzt!» Mein
Rucksack war wieder einmal mit allen möglichen Dingen
vollgepackt, natürlich waren auch selbstgemachte Würste
darunter. Steven war mit von der Partie, eskortiert wurden
wir von zwei Hunden, Sky und Einstein. Einstein hatte ich
aus der Organisation BESCHÜTZERinstinkte, gegründet
von der Fernsehmoderatorin Sonja Zietlow, die es sich zur
Aufgabe gemacht hatte, Hunden, Menschen und vor allem
Kindern zu helfen. Er war ein äußerst schwieriger Hund, es
hatte lange gedauert, bis er in unsere Familie integriert war
und auch mit den Huskys zurechtkam. Einstein ist eigentlich
unser Haushund. Er selbst hält sich mit seinem vorwiegend
braunen Fell für einen Chihuahua, aber das wäre leicht untertrieben, bei mir geht er als Schäferhund-Dogge-Mischung
durch. Als selbsterklärter Chihuahua ist er natürlich auch der
Meinung, locker auf dem Schoß sitzen zu können – was bei
einem Hund wie Einstein wirklich nicht möglich ist.

Wir nahmen den Weg gleich hinter dem Haus, steil ging es
bergauf. Das Wetter war an diesem frühen Augusttag schon

recht trüb, sodass wir alle in Anoraks steckten. Vicky trug einen in Rot mit breiten blauen und weißen Streifen, ihre dunklen Haare hatte sie zu einem Zopf gebunden, darüber eine lila Baseballkappe. Ihre sonst eher bleichen Wangen hatten sich in Apfelbäckchen verwandelt. Jenny blickte etwas sorgenvoll die graue Geröllfläche hinauf, aber bevor sie ein Wort verlieren konnte, summte ich wieder *Take it easy*. Sie schüttelte nur den Kopf.

Immer wieder hielt ich an und sagte: «Dreht euch doch mal um, schaut euch diese wahnsinnig tolle Aussicht an.» Der See sah aber auch aus, als hätte er sich extra für Vicky herausgeputzt. Aber entscheidender war, dass wir so immer wieder unbemerkt eine Pause von fünf Minuten einlegten. Vicky konnte verschnaufen (und wir anderen auch), ohne dass sie auf die Idee kam, dass wir ihretwegen Rücksicht nahmen.

Es dauerte auf diese Weise zwar alles etwas länger, aber nach zwei Stunden erreichten wir das erste Plateau, wo wir länger Rast machten und die eine oder andere Banane verzehrten. Oliver, zappelig wie eh und je, fragte nach einer Weile voller Abenteuerlust: «Und was machen wir jetzt? Wo gehen wir jetzt hin?»

Ich hielt meine Antwort bewusst vage: «Mal sehen, wo wir langgehen ...»

Vicky schien noch Feuer und Flamme zu sein, weiter nach oben zu kraxeln, Basti und Steven sowieso. Und Jenny hatte gar keine Chance, irgendwelche Einwände zu erheben, sie wurde überstimmt. Auch von den Hunden, die noch längst nicht genug hatten.

So stiefelte ich einfach weiter, im Wissen, dass die Eltern, hätten sie von meinem Ziel gewusst, sofort dagegengesteuert hätten: «Silvia, bist du bescheuert, da gehen wir nicht hoch mit unserem kranken Kind, das kommt überhaupt nicht in Frage.» Aber alle folgten mir, und ich kam mir vor wie der Rattenfänger von Hameln. Schön gemütlich ging es vorwärts, immer wieder drehte ich mich um, um zu sehen, ob alles gut war. Und es war gut. Wir gelangten an ein Flussbett, wieder ideal zum Pausieren, und so merkte niemand, wie steil es wirklich hinaufging. Ich wies auf besondere Blumen hin, auf Beeren, die man pflücken konnte – und schon waren wir auf dem zweiten Plateau angekommen.

«Mein Gott, das ist aber ganz schön hoch», meinte Oliver etwas nachdenklich, als er sich umschaute.

«Ja», sagte ich, mehr nicht.

Noch hatten wir die Hütte nicht erreicht, die ich im Auge hatte, dazu mussten wir weiterhin etwas Höhe bewältigen, aber die konnte man im Vergleich zur vorherigen Strecke nur als unwesentlich bezeichnen. Vicky – ein erneuter Blick zu ihr bestätigte es – schien noch bei Kräften zu sein. Wenn sie es bis hierhin gepackt hatte, dann würde sie auch das letzte Stück schaffen.

Auf den letzten Metern gab es wenig Vegetation, hier herrschte das typisch Geröllige der Hardangervidda vor. Doch Abwechslung gab es genug, kleine Lemminge – die mit den Mäusen verwandt sind, aber im ersten Moment wie Hamster aussehen – zeigten sich in Massen. Einstein schoss hinter ihnen her, Sky schaute ihm nur nach. Ich ahnte, was mein Husky dachte: Der Einstein hat doch nicht alle Tassen im Schrank. Jagt diesen Lemmingen hinterher, wo er doch genau wissen müsste, dass er nicht die geringste Chance hat.

Spielerisch kamen wir so von einer Höhe von 900 Metern auf eine von 1400 Metern. Und plötzlich stand auch die Hütte vor uns. Eine wunderbar blau angemalte Holzhütte mit weißen Fenstern, in der es innendrin Betten, Stühle, einen Tisch und einen eisernen Ofen gab. Neben dem stapelten sich Holzscheite. Oliver und Basti fielen sofort in das eine Bett (der Vater schlief mit hochrotem Kopf augenblicklich ein, Basti brauchte eine halbe Minute länger), und Jenny und Vicky belegten das zweite, wobei Vicky sich eng an ihre Mutter kuschelte. Einstein streckte sich lang auf dem Holzboden aus. Alle waren platt, aber unendlich glücklich. Plötzliches Schnarchen. Jenny, die als Einzige aus der Familie wach geblieben war, und ich sahen uns an. Wer war das? Oliver? Nein. Vicky? Auch nicht. Steven stromerte irgendwo draußen herum. Einstein lag ruhig da in seiner Übergröße. Schließlich war der Verursacher ertappt: Sky. Er hatte sich unter einer Bank eingerollt. Es war unfassbar, wie laut Sky schnarchen konnte, wie ein erwachsener Bär.

Egal. Ich machte den Ofen an, denn es hatte ein wenig zu nieseln angefangen, vor dem Abstieg wollte ich allen einheizen. Danach leerte ich meinen Rucksack, und zum Vorschein kamen Kaffee in der Thermoskanne, Unmengen von Würstchen und belegte Brote. Und natürlich mein Minigrill.

Beim Duft der Würstchen, der verlockend durch den Hüttenraum waberte, wurden alle wieder wach. Auch Steven tauchte wie verabredet auf und setzte sich erwartungsvoll auf die Bank. Sky hatte sofort den Kopf gehoben, seine feine Nase witterte nur Bestes.

Nachdem wir uns gestärkt hatten, begannen wir nach ungefähr zwei Stunden mit dem Abstieg.

«Wow, das ist aber wirklich steil hier», bemerkte Oliver

zu Recht. «Das habe ich beim Aufstieg überhaupt nicht gemerkt.»

Alle nickten. Vicky sah ein bisschen müde aus, trotz der langen Pause. Ich musste ein wenig die Luft rausnehmen. Eine weitere Pause wurde eingelegt, auf dem ersten Plateau, wo wir um einen kleinen See herum Moltebeeren pflücken und essen konnten. Danach suchten wir noch nach Lemmingen, Vicky wurde einstimmig zur Lemminge-Beauftragten erklärt. Sie musste uns immer mitteilen, wo sie welche gesehen hatte. Dadurch konnte ich Einstein rechtzeitig zurückrufen, und Vicky fühlte sich in ihrer Aufgabe bestätigt.

Schließlich waren wir unten angekommen. Alle waren erleichtert, aber auch ungemein glücklich. Nach dem Abendessen sagte Vicky zu mir: «Silvia, ich bin so stolz, dass ich das geschafft habe.»

«Das kannst du auch sein», erklärte ich.

«Aber ich bin schon ein wenig k. o.»

«Ja, aber nicht nur du, auch dein Vater und deine Schwester. Falls du es noch nicht bemerkt hast, beide sind schon zu Bett gegangen.»

Vicky kicherte. «Dann müssen wir jetzt auf sie Rücksicht nehmen und ganz leise sein.»

Für Vicky war dieser Tag ein unglaubliches Erlebnis gewesen, hinterher, das bestätigten mir ihre Eltern, war sie fast wieder so selbstbewusst wie vor ihrer Krankheit. Hätten sie zuvor gewusst, was ich vorhatte, hätten sie gesagt: «Das kann Vicky nicht.» Nun hatten sie mitbekommen, dass ihre Tochter doch zu weit mehr in der Lage war, als sie ihr nach der Krankheit zumuteten.

Mir selbst hatte ich mit meiner Auswanderung gezeigt,

dass man über sich selbst hinauswachsen kann. Allein durch die Natur, durch das ganze Umfeld. Und dieses Über-sich-hinauswachsen-Können möchte ich auch anderen Menschen mitgeben. Ihnen sagen, dass man vieles erreichen kann, von dem man anfangs gedacht hätte, dass es für einen selbst eine Nummer zu hoch sei. Und dass man diese Kraft gerade in Einheit mit der Natur finden kann. Im Umkehrschluss bedeutet es auch, keine Scheu davor zu haben, etwas auszusprechen, wenn man glaubt, etwas nicht zu können. Es schlicht zu akzeptieren. Es geht einfach darum, Dinge anzupacken und zu schauen, was passiert, was sich daraus entwickelt. Was ich in Norwegen gelernt habe, hat nämlich auch damit zu tun, dass die Natur eine Menge in einem Menschen bewirken kann. Selbst wenn Vicky es nicht bis zur Hütte geschafft hätte und wir früher umgekehrt wären, wäre es für sie ein Erfolgserlebnis geblieben. Weil sie nicht wusste – auch ihre Eltern nicht –, dass die Hütte das angestrebte Ziel war, wäre ein Kehrtmachen keine Niederlage gewesen.

Natur ist aber nicht gleich Natur. In dieser Gegend Norwegens gibt es zum Beispiel keine Wanderwege – im Bayerischen Wald ist alles ausgeschildert, sodass man sich nur von A nach B fortbewegen muss, ohne sich wirklich Gedanken darüber machen zu müssen, wo man genau ist, ob man sich möglicherweise in eine falsche Richtung bewegt. Die Sinne werden hier voll und ganz gefordert. Und es ist unglaublich ruhig. Hin und wieder hört man ein Flugzeug den Himmel durchqueren, Wassergeplätscher von Bächen oder seltsam quietschende Lemminge. Im Winter zwitschert nicht einmal ein Vogel. Menschliches Eingreifen ist kaum zu hören, kein Traktor fährt vorbei, niemand mäht einen Rasen, und es kommt auch kaum jemand einfach um die Ecke gebogen und sagt: «Grüß Gott!»

Aus diesem Grund haut die Natur hier einen um. Viele Menschen, die mich besuchen, sagen: «Das ist mir hier zu still, damit komme ich nicht zurecht.» Beobachtet habe ich: Diejenigen, die das behaupten, sind meistens Menschen, die nichts mit sich selbst anfangen können. Sie sind sich nicht selbst genug. Ihnen wird in einer derart stillen Umgebung schnell langweilig. Sie fragen mich: «Mein Handy geht hier nicht – kann ich von deinem Computer aus Mails verschicken?» Und sind völlig irritiert, dass sie in dieser Gegend nicht überall Handy-Empfang haben. Das sind dieselben, die vor ihrer Anreise wissen wollen, ob ich ein Fernsehgerät habe. «Ja, habe ich», sage ich dann, «und wir können selbst deutsche Sender empfangen.» Und eine Toilette? «Auch eine Toilette gibt es, und sie funktioniert sogar.» Und dann gibt es die, die einen Sonnenaufgang erleben wollen, es aber nicht schaffen, wach zu werden, weil sie durch die Stille so gut schlafen, wie sie es schon lange nicht mehr getan haben. Die meisten aber können diese Stille, die einen fast anschreit, nicht ertragen.

Als Jürgen und ich einmal gemütlich in unserem Wohnzimmer lümmelten – er war gerade von einer längeren Dienstreise aus Philadelphia zurück und Familie Brandt wieder abgereist –, sagte ich voller Glück in die uns umgebende Ruhe hinein: «Man hört das eigene Rauschen im Ohr.»

«Das eigene Rauschen – was meinst du denn damit?» Mein Mann schaute mich leicht skeptisch an.

«Na, das eigene Rauschen.» Ich war immer noch begeistert von meiner Entdeckung.

«Verwechselst du da nicht etwas? Tinnitus womöglich?»

«Du mit deinen logischen Erklärungen. Das hat überhaupt nichts mit Tinnitus zu tun. Nein, es ist mein Hirn, das dadrin in mir rauscht. Ich höre mich selbst. Das ist wie ein kleines Wunder. Herrlich!»

«Soso», sagte Jürgen nur und vertiefte sich wieder in eine seiner Fachzeitschriften über Bohrinseln.

Aus der Stille ziehe ich viel Energie. Man könnte mich irgendwo in einer Hütte aussetzen, zusammen mit ein paar Hunden, ich würde völlig zufrieden sein. Es gibt ein großes Gefühl von Unabhängigkeit, das sich in mir ausgebreitet hat. Für einen Partner ist das nicht immer leicht.

«Brauchst du mich eigentlich noch?», fragte Jürgen, nachdem er seinen Bohrinselartikel ausgelesen hatte. Anscheinend hatte ihm meine Euphorie doch zu denken gegeben.

«Natürlich brauche ich dich.»

«Aber du könntest genauso gut allein leben, oder?»

«Das wäre für mich kein Problem, das stimmt», gab ich zu. «Aber das heißt nicht, dass es mir nicht wichtig ist, mit dir verheiratet zu sein. *Brauchen* klingt nur ein wenig nach Unfreiheit, nach wenig selbständigem Denken. Doch ich finde, dass wir eine Beziehung auf Augenhöhe haben. Etwas Schöneres kann ich mir nicht vorstellen.»

«Ja, ja, ich will auch keine andere Frau haben als dich, aber manchmal könnte ich mir schon vorstellen ...»

Ich warf ein Sofakissen nach ihm, und wir beide mussten lachen. Dann aber wurde ich ernst.

«Ich weiß, dass es für dich anfangs schwierig war, dich an diese Einsamkeit zu gewöhnen. Aber wie ist das jetzt für dich?»

«Es war schon eine gewaltige Umstellung gewesen, besonders dass man es nicht mehr so bequem hat wie früher. Einfach mit dem Auto ankommen, aussteigen und ins Haus fallen. Der See vor unserer Haustür, der Blick jeden Tag auf ihn, das ist schon sensationell, aber eben eine Herausforderung. Und dass ich in den Übergangsphasen im Hotel leben muss, ist auch nicht gerade das, was ich mir so vorgestellt habe.»

«Würdest du lieber in einer Stadt wie Philadelphia leben wollen?» Konzentriert sah ich Jürgen an, seine Mimik wollte ich mir nicht entgehen lassen.

Mein Mann schien nachzudenken, er blickte hinaus auf den See, den ich zu «unserem See» deklariert hatte, er gehörte einfach zum Haus dazu. Dann schüttelte er den Kopf. «Nein, das ist nicht mehr mein Ding. Vor zehn Jahren hätte ich es vielleicht noch ganz toll gefunden, so urban zu leben, und in gewisser Weise kann ich durch den Job ja auch immer wieder diese städtische Welt genießen. Aber mein Zuhause ist hier.»

Mein Zuhause – das gefiel mir, dass Jürgen es so formuliert hatte. Ich fühlte mich erleichtert, denn zu zweit war ein Leben letztlich doch schöner.

«Hier ist auch mein Zuhause», sagte nun Steven, der gerade zur Tür hereingekommen war und die letzten Worte seines Vaters aufgeschnappt hatte. «Ich will überhaupt nicht mehr von hier weg. Ihr braucht gar nicht daran zu denken, von meiner Heimat wegzuziehen.»

Strahlend schaute ich meinen Sohn an, der inzwischen siebzehn war. Ich hatte also damals alles richtig gemacht. Noch immer steht er jeden Morgen um Viertel vor sechs auf, um dann erst gegen vier, fünf wiederzukehren. Das alles aber nimmt er auf sich, weil es ihn nach Hause zieht.

Ich hatte ihm vorgeschlagen: «Ist es nicht besser für dich, wenn du in Rjukan lebst? Dann könntest du dich häufiger mit Mädchen verabreden.»

«Mama, das kommt überhaupt nicht in Frage. Und Mädels lerne ich auch so kennen. Alles ist gut und schön, so wie es ist.»

Ich musste an meine beiden anderen Kinder denken, Raffaella und Maurice, die inzwischen zwei- und vierunddreißig waren. Sie hätten das Leben in der Wildnis nicht ertragen, das waren Remmidemmi-Kinder gewesen, ständig mussten sie etwas um die Ohren haben. Steven ist anders. Ihm ist Remmidemmi eher suspekt. Besucht mich Raffaella mit ihren drei Kindern, bekommt sie spätestens am dritten Tag einen Koller, weil sie nicht einfach vor die Tür treten und shoppen gehen kann. Für mich unverständlich. Mir vorzustellen, ich fahre in eine Innenstadt hinein, stürze mich ins Gedränge von diversen Kaufhäusern und Boutiquen, setze mich nach dieser Hektik noch in ein übervolles Café, trinke eine Latte macchiato, um dann zu sagen: «Wow, was habe ich für einen tollen Tag gehabt!» – unbegreiflich. Tue ich Raffaella den Gefallen und gehe mit ihr einkaufen, kann sie es nicht fassen, dass ich nach einer Stunde wieder nach Hause will. Ich habe im Laden sofort eine passende Hose gefunden, weitere Geschäfte will ich nicht mehr aufsuchen, und der Milchkaffee war lecker, aber einer reicht. Ansonsten sieht alles gleich aus. Inspiration finde ich in Städten nicht.

Raffaella protestiert dann: «Bei dir, Mama, sieht alles gleich aus. Nicht hier in der Stadt.»

Ich empfinde es anders. Ich stehe am Fenster, schaue auf den See hinaus, und plötzlich wundere ich mich. Wo kommt denn dieser Stein her? Der hat doch dort die letzten sieben Jahre nicht gelegen, oder? Nie ist er mir aufgefallen. Wieso ist der plötzlich vor meinem Fenster? Es ist die Natur, die mir jeden Tag ein neues Gesicht bietet. Das finde ich grandios. Und bei Vicky hat sie etwas bewirkt, das sie nie vergessen wird. Bei jedem Besuch in Hamburg erzählt sie mir davon. Und dann fahren wir hinaus mit dem Fahrrad und erkunden die Parks und Flüsse der Stadt. Shopping? Nur um Sachen zu kaufen, damit wir zusammen kochen können.

Auf nach Osten! Allein!

Ein heftiger Schneesturm wütete Mitte Januar, er hatte das ganze Land im Griff. Der Wind heulte, unser Holzhaus klapperte an allen Ecken und Enden, es klang drohend und unheilverkündend. Die Hunde waren in ihren Hütten nicht mehr zu sehen, denn die dicht herumwirbelnden Schneeflocken verhinderten jeden Blick vom Fenster aus. Himmel und Erde schienen eins zu sein. Tagelang wollte sich der Sturm nicht legen und das Wetter aufklaren, aber es stand außer Frage: Rob und ich mussten los, wenn wir rechtzeitig in Togliatti ankommen wollten.

Unter großen Mühen verluden wir, gegen den Orkan ankämpfend, die Hunde, insgesamt zwölf. Vorher war es übers Eis gegangen. Rob hatte wieder meinen Ersatzschlitten bekommen, den ich sowieso mit nach Russland nehmen wollte. Die Huskys waren unruhig, kein Wunder, denn wenn sie still gestanden hätten, wären sie sicher zu Eisblöcken erstarrt. Nicht nur der Wind tobte, es herrschte auch eine klirrende Kälte. Ausgewählt hatte ich Buck, Aslan, Bris, Trolli, Line, Sievers, Donna, Mik'maq, Shiba, Ella, K2 und Stitch, je zwei von ihnen teilten sich eine Box, da hatten sie ausreichend Platz. Rob brachte seine Hunde in dem Transporter unter, mit dem er bei uns eingetroffen war und den er bislang nur einmal von der Stelle gerührt hatte. Wir starteten mit zwei

Autos, da Rob, der eigentlich mein Fahrer war, seinen Wagen inklusive Hänger nicht bei uns lassen wollte, sondern bei einem Onkel. Die Hunde wollte er dann mit in meinem Hänger verstauen, Platz genug gab es ja dazu.

«Er wohnt gleich hinter der schwedischen Grenze», sagte er zur Erklärung. «Ein Tierarzt.» Insgeheim hoffte ich, dass mir der Onkel die Antibiotika zurückgab – ich Optimistin.

«Aber ich will deinetwegen nicht die Hauptstraße verlassen», beharrte ich. «Große Umwege kommen keineswegs in Frage.»

«Machen wir auch nicht», versicherte Rob.

Die Autofahrt war eine Katastrophe. Straßenverläufe waren zu erahnen, aber nicht definitiv zu bestimmen. Immer wieder hatte ich das Gefühl, in einen Graben zu rutschen. Keineswegs durfte das passieren, denn dann konnte ich gleich aufgeben. Nachdem wir Stunden unterwegs waren, rief ich Rob auf seinem Handy an. Immerhin war er vorausgefahren und hatte eine Fahrspur hinterlassen, an der ich mich orientieren konnte. Oft war sie aber schon im nächsten Moment verwirbelt und nichts mehr erkennbar.

«Die Hunde müssen raus», teilte ich ihm über das Mobiltelefon mit. «Wir hätten schon längst anhalten sollen.» Ich war so ungeduldig wie meine Hunde, wenn sie merken, dass sie in den Hänger eingeladen werden.

«Es ist nicht mehr weit, bei der nächsten Kreuzung müssen wir die Hauptstraße verlassen. Es dauert wirklich nicht mehr lange.»

Ich ließ mich überreden, bis zur Ankunft beim Onkel mit dem Rauslassen der Huskys zu warten. Hätte ich gewusst, was Rob unter «nicht mehr lange» verstand, ich hätte Protest eingelegt. Geschlagene anderthalb Stunden mussten wir uns nämlich noch durch die Winterhölle quälen, bis Rob mitten in der bereits eingebrochenen Nacht vor der Tierklinik seines Verwandten zum Stehen kam.

Der Onkel, ein grummeliger, düster aussehender Sechzigjähriger, den man in jedem Film als Pferdeschlächter hätte besetzen können, begrüßte uns kurz. Er zeigte, wohin wir mit unseren Hunden gehen konnten, danach wies er uns zwei Zimmer zu, einen Raum mit einem Bett, einen anderen, in dem es ein solches nicht gab.

«Mir geht es gar nicht gut», jammerte Rob auf einmal. «Ich habe furchtbare Zahnschmerzen. Ich glaube, ein Zahn ist mir abgebrochen.» Damit wollte er mir zu verstehen geben, dass er, der Kranke, ein Anrecht auf das Zimmer mit Bett hätte.

«Ich kann in meinem Schlafsack auch auf dem Boden schlafen», sagte ich, um keinen Streit zu provozieren. «Ich habe auch noch eine Isomatte dabei, die kann ich als Unterlage nehmen.»

Nachdem ich es mir auf dem Boden so einigermaßen bequem gemacht und einige Powerriegel gegessen hatte (der Onkel kam nicht auf die Idee zu fragen, ob wir Hunger hätten), dachte ich lange über Rob nach. Langsam wurde es auch mal Zeit. Mein Fahrer schien ständig krank zu sein. Erst war es die Hand, jetzt schien etwas mit seinen Zähnen nicht in Ordnung zu sein. Ich erinnerte mich daran, was ich über Facebook erfahren hatte, nämlich dass er sich wenige Wochen vor seiner Ankunft in Varmevoll den Fuß gebrochen hatte – davon hatte ich aber nichts mehr bemerkt, er war völlig normal herumgelaufen. In den zwei Wochen, die er bei uns lebte, war er einmal nach Rjukan gefahren, um sich

die Lunge röntgen zu lassen. «Ist alles in Ordnung mir dir?»,
hatte ich ihn nach seiner Rückkehr gefragt. «Wir wollen nach
Russland und nicht auf eine Beauty-Farm.» Er hatte genickt
und gemurmelt, er hätte eine Krebserkrankung, da müsse er
hin und wieder zur Kontrolle. Als ich wissen wollte, was das
genau für ein Krebs sei, meinte er nur lapidar: «Das ist nichts,
woran man jetzt stirbt.» Und nun das mit dem abgebroche-
nen Zahn. Ob er morgen darauf pochte, zu einem Zahnarzt
gehen zu müssen? Mit diesem Gedanken schlief ich ein.

Am nächsten Morgen schien Rob gut gelaunt zu sein, doch
was sagte er?

«Wir können nicht weiterfahren, ich muss hier in Schweden noch zu einem Zahnarzt.»

Ich hatte es nicht anders erwartet. Ich fühlte mich ausgeruht und schaute aus dem Fenster. Das Wetter hatte sich
nicht geändert. Der wilde Tanz der Schneeflocken ging weiter. Auf Robs Bemerkung ging ich nicht ein, ich musste mir
noch mehr Klarheit verschaffen, über meinen Fahrer und
über mich selbst.

Vor dem Frühstück versorgten wir unsere Hunde, danach
packte Rob seine persönlichen Sachen in meinen Mercedes-
Transporter und die für die Hunde, also das ganze Futter-
fleisch, in meinen Hänger. Es mussten nur noch seine Hunde
in die freien Boxen gebracht werden, das aber wollten wir
erst nach dem Frühstück erledigen, zusammen mit meinen
Huskys.

Rob ging schon in die Küche, ich hatte draußen noch etwas
zu tun, wobei ich davon ausging, dass er Kaffee für uns kochte
und den Tisch deckte. Nicht so Rob, der anscheinend noch
nie etwas von Teambewusstsein gehört hatte. Er schlürfte

seinen Kaffee und bestrich sich gerade eine Scheibe Brot dick mit Butter und Wurst, als ich in die Küche trat. Es war nicht zu erkennen, dass er eine Tasse und einen Teller für mich aus dem Schrank herausgeholt hätte. So konnte es nicht weitergehen.

Bevor ich etwas sagte, nuschelte er, weiter an seinem Brot herumkauend: «Ich habe hier bei meinem Onkel noch Geschirre für die Hunde, die kann ich doch mitnehmen, oder? Dann kann ich mit deinem zweiten Schlitten fahren.»

Fast wäre ich vor Wut geplatzt. «Das geht nicht!», rief ich empört aus. «Wer fährt denn das Rennen, du oder ich? Falls mein Schlitten dabei kaputtgeht, brauche ich den zweiten Schlitten als Ersatz.» Unfassbar, wie er überhaupt auf einen solchen Gedanken kommen konnte! Ich konnte mich gerade noch beherrschen, nicht etwas zu tun, was ich später bereuen würde.

«Rob, ich habe ein Problem mit dir», fügte ich hinzu. «Wir sind ein Team, und bevor wir eine solch große Tour unternehmen, müssen wir etwas klären: Bei einem Team wird miteinander gefrühstückt, da macht nicht jeder sein Ding.»

Rob schaute mich verärgert an, sein Ton war alles andere als freundlich, schon gar nicht entschuldigend. «Setz dich endlich hin und frühstücke. Was soll denn der ganze Mist?»

Ich war aber noch nicht am Ende, ich musste ihm weiter deutlich meine Meinung sagen: «Und es geht auch nicht, dass du über meinen Schlitten bestimmst. Von Anfang an habe ich dir gesagt, dass du, wenn du deine Hunde mit nach Russland nimmst, keine Zeit für sie haben wirst. Wir werden drei, vier Wochen unterwegs sein, da ist es völlig egoistisch von dir gedacht, wenn du die Huskys nur im Hänger hältst und sie keine Bewegung bekommen. Können wir vielleicht eine Lösung finden, dass du die Hunde hier bei deinem Onkel lässt?»

In diesem Moment sprang Rob auf und pfefferte sein Brot quer über den Tisch. Breitbeinig stellte er sich vor mich hin und sagte laut: «Weißt du was? Ich hole meine Sachen wieder raus und bleibe da.»

Wenn er gehofft hatte, ich würde jetzt einknicken und ihn anflehen: «Bitte, bitte, Rob, tu mir das nicht an, du kannst mich doch jetzt nicht im Stich lassen», dann hatte er sich getäuscht. Er hatte sich auf Facebook als Mensch mit einem großen Herzen angepriesen, herzlich und hilfsbereit, ich hatte nur ein ganz kleines für ihn übrig.

«Keine schlechte Idee, mach das», sagte ich.

Danach stand ich auf, ging nach draußen und schmiss sein Hundefutter und sein Equipment auf die Erde. Dann erklärte ich dem verdutzten Rob, der mir wie ein begossener Pudel nach draußen gefolgt war: «Das war deine Entscheidung, nicht meine. Das will ich nur klargestellt haben, falls du glaubst, du müsstest überall herumerzählen, ich hätte dich rausgeschmissen.»

Der Mann mit dem großen Herzen fing auf einmal zu weinen an.

Ich blieb hart, ich ließ mich nicht durch Männertränen erweichen. Es ging einfach nicht mit ihm, ich kam nicht mit ihm zurecht. Allein schon das Durchschnorren bei uns, und nicht ein einziges Mal war er beim Training mit dabei gewesen, hatte nur meinen Umgang mit den Hunden kritisiert. Ich sagte: «Das Rennen ist dein großer Traum gewesen, du hast ihn dir leider selbst zerstört, dafür kannst du mich nicht verantwortlich machen.»

Im nächsten Moment dachte ich: Was habe ich an Zeit vergeudet, ich hätte schon wer weiß wo sein können. Unbedingt musste ich die Fähre von Schweden nach Finnland, von Kapellskär nach Naantali, bekommen, die Überfahrt war schon gebucht.

Ohne weiter ein Wort zu verlieren, widmete ich mich meinen Hunden, ließ sie in den Hänger und fuhr schließlich los. Rob war nicht mehr in meinem Kopf, ich war sogar erleichtert, da ich überzeugt davon war, es allein zu packen. *Take it easy*, Silvia – damit machte ich mir Mut, es hatte schon einmal geholfen. Nein, eine Umkehr kam nicht in Frage, erst recht kein Aufgeben, bevor es überhaupt angefangen hatte.

Der Sturm tobte, die Flocken versuchten mich in gemeinschaftlicher Aktion wegzudrängen, aber ich hatte auch meinen Dickkopf, und mit seiner Hilfe schaffte ich es gerade noch auf die Fähre, bevor sie ablegte; längst hatte sich das Meer in Dunkelheit gehüllt. Und so mühsam auch alles ohne Fahrer war, der Tag war ohne ein einziges Desaster verlaufen. In Russland hätte ich Rob nicht so einfach zurücklassen können! Eigentlich hatte ich Glück gehabt.

Die Nacht verlief ohne den geringsten Zwischenfall, die Mitarbeiter der Fähre waren so zuvorkommend, wie es bei Rob nicht einmal im Ansatz zu erkennen gewesen war. Sie hatten mir einen Platz zugewiesen, auf Deck, wo alles luftig war und die Huskys auch mal rauskonnten. Und sie hatten sogar gefragt, ob sie ein Auge auf die Tiere werfen sollten. First-Class-Service.

Als ich aufwachte und die finnische Küste sah, die von einer kraftvollen Sonne erstrahlt wurde, dachte ich: Es kann nur besser werden. Als ich endlich über finnischen Boden rollte, gab es nur eins: fahren, fahren, fahren. Bis zur russischen Grenze, wo mich Jurij erwartete. Als ich den Namen gehört hatte, hatte ich erschrocken nachgefragt, ob es der Jurij von Intourist sei, denn der würde nur Französisch können. Nein, hatte mir Nathalie versichert, eine Mitarbeiterin von Nikolai, es sei ein anderer Jurij.

Irgendwann erreichte ich die Grenze, wo Finnland aufhörte und Russland anfing. Ich zuckte zusammen. Über Kilometer hinweg sah ich nur Lkws, ein ewig langer Stau. Das konnte ja was werden! Bislang hatte ich an jeder Grenze nur kurz meine Papiere gezeigt. Hier sah es nicht danach aus, als würde es eine schnelle Abfertigung geben. Schließlich begriff ich, dass es mehrere Schalter gab, an denen man stoßweise zugelassen wurde – wenn die jeweilige Ampel grün zeigte. Die Fahrer stürzten sich dann auf den Schalter, als würde man sie dafür bestrafen, wenn sie langsam vorgingen.

Es lief dann doch zügiger ab, als ich angenommen hatte, und irgendwann durfte ich auf eines der Schalterhäuschen zulaufen. Dummerweise hatte ich nur ein Sweatshirt an, meine dicke Jacke hatte ich im Mercedes vergessen. Ein eisiger Wind wickelte mich ein, aber keineswegs wollte ich noch einmal zurück zum Auto rennen.

In dem Häuschen saß eine Russin, die keine Miene verzog, sie winkte nur mit der flach ausgestreckten rechten Hand, darin sollte ich Pass und Visum legen. Zugleich schob sie mir wortlos einen Zettel zu, stieß mit einem ihrer Finger der linken Hand drauf, was ich als «Ausfüllen!» deutete. Nachdem ich mir den Zettel genauer angesehen hatte, sagte ich bibbernd auf Englisch:

«Und? Da steht alles auf Russisch? Was soll ich da eintragen?»

«Es gibt das alles auch auf Englisch», sagte die Russin in einem derben Englisch und mit extrem tiefer Stimme.

«Klasse. Aber wo, wenn nicht bei Ihnen?»

«Drüben!» Sie wies zu einem Holzhäuschen etwas weiter entfernt, das von mehreren Soldaten mit Kalaschnikows umgeben war.

Ich rannte dorthin, die Arme um mich schlagend, zum Glück ließen mich die Waffenträger ungehindert durch. Drinnen wieder eine lange Schlange, aber wenigstens war es warm. Nachdem ich endlich mein Problem vorgetragen hatte, bekam ich eine englische Version des Zettels ausgehändigt, und nun verstand ich, dass es um den Mercedes-Transporter ging.

«Ich habe auch Hunde dabei», sagte ich, nachdem ich alles ausgefüllt hatte.

«Ja, ja, ist gut», erklärte man mir.

«Aber wenn ich Hunde dabeihabe, dann habe ich auch einen Hänger, und der wiederum ist an mein Fahrzeug gekoppelt.»

Keiner der Männer im Holzhäuschen reagierte.

Nächster Versuch. «Könnte das bei der Ausreise nicht problematisch werden?»

Wieder ignorierte man meine Bedenken, einer der Männer stempelte nur irgendetwas in den Pass und auf den Zettel, dann reichte er mir beides.

«Zettel ist ganz wichtig. Dürfen Sie nicht verlieren. Müssen Sie überall zeigen.»

«Ich werde schon darauf aufpassen», sagte ich, ohne zu wissen, dass das eine komplette Fehleinschätzung war.

Inzwischen waren zwei Stunden vergangenen, ich fand das fast human. Von anderen Wartenden hatte ich gehört, dass man mit bis zu acht Stunden rechnen musste, bis man seine Stempel erhalten hatte.

So einfach kam ich dann doch nicht davon. Neben meinem Auto stand ein russischer Beamter in Uniform, unter seiner Fellmütze funkelten mich zwei wässrig blaue Augen an.

«Verdammt, was ist das hier?», herrschte er mich auf Englisch an.

«Ist schon alles erledigt», strahlte ich ihn an und wedelte mit meinen Papieren. «Bin schon kontrolliert worden.»

«Sie sind noch gar nicht kontrolliert worden. Sie sind eben beim Zoll gewesen, das hier ist die Grenzkontrolle. Was haben Sie da in Ihrem Fahrzeug?»

«Meinen Schlafsack.»

«Schläft da jemand drin?»

«Nein, nur ich. Dachten Sie, darin würde ich einen Menschen reinschmuggeln wollen?»

«Man weiß nie. Und was ist dadrin in den Boxen?»

«Hunde.»

Der Grenzbeamte wollte sie natürlich sehen. Ich machte extra die erste Box auf, die von Buck und Aslag, zwei Hunde, die sich wunderbar miteinander verstehen, es aber partout nicht leiden können, wenn Fremde ihnen zu nah kommen, dann fangen sie nämlich an zu bellen. Ich konnte nicht umhin, den Beamten ein wenig zu ärgern, man hatte ja auch mich geärgert.

Buck und Aslag stimmten auch sofort ihr Geheul an, und der Grenzer sprang vor Schreck zwei Meter zurück. Er erinnerte mich an den John-Wayne-Polizisten in Kiel.

«Wie weit geht die Box rein?»

«Weit genug, dass die Hunde in ihr liegen, stehen und sich drehen können – ganz nach Vorschrift. Ich kann auch sämtliche Hunde herausholen, und Sie können überall reingucken.»

«Nein, nein, nicht notwendig», wehrte er ab, immer noch bleich im Gesicht. «Kann ich noch den Schlafsack sehen?»

Er durfte. Und danach durfte ich mit meinen Hunden in Russland einreisen.

Nun musste ich nur noch Jurij II. finden. Über Facebook hatten wir ausgemacht, dass er hinter der Grenze auf mich warten würde, auf dem nächsten Parkplatz, ich sollte nicht allein durch Russland fahren. Das hatte ich nett gefunden, und noch netter hätte ich es gefunden, wenn ich ein Auto auf dem Parkplatz entdeckt hätte. Aber weit und breit war niemand zu sehen.

Nathalie. Konnte sie mir weiterhelfen? Nachdem ich ihre Nummer gewählt hatte, ertönte das Besetztzeichen. Intourist? Ein Anruf in St. Petersburg konnte vielleicht auch Aufklärung geben. Jurij I. nahm das Gespräch an, aber da wir uns nicht verständigen konnten, reichte er mich an einen Kumpel weiter, der aber anscheinend ebenfalls kein Englisch sprach – oder nur so tat. Er brummelte jedenfalls etwas, das ich nicht verstand, dann legte er einfach auf.

Ich stand da in der Kälte, inzwischen mit Jacke, und dachte nur: Jetzt hast du noch gute sieben Stunden bis nach St. Petersburg. Dort wollte ich übernachten. Auch das hatte ich über Facebook ausgemacht. Über Facebook geht alles. Russische Musher hatten sich bereiterklärt, mir und den Hunden eine Herberge zu geben. Bevor ich mich aber allein auf den Weg machte, wollte ich nochmals versuchen, Nathalie zu erreichen. Diesmal hatte ich ein Freizeichen, kurz darauf meldete sie sich.

«Jurij kommt morgen nach St. Petersburg», sagte sie sofort, ohne dass ich auch nur etwas von dem leeren Parkplatz erzählen konnte.

«Ich dachte, er sollte hinter der Grenze auf mich warten.» Die Bemerkung konnte ich mir nicht verkneifen.

«Das war ein Missverständnis.»

«Aha, ein Missverständnis. Jurij hatte bei dem Wetter wohl keine Lust gehabt hierherzufahren. Egal. Was mache ich jetzt?»

«Alles wird gut», meinte Natalie.

Wie oft hatte ich das schon gehört! «Putin beschützt mich wohl.»

«Genau, Putin beschützt dich.»

Damit war das Telefonat beendet. Mir blieb nichts anderes übrig, als wie bisher allein weiterzufahren. Ich setzte mich ans Steuer – und dann klack, klack, klack. Eine Tür nach der anderen verriegelte ich, bis ich nach fünf Minuten Fahrt laut ausrief: «Wie bescheuert ist das denn! Stell dich nicht so an, Silvia! Keiner wird in Russland die Türen aufreißen und dich aus dem Auto zerren, genauso wenig wie man es in Schweden und Finnland getan hat. Hier leben auch nur Menschen.» Im nächsten Moment ließ ich sämtliche Riegel wieder hoch. Was hatte ich doch für dämliche Vorurteile in meinem Kopf!

Gegen die russischen Straßen war nichts zu sagen, aber die Gepflogenheiten, was das Autofahren betraf, die waren alles andere als westlich. So fuhr ich auf meiner Seite, und auf einmal kam mir ein anderer Autofahrer entgegen, der gerade ein anderes Fahrzeug überholt hatte. Und nun benutzte er die Lichthupe? Moment mal, dachte ich, ich bin doch richtig! Das ist meine Fahrspur. Aber ich sollte beiseitefahren, damit er sich durchdrängeln konnte. Noch war Tag, aber wie sollte ich mit diesen Gepflogenheiten in der Dunkelheit fertigwerden? Meine Hoffnung lag bei Jurij II. Als Russe musste er sich mit den hiesigen Fahrteufeln auskennen.

St. Petersburg erreichte ich noch im Hellen, aber die Strecke hatte sich gezogen. Anton, der Musher, bei dem ich übernachten sollte (kostenlos, in der Musher-Community läuft alles auf freiwilliger Basis), wohnte im Westen der Stadt. Doch jegliche Orientierung war unmöglich, da die meisten Abfahrten in kyrillischen Buchstaben ausgeschildert waren. Es blieb mir nur übrig, meine eigene Karte von St. Petersburg im Auto auszubreiten und Anton anzurufen. Er arbeitete für die Computerbranche, sein Englisch war perfekt.

Er beschrieb mir ein außergewöhnliches Schild und gab mir noch einen weiteren brauchbaren Hinweis: «Danach erreichst du IKEA, dort musst du die Abfahrt nehmen.» Das klang nachvollziehbar.

Schneeregen setzte ein, und die Dämmerung war auch schon eingebrochen. Das Schild übersah ich, entdeckte aber trotzdem ein IKEA-Gebäude, nur keine Ausfahrt. Erneuter Anruf bei Anton. Es stellte sich heraus, dass es auf dem äußeren Ring um die Stadt zwei Zweigstellen des schwedischen Möbelhauses gab, ich war zu weit gefahren. Umdrehen. Das kostete mich noch einmal anderthalb Stunden. Ich sah mich schon draußen mit den Hunden übernachten – irgendwie krochen die Vorurteile wieder aus meinen Gehirnsynapsen, ich konnte es nicht verhindern.

Verzweifelt hielt ich an einer Tankstelle an, weil ich schließlich das Gefühl hatte, völlig den Überblick verloren zu haben. Einer der benzintankenden Autofahrer sah in meinen Augen so aus, als könnte er Englisch. Ihn sprach ich an. Er konnte kein Englisch, aber seine Frau, die im Wagen saß. Sie wusste, wohin ich wollte, sie würden vorfahren, sagte sie. Wenn sie blinkten, müsste ich rechts abbiegen, schon wäre ich in der von mir gewünschten Straße.

Ohne das Paar hätte ich Anton in der Fünf-Millionen-Metropole nie gefunden! Doch statt bei meiner Ankunft erleichtert sein zu können, gab es noch eine kleine Hiobsbotschaft. Anton erklärte mir nämlich, es wäre besser, wenn ich meine Schlitten vom Hänger nehmen und bei ihm im hinteren Garten deponieren würde, seine hätten sie ihm vor zwei Tagen geklaut.

«O nein», rief ich. «Auch das noch.»

Aber es half nichts, meine Schlitten konnte ich nicht entbehren. Erst nach dieser Anstrengung konnte ich die Hunde rauslassen und füttern.

Gegen Mitternacht betrat ich schließlich das Haus, in dem Anton, der sehr sportlich wirkte und braune Haare und noch braunere Augen hatte, mit seiner Familie wohnte. Alle saßen am Tisch, Anton, seine sehr schmale und blasse Frau Elena sowie die ungefähr siebenjährige Tochter Natascha, die mir ihr Zimmer für die Nacht überlassen würde. Und jeder war mit einem Laptop oder seinem Handy zugange und spielte irgendwelche Spiele. Musste das Kind nicht längst im Bett liegen? War nicht morgen Schule?

Elena stellte mir mit freundlicher Miene einen aufgewärmten Eintopf auf den Tisch, der kräftig war und gut schmeckte.

Wir redeten noch eine Weile miteinander, bis Anton gegen halb eins sagte: «Jetzt gehen wir schlafen.»

Ich hatte nichts dagegen, ich schlief in dieser Nacht tief und traumlos. Jede Faser in meinem Körper brauchte Erholung.

Dann schlug Jurijs Stunde – und ich war längst nicht so überrascht, wie man hätte denken können: Jurij II. war doch Jurij I. Er war ein Mann unbestimmten Alters, was meistens Mitte vierzig bedeutet. Mit seiner breiten Nase, den dicken Lippen, der breiten Stirn und den dunklen Haaren sah er aus wie ein etwas älterer, kleinerer und verlebter Bruder von Wladimir und Vitali Klitschko. Mir schien, als hätte er eine gewisse Neigung zu einem Getränk namens Wodka. Seine grauen Augen, die so gar nicht klar wirkten, verbargen sich hinter dick aufgepolsterten Fleischkissen.

«Hallo», begrüßte er mich. «Wir haben noch tausend Kilometer bis Moskau. Wir müssen los.» Das war eine klare Direktive. Anton übersetzte, er musste erst später zu seinem Job. Elena und Tochter Natascha hatten schon das Haus verlassen. Aber war das auch meine Direktive?

«Wieso Moskau?», fragte ich. «Das ist eine riesige Stadt, doppelt so groß wie St. Petersburg. Außerdem habe ich weit vom Moskauer Gürtel entfernt schon eine Übernachtung für uns ausgemacht.»

Jurij I. und II. wehrte ab. «Das ist verkehrstechnisch total idiotisch. Über Moskau ist der kürzere Weg. Außerdem kannst du bei mir schlafen.»

Daher wehte also der Wind. Der Mann wollte nach Hause, und ich war mir sicher, dass die Strecke länger war. Dennoch sagte ich: «Okay, wir machen es so, wie du willst. Du wurdest mir zur Verfügung gestellt, weil du das russische Straßensystem kennst. Ich hoffe, das stimmt. Aber kann ich bei dir auch die Hunde unterbringen?»

«Ich habe Platz. Eine große Garage.»

«Okay.» Mein Bauch sagte mir etwas anderes. «Doch es bleibt ein Problem. Wie kommunizieren wir miteinander? Anton werden wir kaum als Übersetzer mitnehmen können.»

Jurij holte aus der Innentasche seines silbern-schwarzen Anoraks ein Tablet. Er zeigte darauf und sagte: «Google-Übersetzer, der wird Anton ersetzen.» Dabei lachte er dröhnend, und seine Augen waren nur noch dunkle Schlitze, als hätten die Fleischkissen sie verschluckt. Erst als er sich wieder beruhigt hatte, kamen sie wieder zum Vorschein.

Und tatsächlich: Hatten Jurij und ich Wichtiges auszutauschen, dann gab er das beim Übersetzungsservice von Google ein, der es frank und frei übersetzte, mithin nicht immer politisch korrekt. So absurd wie die Reise mit Rob begonnen hatte, so absurd ging sie mit Jurij weiter.

Nicht, dass er, der sich ja auf den russischen Straßen bestens auskennen sollte, nach dem Aufmontieren der Schlitten und Einladen der Hunde den Fahrerplatz einnahm – nein, der Beifahrersitz war sein Zuhause. Wahrscheinlich hatte er noch zu viel Restalkohol vom Vorabend im Blut. Und weil ich kein Risiko eingehen wollte, protestierte ich auch nicht. So langsam hatte ich mich eingefahren, die langen Strecken machten mir nichts aus.

Also, auf nach Moskau!

Nichts ohne Google-Translator

«*Police, police*», rief Jurij. Es war das einzige Wort, das er auf Englisch sagen konnte. Dann musste ich runter vom Gas – ich neigte dazu, schneller zu fahren, als erlaubt war. Vor jeder Ortschaft, die wir durchqueren wollten, standen Polizeiautos; mit Hilfe von Kameras wurde entschieden, welches Fahrzeug man herausziehen konnte, um es zu kontrollieren. Ich wurde jedes Mal angehalten. Norwegisches Kennzeichen (das für die Russen wie ein polnisches aussieht), Hänger, Schlitten auf dem Dach, Frau am Steuer. Jeder der Polizisten dachte sich wohl: Das haben wir lange nicht mehr gehabt, das könnte interessant werden.

«Papiere! Papiere!» Natürlich wollte man immer meine Papiere sehen.

«Versicherungskarte vom Hänger!»

«Habe ich nicht, der Hänger ist zusammen mit dem Auto versichert.»

«Grüne Versicherungskarte!»

Ich übergab eine Kopie meiner grünen Versicherungskarte, da ich das Original nicht hatte mitnehmen wollen. Und weil es eine Kopie war, war sie weiß, also nicht mehr grün.

Die Polizisten sahen sich alles an, danach ließen sie uns weiterfahren. Bei jedem Stopp war es eine Angelegenheit von wenigen Minuten. Nur Jurij passte es nicht, dass die grüne

Versicherungskarte nicht grün war. Er hatte für sich beschlossen, dass ich demnach nicht versichert war. Er machte so viel Aufhebens darum, dass ich Jürgen in weiser Voraussicht eine E-Mail schrieb: «Scanne mal bitte meine grüne Versicherungskarte mit dem Farbkopierer ein.» So konnte ich im Zweifelsfall beweisen, wie grün eine Kopie sein konnte.

Jurij hatte aber noch eine andere Eigenschaft, die mich an den Rand des Wahnsinns treiben sollte. Es ging nicht nur darum, dass ich wieder keinen Fahrer hatte. Er weigerte sich vehement, auch in den nächsten Tagen, sich hinters Steuer zu setzen. Und der morgendliche Restalkohol, der in seinem Atem zu mir hinüberdampfte, ließ keine Einwände zu. Viel schlimmer war, dass Jurij mein Auto konsequent für sich eroberte, zumindest die Beifahrerseite.

Ich hatte eine bestimmte Ordnung, sodass ich genau wusste, wo meine Papiere waren, meine Stirnlampe, meine Handschuhe etc. Manches hatte ich auf den Boden gelegt, das hatte sich bei meiner Solotour durch Finnland gut bewährt. Und gerade die Handschuhe waren sehr wichtig. 2001 hatte ich ja das erste Mal am Yukon Quest in Alaska teilgenommen, jenem Langstreckenrennen für die vierbeinigen Athleten. Es war so kalt gewesen, dass mir meine Finger erfroren waren. Durch die Schwere der Erfrierungen sind die Nervenenden an den Fingerkuppen geschädigt, eigentlich kann ich froh sein, dass ich überhaupt noch meine Finger habe. Gerade bei Kälte sind sie sehr schmerzempfindlich. Im Grunde müsste ich schon bei plus zwei Grad Celsius Handschuhe anziehen, weshalb ich beim Training immer welche in greifbarer Nähe habe, dünnere, dickere, sechs Paar mindestens, und beim Rennen noch viel mehr, weil man die so leicht verliert. Das

Risiko, deshalb nochmals Erfrierungen davonzutragen, das wollte ich keineswegs mehr eingehen. Folglich war mir meine Ordnung extrem wichtig.

Jurij räumte aber bei seiner Beschlagnahme alles um, meine Handschuhe hatte ich plötzlich nicht mehr im Blickfeld. Stattdessen packte er seine Sachen aus, das Kabel für sein Telefon, das Kabel für sein Tablet, später, nicht zu vergessen, die geschmierten Brote von Ehefrau Gruscha. Ich nannte seinen Beifahrersitz nur noch «Jurijs Büro».

«Jurij, wo sind meine Sachen? Wo ist meine Taschenlampe?»

«Warte!»

Dann kramte er eine ziemlich lange Weile, bis er das gefunden hatte, wonach ich gefragt hatte. Er okkupierte aber nicht nur den Beifahrersitz, beim Rennen selbst, nach Erreichen des ersten Checkpoints, hatte er von meinem gesamten Auto Besitz ergriffen. Das war ganz schnell gegangen, denn Jurij hatte beschlossen, während des Rennens noch einen Kumpel mitzunehmen, und bei dem einen blieb es nicht, es kamen immer wieder neue hinzu. Meine Sachen hatte er schließlich irgendwo in die Ecke gepfeffert, um für seine «Freunde» Platz zu haben. Ich gab ihm deutlich zu verstehen: «Noch bestimme ich, wer in meinem Auto mitfährt, nicht du!» Es war nicht nur das mangelnde Englisch, das ihn weghören ließ, er war auch der Typ Macho, der sich von solchen Aussagen nicht im Geringsten beeindrucken ließ.

Immerhin wies er mich zielsicher zu seiner Moskauer Wohnung. Sie lag mitten in einem riesigen Häusermeer, eine gigantische Siedlung, eine Betonfassade nach der anderen. Weit und breit sah ich keinen Ort, wo ich die Hunde unterbringen konnte. Es war zwar draußen trocken, kein Schnee oder Regen fiel, doch es herrschten minus 25 Grad Celsius, so kalt war es schon lange nicht mehr in Moskau gewesen. Das jedenfalls wusste Jurij mir über seine Übersetzungsmaschine mitzuteilen.

«Und wo ist die Garage?» Ratlos sah ich Jurij an. Er tippte etwas auf seinem Tablet, und gleich darauf präsentierte er mir die Übersetzung: «Etwas weiter ist ein bewachter Parkplatz.»

«Aber ein Parkplatz ist keine Garage», wandte ich ein.

Tablet: «Parkplatz ist Garage, da überwacht.»

Auch eine Logik, aber immerhin stimmte sie zum Teil sogar. So musste ich jedenfalls meine Schlitten nicht vom Dach des Hängers nehmen, auch lag er geschützt, sodass der Wind nicht zu eisig um ihn herumpfiff. Das gab etwas Hoffnung, dass der Motor am nächsten Morgen nicht versagen und trotz der klirrend kalten Nacht wieder anspringen würde. Eine Garage wäre dennoch besser gewesen. Der Musher, bei dem ich eigentlich übernachten wollte, hätte eine gehabt, aber ihm hatte ich übers Internet absagen müssen.

Jurijs Ehefrau war eine freundliche Mamutschka, die wusste, wie sie ihren Mann bei Laune halten konnte. So stellte Gruscha ihrem Jurij die angewärmten Puschen hin, es hätte nur noch gefehlt, dass sie ihm nach dem Essen den Mund abgeputzt hätte. Gruscha hatte eine Freundin gebeten, mit uns zu essen. Alina war eine hagere brünette Deutschlehrerin, und so klappte es einigermaßen mit der Verständigung. Die drei jedenfalls waren sich einig. Sie tranken Wodka wie ich Wasser.

Nach dem Essen wurde der Tisch beiseitegeschoben, damit die Aussicht auf den gigantischen Fernseher und die vielen im Zimmer herumstehenden Schränke und Regale (oft leer) unverstellt war. Ich hatte das Gefühl, im Flur einer Behörde zu sitzen, gleich würde man mich aufrufen, bis dahin durfte ich zur Ablenkung noch ein bisschen russisches Fernsehen gucken. Es war schon sehr kurios. Zum Glück schlief ich später im Wohnzimmer in meinem Schlafsack wie ein Stein.

Als Jurij und ich frühmorgens startklar waren, rannte Gruscha ihrem Mann noch hinterher, um ihm liebevoll beschmierte Brote zuzustecken. Dann wurde ihm die Strickmütze aufgesetzt und der Reißverschluss der Jacke zugemacht. Super Service. Küsschen hier, Küsschen da, dann wurde es aber auch Zeit, denn wieder hatten wir eine Strecke von mindestens tausend Kilometern vor uns, am Abend wollten wir in Togliatti sein.

Gruscha hatte mir beim Essen über Alina erklären lassen, ihr Mann würde sensationell gut Auto fahren, in seinen jungen Jahren sei er Rennfahrer gewesen. Eine kurze Strecke ließ ich ihn denn auch ans Steuer, aber wirklich nur kurz, jeder weitere Kilometer hätte unweigerlich zu einer Verschrottung des Transporters geführt.

Nonstop ging es voran. Halt wurde nur gemacht, wenn die Hunde eine Runde Auslauf brauchten oder wir tanken mussten. Im Gegensatz zu Norwegen und Deutschland musste man zuerst bezahlen, bevor man ans Benzin durfte. Es war wohl zu häufig vorgekommen, dass jemand den Tank gefüllt hatte und ohne Cash einfach davongebrettert war. Ich war nur froh, dass eine Tankfüllung ein Drittel von dem kostete, was ich dafür in meiner Heimat zu zahlen hatte. Und was mich auch beruhigte: Ausländische Musher, so hatte es in der Ausschreibung gestanden, würden bei Vorlage der Tankquittungen bis zu 800 Euro erstattet bekommen. Dass ich später nichts erhielt, erklärte mir Nikolai mit den lapidaren Worten: «Tut mir leid, wir mussten das kurzfristig ändern, wir brauchten das Geld für andere Dinge.»

«Aber das könnt ihr doch nicht so einfach ändern», widersprach ich.

«Doch, das können wir.»

Ich lernte daraus: Selbst wenn man bei diesem Rennen etwas schriftlich hatte, hieß es noch lange nicht, dass man sich darauf verlassen kann.

Sechzehn Stunden waren wir auf den von Schnee geräumten Straßen unterwegs, und wie all die anderen Fahrer fuhr ich Schlangenlinie, um den Schlaglöchern auszuweichen. Die begannen etwa zweihundert Kilometer hinter Moskau und waren keineswegs zu vergleichen mit unseren in Norwegen. Ein Reifen konnte darin problemlos versinken, so tief waren sie. Ein Achsenbruch war zu jedem Zeitpunkt denkbar. Und es war nicht so, dass ich jedes Loch elegant umschiffte. Rums, da hatte ich wieder eins erwischt und saß für einen kurzen Moment fest. Die armen Hunde im Hänger! Aber ganz ungewohnt war dieses Gerumpel nicht für sie – obwohl Norwegen eines der reichsten Länder der Welt ist, kann man mit Fug und Recht behaupten, dass es mit die schlechtesten Straßen hat (sogar im Vergleich zu Russland, jedenfalls zwischen St. Petersburg und Moskau). Trotzdem verfluchte ich die Schlaglöcher. Warum hatte man die Straßen überhaupt von Schnee befreit? Noch so eine russische Marotte. Hätte man das nicht getan, wären die Löcher durch den Schnee zugestopft gewesen. Dann wäre das nicht so dramatisch gewesen.

Aber nicht nur die Straßen hatten sich verändert, auch die Dörfer, durch die wir kamen. Überall sah ich Menschen mit Wasserkanistern herumlaufen, für mich ein Zeichen, dass es Probleme mit der Wasserversorgung gab. Aber gab es grundsätzlich kein fließendes Wasser oder nur deshalb, weil es im Augenblick so kalt war? Jurij wollte ich nicht in eine derart komplizierte Unterhaltung verwickeln, aber ich dachte an mein Zuhause in Varmevoll, da war es in den vergangenen Wintern auch immer mal wieder vorgekommen, dass wir kein fließendes Wasser hatten, weil die Leitungen eingefroren waren. Dann mussten wir Schnee in einem großen Topf schmelzen, so wie ich es auch unterwegs bei Rennen machte, damit die Hunde genügend zu trinken hatten. Doch so ärmlich, wie diese Ortschaften wirkten, fürchtete ich, dass das Wasserproblem kein vorübergehendes war, das würde im Sommer kaum anders sein.

Besonders auffällig fand ich den Kontrast zwischen den Städten und Dörfern, wenn es um die russischen Frauen ging. Sobald man in die Metropolen hineinfuhr, trugen sie Stiefel mit hohen Absätzen, waren schlank, wärmten sich in Pelzmänteln, die Gesichter stark geschminkt. Mal mehr, mal weniger damenhaft. Außerhalb der Städte hatten die Frauen einige Kilo mehr drauf, liefen in wattierten Schuhen und Jacken umher, unter denen bunt gemusterte Wollkleider hervorlugten. Und von Make-up keine Spur. Viele sahen müde und blass aus, ihre Gesichter waren gezeichnet von einer großen Lebensanstrengung. Derart auffällige Gegensätze hatte ich in Deutschland oder Norwegen nie beobachtet, da gab es eine wesentlich größere Nähe zwischen Stadt und Land.

Ich überlegte, wie mich die Russen sahen, die russischen Frauen. Elena hatte an dem seltsamen Abend in St. Petersburg noch vor dem Zubettgehen gesagt, ich hätte für sie das Bild einer deutschen Frau komplett auf den Kopf gestellt. Ähnlich hatte auch Gruscha reagiert, aber angesichts ihrer «Fürsorge», was ihren Mann betraf, erstaunte mich das nicht im Geringsten. Wobei ich vergessen hatte zu fragen, wie sie sich denn eine deutsche Frau vorstellten. Vielleicht war ich ihnen mit meinen dunklen, ungezähmten Locken etwas befremdlich erschienen, aber letztlich vermutete ich etwas anderes, was ich dann auch später zu hören bekommen sollte: «Guck sie dir an: Die schreckt vor Kälte überhaupt nicht zurück. Und dann noch diese Ruhe und Gelassenheit.» Und das bei minus vierzig Grad Celsius, wo Russen mich fragten – Russen! –, ob ich wirklich hinaus aufs Eis wolle, es sei doch recht kalt. Ich hatte darauf geantwortet, so schlimm würde das schon nicht werden. Minus vierzig Grad, das war bei uns im norwegischen Norden keine Seltenheit. Aber Norwegen wurde bei den Russen ausgeklammert, sie sahen mich als Deutsche, und Deutsche leben nicht unter so extremen Bedingungen, wie ich es tue, denen musste eine derartige Kälte doch etwas ausmachen. Ehrlich gesagt: Selbst für Norweger ist meine Lebensweise recht ungewöhnlich und nicht für jeden nachvollziehbar.

Jedenfalls erhielt ich für mein Verhalten sehr viel Respekt. Dabei machte ich gar nichts anderes, als nur Silvia zu sein. Und das bedeutete, dass ich einfach mein Ding durchzog.

Das tat auch Jurij, auch er war konsequent. Nur konsequent anders.

Als es nur noch hundert Kilometer bis Togliatti waren, die Dunkelheit hatte uns längst umfangen, stieß ich unzählige Stoßseufzer der Erleichterung aus. Wir waren bislang nicht Opfer eines Schlaglochs geworden. Jurij rief Svetlana an, Svetlana sei, so erklärte mein Beisitzer digital, eine der Organisatorinnen des Volga Quest. Als Svetlana sich meldete, sagte Jurij (ich nahm es zumindest an): «Wir kommen spät in der Nacht an, aber wir kommen.» Keineswegs wollten wir an einem Straßenrand im Nirgendwo übernachten.

Es war weit nach Mitternacht, als wir Togliatti und das Hotel Rancho erreichten. Ein dreistöckiges Holzhaus, umgeben von Holzveranden, auf denen man sich im Sommer gut Schaukelstühle vorstellen konnte. Erhellt war es von bunten Lichterketten. In diesem «Saloon» – das Wort «Hotel» war auf einem westernähnlichen Holzschild zu lesen – sollten sich also alle Musher vor Beginn des Rennens treffen beziehungsweise untergebracht werden. In vier Tagen würde es aber erst losgehen, da blieb noch genügend Zeit, mit meinen Hunden zu trainieren, die hatten bestimmt große Lust, ihre Boxen zu verlassen.

In dem Moment, in dem wir vor dem Hotel hielten, öffnete sich die Eingangstür des Rancho, ein Sturzbetrunkener torkelte auf uns zu und wollte uns zeigen, wo der Parkplatz war. Mit den Huskys konnte ich hier vor dem Eingangsportal nicht stehen bleiben, das war klar.

«Da ... da ... für die Hunde», lallte er und fuchtelte mit seinen Fingern in eine Richtung, die ich nur als bergauf deuten konnte, ansonsten: unbestimmt. Immerhin schienen schon viele Tiere da zu sein. Dem war dann leider doch nicht so, ich war bislang die Erste, die angekommen war.

Der Parkplatz, wo ich den Hundeanhänger abstellen konnte, befand sich nicht direkt hinter dem Haus. In einer scharfen Kurve ging es durch Tiefschnee einen Hang hinauf; es wäre ja auch zu einfach gewesen, hätte diese lange Tour unkompliziert geendet. Plötzlich hing ich im Schnee fest. Mussten wir tatsächlich noch auf den letzten fünfzig Metern Schneeketten aufziehen? Es blieb uns keine andere Wahl, der Transporter bewegte sich keinen Zentimeter vorwärts. Mit dem Hänger würde ich sonst nicht mehr aus dem Weiß herauskommen.

«Jurij, Schneeketten anlegen!»

Jurij schnappte sich sein Tablet und erklärte, dass er schon mal schauen wolle, wie es auf dem Parkplatz aussah. Schneeketten anziehen – um Gottes willen, da würde er sich nur die Hände schmutzig machen.

«Stopp, so geht das nicht!»

Meinen russischen Begleiter interessierte das jedoch wenig. Der Parkplatz war aber auch nicht mehr von Belang – Jurij stieg nur aus dem Auto aus, das Tablet in der einen Hand, eine Zigarette in der anderen. Dann schaute er mir zu, wie ich die Schneeketten anlegte. Irgendetwas lief hier falsch. Ziemlich falsch.

Langsam keimte ein Verdacht in mir auf. War er überhaupt in der Lage, Schneeketten zu montieren? Auf einmal bezweifelte ich das. Und das als Rennfahrer, und das im schneereichen Russland. Doch bei einem Mann, dem die Ehefrau den Reißverschluss der Daunenjacke zumachte, war alles möglich.

Als wir schließlich den Parkplatz erreichten – ein großes, weites Feld –, bequemte sich Jurij, ein weiteres Mal sein warmes Büro zu verlassen, aber nur um mich dorthin zu dirigieren, wohin ich mich seiner Meinung nach zu stellen hatte. Dabei war der Platz vollkommen leer. Nicht mit mir.

«Ich bleibe hier stehen, ob es dir passt oder nicht», erklärte ich im Befehlston, es war mir egal, ob er mich verstand oder nicht, den Ton würde er schon richtig deuten. Dann sagte ich ebenso streng: «Du holst jetzt Wasser für die Hunde.» Er tat, wie ihm geheißen, er hatte ein gutes Gespür dafür, wann er mir kurzfristig gehorchen musste, um mich bei Laune zu halten.

Als die Hunde ihre Runde gedreht hatten und mit Futter und Wasser versorgt waren, stapften wir durch den Schnee zurück zum Hotel. Fünf Minuten gingen wir bestimmt noch durch die nächtliche Kälte. Nachdem wir eingetreten waren, hörte ich aus einer Musikanlage die Stimme von Johnny Cash. «Ring Of Fire». An der Rezeption hieß es, als wir unsere Namen nannten: «Ah, herzlich willkommen, ihr seid die Ersten.» Das hatten wir auch schon bemerkt. «Fühlt euch wie zu Hause, und etwas Warmes bekommt ihr auch zu essen.» Während ich mich umschaute, dachte ich, der, der das Hotel führt, muss einen Western-Tick haben. Nicht nur der Name wies darauf hin, auch die gesamte Einrichtung sah aus, als würde ich mich gerade in einer Herberge im Wilden Westen Amerikas befinden. Nur war ich im Wilden Osten gelandet. Machte das einen Unterschied aus? Das sollte ich noch herausfinden.

Begrüßt hatte uns an der Rezeption Robert, der auch der Besitzer des Hotel Rancho war, wie er uns lässig zu verstehen gab. Mit seinen Lederhosen, dem rot-schwarz karierten

Hemd und langen, undefinierbar graubraunen Haaren, die er in einem dünnen Zopf trug, passte er hervorragend in das Inventar. Wo hatte er nur seinen Cowboyhut? Ich war mir sicher, dass sich in seinen privaten Räumen einer finden ließ. Sein hervorragendes Englisch ließ mich vermuten, dass er einige Zeit in den Vereinigten Staaten zugebracht hatte.

Robert erklärte uns, dass im Laufe der Nacht noch Dr. Steinar Dagestad eintreffen werde, der norwegische Veterinär. Sein Flieger sei vor einer Stunde aufgrund der Witterungsbedingungen verspätet auf dem Flughafen Samara der gleichnamigen Wolga-Metropole gelandet, gut dreißig Kilometer von Togliatti entfernt. Im selben Moment öffnete sich wie von Zauberhand die Tür, und Steinar trat ein. Ich freute mich, ihn zu sehen, eine Person aus einer vertrauten Welt.

Steinar zog sich die grüne Mütze vom Kopf und den roten Anorak aus, wie immer trug der Endvierziger eines seiner obligatorischen hellblauen Jeanshemden. An seinem Oberlippenbart hingen ein paar Schneekristalle, die augenblicklich in der Wärme zu schmelzen begannen. Natürlich bekam auch er noch etwas zu essen, und weil wir alle glücklich waren, im Warmen zu sein, saßen wir noch gemütlich bis vier Uhr zusammen. Es ist so, wie es ist, dachte ich. Ich bin gut angekommen, es geht mir gut.

Kurz bevor wir zu Bett gehen wollten, sagte Ranchbesitzer Robert: «Silvia, ich brauche dein Einreiseformular.»

«Wozu das denn?» Verdutzt sah ich ihn an.

«In jedem Hotel, in dem du in Russland absteigst, musst du es abgeben, dann bekommst du einen Stempel. Und der ist wiederum wichtig für den Nachweis, wo du dich in unserem riesigen Land aufgehalten hast.»

So ganz wollte ich seine Aufforderung nicht unwidersprochen hinnehmen. «In Amerika gibt es auch solche Formulare, aber da muss man sie nicht vorweisen, wenn man in einem Hotel eincheckt.»

«Wir sind nicht in Amerika, wir sind in Russland.»

Da hatte Robert recht, das musste ich ihm zugestehen. «Ich gebe es dir morgen.»

«Nein, nicht morgen, noch heute Nacht. Sonst kann ich dir den Zimmerschlüssel nicht aushändigen.»

Ich fühlte mich auf einmal wie ein Terrorist, der ins Visier der Geheimpolizei geraten war.

Es stellte sich dann nach einigem Suchen heraus, dass ich das Formular (und noch einige andere Papiere) anscheinend verloren hatte, als ich (oder Jurij) unterwegs meine Papiere einem der vielen Polizisten vorgezeigt hatte, die vor den Ortschaften patrouilliert hatten. Ich fand es jedenfalls nicht in meinem Gepäck. Der Pass mit dem Visumsstempel reichte Robert nicht.

«Wir brauchen dein Einreiseformular. Sonst gibt es ein großes Desaster.»

«So groß kann das Desaster doch nicht sein.»

«Doch. Du musst morgen früh sofort nach Samara, damit du ein neues Formular bekommst. Jurij wird dir helfen.»

«Musst dass denn gleich morgen sein? Können wir das nicht auch übermorgen machen? Ich will nach der langen Fahrt endlich die Hunde rauslassen und sie für einige Stunden vor den Schlitten spannen. Die haben die Nase voll vom Anhänger.»

«Nein. Keine Widerrede. Morgen. Das ist mein letztes Wort.»

«Gut. Morgen.»

Jurij hatte – ich hätte es mir fast denken können – nicht die geringste Lust, mit mir nach Samara zu fahren, aber es blieb ihm nichts anderes übrig. In einem Keller war das Büro untergebracht, in dem besagte Formulare zu bekommen waren. Jurij wollte das allein managen, ich sollte draußen im Auto warten. Nach einer gefühlten Ewigkeit kam er aus den Tiefen wieder heraus und hielt mir stolz ein neues Einreiseformular entgegen. Nun, so dachte ich, würde er wieder zurück mit mir nach Togliatti fahren, unbedingt wollte ich zu den Hunden, doch er hatte andere Pläne. Wie sich herausstellte, wollte er mit Nikolai, mit dem ich über Facebook kommuniziert hatte und der plötzlich wie aus dem Nichts auftauchte, in eine Brauerei. «Da gibt es das beste Bier», so Google-Translator, «es wird in alten Cola- und Limoflaschen abgefüllt.»

«Aber nur kurz», gab ich nach, denn ich wollte den Race Marshall näher kennenlernen. Auf den ersten Blick konnte ich noch nicht viel sagen. Er hatte die Gestalt eines Briketts und schien vor seiner Zeit gealtert zu sein. Die Bewegungen verzögert, als hätte er am Abend zuvor auch zu viel russischen Wodka getrunken

Vor der Brauerei, einem weißen, verwohnt aussehenden Gebäude, parkte ich. Der Untergrund war leicht abschüssig, eigentlich nicht der Rede wert. Doch mein Gang sprang heraus, und dabei geschah es, dass mein Transporter ein anderes Fahrzeug touchierte. Sofort stieg ich aus, nichts konnte ich an dem anderen Auto entdecken, nicht die geringste Delle. Der Besitzer hatte das Schauspiel vom Eingang der Brauerei aus beobachtet, er kam angerannt, im Schlepptau eine Frau, die fast vollständig in Pelz gehüllt war. Weißen Pelz.

«Oh, mein Auto!», jammerte der Russe auf Englisch, er hatte an meinem Nummernschild sofort erkannt, dass ich Ausländerin war. «Es hat sich bewegt.»

«Ja, es hat sich bewegt», konstatierte ich. «Aber es ist nichts Schlimmes passiert. Nicht einmal eine Beule.»

Der Russe – rotgesichtig, beleibt, schwer atmend und in einen dicken Mantel mit braunem Pelzbesatz gehüllt – und seine Frau fanden es aber doch schlimm. Sie schimpften auf einmal wild herum. Und so wurde aus der kleinen Berührung ein «gigantisches Drama». Irgendwann reichte es mir, und ich sagte: «Ich denke, es ist besser, wir holen jetzt die Miliz.»

Jurij und Nikolai, die sich bisher als stumme Tatzeugen hervorgetan hatten, winkten heftig ab: «Bloß keine Miliz! Auf keinen Fall!»

«Ist mir auch recht, wenn wir das so regeln können, ich bin ja versichert. Hauptsache, wir stehen nicht noch Stunden hier rum.»

Ich machte Fotos mit meinem Handy und sagte, nachdem ich den «Schaden» dokumentiert hatte: «Ich fahre jetzt zurück.»

«Das kannst du nicht machen», schrie Nikolai auf, der zuvor an seinem Wagen gelümmelt hatte. «Du darfst das Auto nicht bewegen, nicht bevor ihr euch geeignet habt. Sonst kommst du ins Gefängnis.»

Ich startete meinen Mercedes.

«Richtig», mischte sich der «angefahrene» Russe ein, der zehn Meter gegen den Wind nach Rasierwasser roch. Würde man ihm die Hand geben, es wäre eine weiche Hand, und hinterher würde die eigene penetrant nach Eau de Toilette stinken. «Sie haben jetzt ganz schlechte Karten. Ich rufe meine Werkstatt an, die werden mir sagen, was die Reparatur kostet.» Seine Stimme hatte einen drohenden Unterton angenommen.

Solange er telefonierte, blieb ich noch. Mich interessierte, welche Summe er in Erfahrung gebracht hatte.

«400 000 Rubel.» Der Russe grinste mich hämisch mit seinem Bieratem an, nachdem er sein Gespräch beendet hatte. Das waren rund fünfeinhalbtausend Euro. Der Dame in Weiß war ein «Siehste!» ins Gesicht geschrieben.

«Sie haben der Werkstatt kein Foto geschickt», sagte ich ungerührt. «Die haben Ihnen sicher nur mitgeteilt, was ein Ausbeulen kosten würde, obwohl es keine Beule gibt.» Doch langsam wurde ich wütend. «Jurij, Nikolai, ruft die Miliz.»

«Die stecken dich ins Gefängnis, du hast deinen Wagen bewegt.» Die beiden waren abermals auf Abwehrkurs.

«Dann soll man mich doch festnehmen.» Oder hatten die beiden Angst, dass man sie genauer in Augenschein nehmen könnte?

«Silvia, du bist hier in Russland! Du bist Deutsche!»

«Das ist mir keineswegs entfallen. Der Mann hat ein Smartphone, er kann damit ein Foto von meinem Pass machen und mir dann die Rechnung ins Hotel schicken. Ich laufe nicht weg, ich bin noch bis zum 2. Februar hier.»

«Du bekommst wirklich großen Ärger.»

«Auf diesen Ärger bin ich gespannt.»

Der duftende Russe schoss schließlich ein Foto von meinem Ausweis, dagegen vermochte er keine Einwände anzubringen. Anschließend startete ich erneut meinen Transporter und fuhr davon. Wie erwartet: Nie wieder hörte ich etwas von dem Russen, der sich zum Schluss noch als Dimitri

Popow vorgestellt hatte. Im Hotel meldete er sich nicht, ich musste keinen Schaden bezahlen, und natürlich kam ich völlig unbehelligt durch Russland. Da hatte wohl jemand ein Geschäft gewittert und war an die falsche Person geraten.

Puschelhunde, Luftballons und Würstchenbuden

Seltsam. Noch immer waren keine weiteren Musher eingetroffen. Und noch immer wusste ich nicht, wie viele Teams
an den Start gehen würden oder ob ausländische Teams dabei
sein würden. Erst nach längerem Drängen fand ich schließlich heraus, dass ich die einzige Teilnehmerin war, die nicht
aus Russland kam, auch die einzige Musherin. Sechs von
Männern angeführte Hundeteams, und ich das Schneewitt-
chen darunter. Nastrowje! Frauen, die über längere Strecken
Hundeschlitten fuhren, gab es weltweit jedoch nicht viele,
da waren die Russinnen keine Ausnahme. Doch ich fand es
schade, dass nur so wenige Teams gekommen waren, ich
hätte gern ein großes Feld gehabt, mit mindestens fünfzehn
Startern, so wie man es mir angekündigt hatte.

Die Zeit bis zum Start vertrieb ich mir mit Trainingseinhei-
ten auf der Wolga. Immer wieder entdeckte ich kleine Risse
im Eis, aber aus Erfahrung konnte ich sagen, die Schicht war
dick genug, da würde keiner einbrechen. Die Russen staunten,
wie meine Hunde gehorchten. Nach vier Tagen im Hänger, in
den Boxen, in denen es angesichts der Straßenverhältnisse
ganz schön geruckelt hatte, waren sie einfach nur glücklich,
endlich wieder rennen zu können. Ihnen kam das Eis sicher
so vor, als würden sie zu Hause in Norwegen über den See den
Schlitten ziehen. Nur der Sturm fehlte.

Es war ein tolles Team, das ich inzwischen hatte. Aslag, kohlrabenschwarz, war dabei, der hatte sich verwundert umgeschaut, als er mit der Wolga konfrontiert wurde. Deswegen waren wir fast eine Woche unterwegs gewesen?, schienen seine schokoladenbraunen Augen zu sagen. Ich beruhigte ihn: «Du übertreibst wie immer, es waren nur vier Tage gewesen.» Er ließ nicht locker: Sind wir etwa nur im Kreis gefahren? Nein, musste er dann konstatieren, die Schnauze auf dem Boden. Irgendwie roch es hier anders. Nach: Kenne ich noch nicht. Werde aber noch herausfinden, was das ist.

Ein paar Hunde fehlten. Caruso war nicht mehr da, genauso wie Minnie, sie bevölkerten seit einigen Jahren den Hundehimmel. Caruso war mein Leader beim Yukon Quest gewesen. Er hatte sein Team durch tiefsten Schnee gebracht, ohne je die Orientierung zu verlieren. Er hatte mich aber auch in den Wahnsinn treiben können, wenn er mir zeigte, dass es nicht nur nach meiner «Schnauze» ging. Damals waren der grau melierte Zeus mit einem blauen und einem braunen Auge und sein beige-weißer Bruder Odin mit zwei braunen Augen noch richtige Youngster gewesen. Jetzt standen sie kurz vor der Rente und liefen daher auch nicht mehr mit. Stattdessen K2, er war zwar auch schon zehn, ein richtiger Oldie, aber mit einer Menge Erfahrung, das musste man ihm lassen.

Line war jetzt meine neue Leaderin, sie hatte Mrs. Greene abgelöst. Line war eine sehr energische Lady, die im Sommer sieben werden würde. Sie war im besten Schlittenhundalter und sehr selbstbewusst. Zwei Jahre war sie schon im Team, doch immer noch sagte ich zu den anderen Huskys: «Line ist jetzt angekommen.» Seltsam, wo sie doch schon so lange dabei war. Aber es hatte etwas gedauert, bis wir einen Draht zueinander gefunden hatten. Jetzt war Line eine ganz Coole, tiefenentspannt und immer vorn. Manchmal vergaß ich, sie nach dem Training in den Zwinger zu stecken; ich wäre an ihrer Stelle ja sofort ausgebüxt, nicht aber Line. Die blieb immer da, wo sie gerade war.

Einige Male hatte ich, die Menschen-Chefin, versucht, die Hunde-Chefin auszutauschen, damit Line lernte, sich zurückzunehmen. Sie sollte durchatmen und anderen die Kopfarbeit überlassen, aber sie hielt nicht viel davon. Dieses Durchatmen im Team mochte sie partout nicht. Und sie mit einem zweiten Hund vorne anzuspannen, was ich auch ausprobiert hatte, kam ebenfalls nicht in Frage. Das war ein Kopf zu viel für sie. Beim Duo ging sie in den Streik. Sie war und ist eine Single-Leaderin. Im Grunde gefiel mir das, denn ich bin nicht anders. Aber das barg natürlich eine Gefahr – was war, wenn Line einmal ausfiel? Doch warum sollte ich schwarzsehen? Alles lief hervorragend, mit alten und jungen Hunden, wir waren auf dem besten Weg, ein eingeschworenes Team zu werden.

Früher hatte ich lange mit der Entscheidung gezögert, welchen Hund ich zu einem Rennen mitnahm und welchen nicht. Tagelang hatte ich mir den Kopf zerbrochen und die Hunde abwiegelnd angeschaut, was sie mit Sicherheit nervte. Diese Zeiten waren längst vorbei, inzwischen hatte ich ein großes Urvertrauen zu meinen Hunden entwickelt. Ebenso vorbei waren meine kläglichen Versuche, den einen oder anderen Husky so zu trimmen, dass er ins Team passte. Das war manchmal ein richtiges Verbiegen gewesen. Schließlich hatte ich aber kapiert, dass es wenig Sinn machte. Meine Devise lautete nun: Entweder es klappt oder es klappt nicht. Auch zwischen Mensch und Tier musste die Chemie auf Anhieb stimmen, sonst funktionierte es nur mittelmäßig. Das war eine weise Entscheidung von mir gewesen, im Business hätte man von guter Firmenführung und perfekter Entfaltung der Mitarbeiter gesprochen. Gelang Letzteres nicht, brauchte der «Kollege» einen anderen Arbeitsplatz. Das konnte bei einem Hund ein kuscheliges Sofa sein oder eine Jogger-Familie.

Mein Rudel betrachtete ich tatsächlich wie ein Großraumbüro mit dreißig Mitarbeitern. Einen der Huskys aus diesem Großraumbüro hatte ich als Welpen verkaufen wollen, zusammen mit seinen Geschwistern. Alles war schon in die Wege geleitet, doch dann klappte es nicht mit seinem Verkauf, während die anderen aus dem Wurf wie geplant in gute, ausgesuchte Hände kamen. Ich war ratlos. Wie sollte ich den Hund nennen? Irgendwie kam ich auf «Verkauft». Im Deutschen klingt das ziemlich dämlich, aber das englische «Sold» ließ sich gut rufen. Mittlerweile habe ich einen Narren an Sold gefressen, ich halte ihn für total grandios und ärgere mich noch heute, dass ich seine Brüder und Schwestern hergegeben habe.

Auch auf der Wolga funktionierten meine Kommandos tadellos. Sagte ich «Haw», ging es, ohne zu zögern, nach links, befahl ich «Gee!», mussten sie rechtsherum. Sie wussten, es war zwecklos, sich dagegen zu stemmen. Bei «Turn around» hatte das Team eine Runde zu drehen. Wer anfing zu brummeln, wurde zurechtgewiesen: «Brummeln darf man im Sandkasten, wenn einer dem anderen seine Burgen zerstört, wir sind aber nicht im Sandkasten, sondern wir arbeiten hier wie in einer großen Firma zusammen. Und in einer Firma wird während der Arbeitszeit auch nicht dumm herumgequatscht.» Ich verhätschelte meine Hunde längst nicht mehr so wie früher und machte wesentlich klarere Ansagen – aber nur so hatte sich viel in unserer «Firma» getan.

Endlich trudelten sie ein, die wenigen russischen Teams, und Nikolai, der Race Marshall, hielt einige Meetings ab. An einem, bei dem es um die Strecke ging, konnte ich nicht teilnehmen, weil eine meiner Hündinnen eine Darmverstimmung hatte. Nichts Schlimmes, aber sie musste vom Tierarzt untersucht werden. Beim nächsten Zusammentreffen ging Nikolai mit uns Mushern die Regeln durch, wobei alle anfingen, über diese zu diskutieren. (Inzwischen hatte man mir einen Übersetzer zur Seite gestellt, der sehr gut Englisch sprach.) Ich dachte: Das ist doch völlig unüblich. Es gibt klare Regeln, die nicht in Frage gestellt werden dürfen. Nicht so hier. Da ging es beispielsweise um den Kocher: «Sollen wir jetzt einen Kocher mitnehmen?», fragte einer der Musher.

«Moment mal», mischte ich mich ein. «In den Rennregeln steht schwarz auf weiß: *Mandatory equipment*, und zu einem *Mandatory equipment* gehört nun mal ein Kocher.»

Nikolai fragte in die Runde: «Wer hat denn einen Kocher dabei?»

Es stellte sich heraus, dass ich die Einzige war, die einen Kocher mit sich führte, so wie es vorgeschrieben war.

«Silvia, dann brauchst du auch keinen Kocher mitzunehmen», erklärte mir Nikolai.

Was geht hier vor sich?, dachte ich aufgebracht, verdonnerte mich aber im Stillen dazu, ruhig zu bleiben. Der Kocher ist zum Beispiel notwendig, um in ihm Schnee zum Schmelzen zu bringen, sodass die Hunde bei den eisigen Temperaturen Wasser zum Trinken haben. Auch das Trockenfutter wird in dem erwärmten Wasser eingetaucht. Sicher, man konnte das Futter den Hunden auch trocken hinwerfen, aber auf Wasser konnte man keineswegs verzichten. Und das sagte ich auch laut.

«Das gibt es doch bei den Checkpoints», wurde ich belehrt.

Also wurde einstimmig (ich zählte ja nicht) beschlossen: kein Kocher. Dabei weiß jeder, dass es einen Zwischenfall geben kann – jemand stürzt, der Schlitten bricht – und dann nicht gesichert ist, dass man es mit seinem Team noch am selben Tag zum Checkpoint schafft. Das war schon verantwortungslos, was man entschieden hatte.

Nun ging es um eine Axt. Ich hatte eine dabei, ein anderer auch, sonst niemand. Wieder hieß es: keine Axt. Dabei war das Werkzeug eine wichtige Hilfe, wenn man Holz hacken musste, um damit ein Feuer zu machen, oder man konnte damit ins Eis hacken, wenn kein Schnee zum Schmelzen vorhanden war.

Meine Verwunderung wurde immer größer. Jeder Musher weiß im Vorfeld, was er bei sich haben muss. Wenn das nicht der Fall ist, darf er eigentlich nicht starten.

Schließlich sagte Nikolai: «An jedem Checkpoint wird kontrolliert, ob die Musher alles dabeihaben.»

«Wissen die Kontrolleure denn auch, dass wir im Grunde nichts dabeihaben müssen?» Die Bemerkung konnte ich mir nicht verkneifen.

Am Ende ging es noch um die Futternotrationen für die Hunde. In diesem Moment wurde ich richtig wütend. Ich erhob mich und sagte: «Wenn ihr über das Extrafutter für die

Hunde diskutieren wollt, dann steige ich aus, dann bin ich nicht mehr dabei.»

Nikolai sagte: «Silvia hat beschlossen, dass über das Extrafutter nicht diskutiert wird.»

«Halt», rief ich. «Nicht ich habe das beschlossen, sondern das ist eine internationale Rennregel.»

Meine Worte ließ ich wie eine Drohung nachhallen, unterstützt von meiner Körperhaltung. Jeder sollte wissen, dass ich einen Verstoß gegebenenfalls melden würde. Damit wäre das erste Rennen auch gleich das letzte. Alle sahen mich an, nicht feindselig, aber Irritation konnte ich in den Gesichtern erkennen. Ich guckte zurück, und mein Blick besagte: Volga Quest und Race Marshall Nikolai sind keine besonders gute Kombination. Diese Meinung änderte ich auch nicht.

Eine wichtige Frage brannte mir noch auf der Seele, ich hatte ja nicht an der Streckensitzung teilgenommen: «Sind auf dem Trail auch alle vierzig Meter Marker gesetzt, sodass man diese nach Einbruch der Dunkelheit mit den Kopflampen erkennen kann?»

Marker waren mit das Wichtigste: Stangen, die in den Schnee gesteckt wurden, auf denen runde Reflektoren mit zwei Zentimeter Durchmesser angebracht waren.

«Ja, Silvia, wir haben genügend Marker. Alles ist super markiert.»

Das beruhigte mich keineswegs. Bei späterer Überprüfung sah ich denn auch, dass es keine Stangen waren, sondern eher rundliche Dinger, die man in der Landschaft nur schlecht ausmachen konnte. Aber das war nicht der einzige Nachteil. Es handelte sich um weiße Marker auf einem weißen Hintergrund. Würden meine Augen das tagsüber auseinanderhalten können? Weiß auf Weiß? Mir wurde versichert, es seien drei Farben drauf, Blau, Rot und Grün, die würde man auf jeden Fall sehen. Ich hatte dennoch meine Bedenken, die Farbstreifen waren zentimeterdünn. Bei einem Schneesturm schien das keine gute Kennung zu sein, dichtes Flockentreiben würde alles verdecken. Schon oft hatte ich nachts mit meinen Hunden trainiert und mir übers Eis hinweg einen Trail markiert. Ich wusste, wovon ich sprach.

«Seid ihr sicher, dass das die richtigen Marker sind?», fragte ich nach, als ich die weißen Dinger gesehen hatte. «Die Wolga ist weit, weiß und stumm. Wäre es da nicht besser, den Abstand auf zwanzig Meter zu reduzieren?»

«Nein, Silvia, alles ist gut.»

Das konnte ja noch was werden.

Prompt wachte ich vor Schreck in der folgenden Nacht auf: Das mit den Markern würde noch schwierig werden – und ich sollte recht behalten. Später besprühte man die weißen Marker mit einer rosa Farbe, weil keiner der Musher in der Lage war, die von Nikolai ausgesuchten und verteidigten Marker ausfindig zu machen. In dieser Nacht einschlafen konnte ich jedoch erst wieder, als ich mir sagte: «Lass dich doch mal positiv überraschen.»

Der Prolog war angesetzt, endlich war der 25. Januar da. Es gibt den Prolog beim Straßen-Radrennsport, aber auch beim Hundeschlittenrennen. Beim Radsport beinhaltet er eine kurze Etappe, meist nicht mehr als acht Kilometer, und dient dazu, den Zuschauern die Sportler vorzustellen. Ähnlich ist der Prolog beim Hundeschlittenrennen organisiert, auf der Wolga war eine Etappe von zehn Kilometern abgesteckt worden. Als Musher hatte ich bei dieser Entfernung nicht viel zu tun, die Hunde ebenso wenig. Allerdings wurde mir die etwas zweifelhafte Ehre zuteil, den Minister für Kultur und Sport, Alexander Kobenko, auf meinem Schlitten mitfahren zu lassen. Ich war die einzige internationale Teilnehmerin des Rennens – das sich in meinen Augen eher wie ein Festival ausnahm, ein Volksfest mit Würstchenständen, bunten Heißluftballons und lauter Musik –, und ein Bild mit mir in der Presse schien seiner Meinung nach wohl gut für sein Ansehen zu sein. Noch aber war der Herr Minister nicht aufgetaucht.

Bei der Ziehung der Startnummern bekam ich ausgerechnet die Startnummer 1, noch nie war ich bei einem Rennen als Erste losgezogen. Weil bislang aber alles so kurios abgelaufen war, sagte ich frech: «Dann komme ich auch als Erste ans Ziel.»

So ganz abwegig erschien mir das in der Tat nicht, nachdem ich mir die anderen Musher genau angeschaut hatte: Nur zwei von den sechs Teams konnten mir nach meiner Einschätzung gefährlich werden. Vyacheslav Demchenko, ein Rechtsanwalt aus Moskau, hatte schnelle Hunde. Er konnte die 600 Kilometer gut schaffen, wenn er es richtig anstellte. Sollte er sie aber gleich am ersten Tag ein hohes Rennen laufen lassen, würde ich seine Ankunft im Ziel nicht garantieren. Vyacheslav mochte ich auf Anhieb, er war ein freundlicher, offener Mensch.

Vladimir Radivilov kam aus Tschukotka, einer Verwaltungseinheit, die den äußersten Nordosten Russlands umfasst. Er hatte sich komplett in Fell gekleidet, das farblich zu seinem Nikolausbart passte, was bei einer Temperatur von minus 23 Grad Celsius bestimmt keine schlechte Idee war. Er gab sich als Schamane aus, trotzdem war ich mir sicher, dass er, der sicher der Älteste von uns war, das Rennen nicht durchstehen würde (was nicht an seiner Kleidung lag). Oleg Tyuryumin mit der Startnummer 3 stammte aus Listwjanka, einem Dorf am Baikalsee, und hatte ähnlich rasante Hunde wie Vyacheslav. Er war der andere Favorit, der mir meinen Sieg streitig machen konnte.

Yuri Goryunov stammte ebenfalls aus Moskau. Gegen ihn konnte ich keine Einwände erheben, nur gegen seine Hunde: Die kläfften und kläfften und waren ziemlich hibbelig. Bei der Kälte war das große Energievergeudung. Hätte ich wetten können, ich hätte darauf gesetzt, dass Yuri schon nach der ersten Etappe aus dem Rennen war. (Und ich hätte gewonnen.)

Ein weiterer Teilnehmer war Sergej Semenov, der Lokalheld aus Togliatti mit der Startnummer 6, ein sehr sportlicher Typ, was man von seinen Huskys nicht gerade sagen konnte. Puschel-Huskys. Die waren richtig niedlich und auch recht quadratisch – dabei hatten sich im internationalen Hunderennsport die schlanken Alaskan oder Siberian Huskys durchgesetzt. Die waren nicht so hübsch und knuddelig, dafür aber rasante Läufer. Doch jeder definiert Schnelligkeit eben anders. Herr und Hund ähneln sich ja häufig – in diesem Fall traf das nun gar nicht zu. Sergej war übrigens mit Svetlana verheiratet, die zum Organisationsteam des Rennens gehörte und so etwas wie dessen Präsidentin war. Bislang hatte ich sie noch nicht zu Gesicht bekommen.

Mihail Fateev aus Tjumen, der Hauptstadt einer gleichnamigen Oblast in Westsibirien, schien sehr siegeswillig zu sein, jedoch nur im Habitus. Seine Siberian Huskys waren vielleicht etwas besser drauf als die von Sergej, aber wie eine echte Konkurrenz erschienen sie mir nicht.

Es gab also große Unterschiede zwischen den Teams – die meisten konnte ich nur als Amateure einordnen, womit ich nicht die jeweiligen Musher abwerten wollte, sondern lediglich der Tatsache ins Auge sehen, mit was für einem Rennen ich es zu tun hatte. Ich selbst hatte als Amateurin angefangen, inzwischen aber hatte ich mich mühsam in die Profiliga hochgearbeitet, das stand vielen dieser Teams noch bevor.

Der Startschuss für den Prolog fiel um zehn Uhr vormittags. Wir sollten eine Runde auf der Wolga fahren, nur ich konnte nicht mit meiner Startnummer 1 an den Hunderten von Zuschauern vorbei aufs Eis, weil der Herr Minister immer noch fehlte. Irgendwo hielt er eine Rede, hieß es. Das passte mir gar nicht, die Hunde waren nervös, sie wollten rennen. Nichts wie weg!

Der Minister nahm meine Entscheidung, einfach ohne ihn loszupreschen, sportlich. Irgendwann kam er in einem Snowmobil angefahren, gelenkt von Nikolai. Er winkte mir zu und meinte, jetzt wolle er das Hundegespann übernehmen. Ich schüttelte den Kopf. «Das ist nicht möglich, zwölf Hunde können Sie nicht einfach ohne Kommandos am Rennen halten. Aber ich mache Ihnen einen Vorschlag: Sie stellen sich hintendrauf.» Er war damit einverstanden, und als er eine Weile mitgefahren war, begriff er auch, warum ich ihm eine Abfuhr erteilt hatte.

«Die Hunde haben ordentlich Bums, da geht schon was ab», sagte er.

«Ja, das hier ist kein Highway, sondern Eis», erwiderte ich.

Am Start hatte ich erfahren, dass Alexander Kobenko Autorennen fuhr. Ich hätte ihn mal nach Jurijs Rennkarriere fragen sollen ...

Nach einer knappen Stunde kamen wir wieder an; alle Zuschauer waren noch immer in Jahrmarktstimmung.

Tags darauf war offizieller Start des Rennens, ohne Würstchenbude und ohne Minister, aber bei strahlendem Sonnenschein. Die Wolga glitzerte wie ein geschliffener Diamant, als Nummer 1 hatte ich nichts dagegen, heute tatsächlich als Erste aufs Eis zu kommen.

«Silvia, du fährst dort entlang und folgst den Markern, alles klar?»

Nikolai zeigte mit seinen blauen Handschuhen in eine unbestimmte Richtung. Gerade hatte ich mir ausgemalt, wie die Wolga aussah, wenn sie nicht von einer zentimeterdicken Eisschicht bedeckt war. Wasserfluten über Wasserfluten.

Ich nickte nur, vielleicht war ja mehr Verlass auf die Marker als auf ihn. Doch als ich auf dem zugefrorenen Fluss war, konnte ich keine entdecken. Ich fuhr mit Line voran im Kreis herum, insgesamt dreimal, bis man mir eine offizielle Person schickte, das war ungefähr einen halben Kilometer nach dem Start.

«Wo ist der Trail?», fragte ich den Mann, als er gerade in Hörweite war.

Wieder eine unbestimmte Handbewegung: «Diese Richtung.»

«Das habe ich auch gedacht, aber ich kann keine Marker sehen.»

Der Mann zuckte mit den Schultern.

Langsam dämmerte mir, dass man mich absichtlich in die Irre geführt und auf einen falschen Trail gelockt hatte, denn mich hätte längst eines der anderen Teams überholen müssen, aber es war kein Musher hinter mir. Ich wusste, dass ich schnell war, aber so schnell nun auch wieder nicht. Nach dreimaligem Im-Kreis-Fahren hätte mich sogar ein Kuschelhund eingeholt.

Schließlich überreichte mir der Mann eine Karte des Streckenverlaufs, keine GPS-Karte wie versprochen, sondern eine Touristenkarte, auf der sämtliche Wolgainseln verzeichnet waren. Mit einem Filzstift hatte man den Trail draufgemalt. Mochte die Karte im Sommer zu benutzen sein, im Winter war sie unbrauchbar. Immerhin wusste ich nun ungefähr, wo es langgehen sollte, obwohl ich landschaftlich kaum eine Orientierung hatte. Im Nachhinein stellte ich zudem fest, dass man anscheinend auch «vergessen» hatte, meinen GPS-Sender, der am Schlitten montiert war, einzuschalten – das wäre Pflicht der Veranstalter gewesen.

Ein paar Eisfischer, die in geschlagenen Löchern ihr Anglerglück versuchten, fragte ich um Rat, aber sie konnten mir nur die allgemeine Richtung bestätigen – «Da, da, da ...» –, denn sie sprachen nur Russisch. Sie hielten mir ihre Wodkaflasche hin, was ich dankend ablehnte. Noch fünf weitere Male hielt ich an, immer mit dem gleichen Ergebnis. Natürlich waren inzwischen alle, die nach mir gestartet waren, vor mir. Die Nummer 1 ganz hinten! Im Nachhinein rechnete ich aus, dass ich einen Umweg von insgesamt zwanzig Kilometern gefahren war; die Tagesstrecke sollte 110 Kilometer umfassen.

Wie ich später erfuhr, hatte sich inzwischen auch herumgesprochen, dass ich verschollen war. Jemand meinte: «Die hat die Nase so voll, dass sie bestimmt zurückgefahren ist.» Das hätte auch passieren können, wenn in diesem Moment nicht zwei Scooter angerauscht wären und ich zu hören bekam, ich sei zwei Kilometer vom Trail entfernt. Die Scooter-Fahrer wiesen mir endlich den richtigen Weg. Und da die Hunde gut drauf waren, verwarf ich den Gedanken umzukehren. Auf einmal packte mich der Ehrgeiz, ich wollte es den russischen Mushern zeigen. Mich konnten sie nicht austricksen. Einfach auf einen falschen Trail schicken, einen Trail ohne Marker, das war schon ein starkes Stück.

Mittag war längst vorbei, als ich Lokalheld Sergej einholte. Er schien mit seinen Hunden spazieren zu gehen. Sie trabten nicht einmal. Erstaunlicherweise sah er aber gar nicht unglücklich aus, er schien die Fahrt zu genießen.

«Alles in Ordnung?», fragte ich, als ich den Mann aus Togliatti überholte.

«Läuft alles bestens.» Sergej strahlte. «Ich bin so froh.»

Wunderbar, dachte ich, jetzt bin ich die Nummer 6.

Schon waren die Spaziergänger weit hinter mir. Vor mir die Wolga, ganz flach, riesig breit, als würde ich auf einem Stausee fahren. Dann kam plötzlich Tiefschnee, und es wurde leicht hügelig, sodass ich viel pedalte oder mit im Schnee lief. «Doggies, wir packen das!», rief ich meinen Hunden zu. Sie liefen und liefen, endlich passierte doch noch etwas.

Und wieder zeigte sich in der Ferne ein Punkt – der nächste Musher. Es war Oleg mit seinen Puschelhunden. Die Aufholjagd ging schneller als angenommen, recht bald hatten wir auch ihn hinter uns gelassen. Platz 5! Besser konnte es gar nicht laufen. Die Hunde schafften fünfzehn Kilometer pro Stunde, sie hatten wirklich Lust zu rennen.

Vor dem Start hatte ich von einem Zwischenstopp gehört, aber weit und breit konnte ich keinen entdecken. Das war wohl wieder nur ein russisches Wintermärchen. Stattdessen eröffnete sich vor uns eine Insel, ein großes Plateau – und auf diesem entdeckte ich Vladimir, den Fellmann. Er war gut an seinem Skistock zu erkennen, mit dem er wild herumfuchtelte. Dazu pfiff und sang er laut, es klang wie Schamanengesang, was die Hunde aber offenbar irritierte, denn sie schauten nicht unbedingt nach vorne, sondern eher nach links und rechts.

Als ich ihn erreicht hatte, sagte er in gebrochenem Englisch: «Ich habe Hündinnen in der Hitze, die würden sich gerne decken lassen.»

«Singst du deshalb so viel?», fragte ich.

Er nickte. «Ja, die Gesänge sollen die Rüden ablenken. Ist bei uns eine Form von Beschwörung.»

Keineswegs wollte ich, dass er sich an mich dranhängte und meine Rüden noch in irgendwelche Liebesdinge verstrickte. Nur zu gut kannte ich meinen Schwerenöter Buck. Deshalb zog ich weiter, so schnell, wie ich nur konnte.

Noch lange hörten wir diese seltsamen Gesänge. Meine Hunde drehten sich immer wieder zu den Hündinnen von Vladimir um, sie schienen zu fragen: «Was geht denn da ab?» Ich sagte: «Hunde, das ist in Russland so. In Russland ist alles anders.»

Schließlich kamen Line und die anderen wieder ins Geradeauslaufen, und wir überquerten das Plateau. Es folgte eine Senke mit Bäumen – und einem weiteren Musher. Yuri.

Seine Hunde hatten einen guten Rhythmus, sie sahen nicht k. o. aus, was ich bei ihrer Hibbeligkeit vermutet hätte. Man merkte dem zweiten Mann aus Moskau auch eine große Ernsthaftigkeit an. Dennoch hatte ich bei meiner Aufholjagd nicht so schnell damit gerechnet, ihn vor mir zu sehen. Ich selbst kam mir vor wie Sebastian Vettel, der vom letzten Platz aus startete und sich dann doch nach vorne durchschlug.

Drei russische Bären auf meinen Beinen

Zwei Musher waren noch vor mir, irgendwann sogar nur noch einer, dann keiner mehr. Sogar Vyacheslav mit seinen tollen Alaskans überholte ich. Er steckte gerade einen seiner Hunde in den Schlittensack, der, aus Nylon, meist für Futter gedacht ist, aber auch für unterwegs krank gewordene oder schwächelnde Hunde. «Der ist müde», rief er mir zu. «Die anderen aber auch.» Ich nickte. «Leg eine Pause ein.» Jetzt nickte er.

Langsam wurde es dunkel, und mich beschlich eine Ahnung: Wenn es schon keinen erkennbaren Zwischenstopp gegeben hatte, würde dasselbe Problem womöglich auch beim Checkpoint auftauchen. Zur Sicherheit wollte ich meine Kopflampe parat haben, um nichts zu verpassen. Ich war überzeugt davon, sie in den Schlitten gepackt zu haben – noch nie hatte ich meine Headlamp vergessen. Doch ich fand sie nicht. Hatte ich sie unterwegs verloren? Ich konnte mir das nicht erklären, das passte nicht zu mir. Die einzige Möglichkeit war, dass Jurij sie in seinem Aufräumwahn beiseitegeschafft hatte.

Zum Glück fuhr in einem Snowmobil gerade Jeff vorbei, ein Fotograf, der auch schon Rennen in Alaska mit seiner Kamera begleitet hatte.

«Jeff, kannst du mir deine Headlamp ausleihen, ich finde meine gerade nicht?»

Das Licht am Snowmobil würde nicht ausreichend sein, um den Checkpoint zu finden. Und dass es nach internationalem Reglement verboten war, sich eine Headlamp zu borgen, hielt ich nach dem, was schon alles an Regeln verletzt worden war, für nicht mehr entscheidend.

«Okay, kannste haben», sagte Jeff und überreichte mir seine. «Die Batterie lässt aber schon nach.» Schon war er wieder verschwunden.

Jeffs Lampe glich durch den niedrigen Batteriestatus tatsächlich mehr einer Funzel. Unruhe stieg in mir auf. Das Licht, das durch die Lampe entstand, war mehr als diffus. Auf einmal sah ich auch nicht mehr die Reflektoren der Marker. Hatte ich mich wieder verfahren? War das noch der richtige Weg, oder war ich längst falsch? Plötzlich standen wir an der Straße vor einem Stoppschild. Zu Fuß ging ich schauen, ob wir nach links oder nach rechts mussten. So entdeckte ich immerhin wieder einen Marker. Ich kam mir vor wie auf einer Schnitzeljagd.

Die Straße war ziemlich abschüssig. Die Hunde gaben Gas, sie rannten, als hätten sie Speed geschluckt. Wir schlitterten im wahrsten Sinn des Wortes dahin, denn der Asphalt war wie auf allen Straßen Russlands von Schnee geräumt und nun von einer spiegelglatten Eisfläche überzogen. Links und rechts Schneewehen in Kopfhöhe. Rattarattaratta. Es war laut und deutlich zu hören, dass der Schlitten über Teer gezogen wurde. Ich dachte: Das kann doch nicht der Trail sein! Wer kommt auf die Idee, einen Trail auf einer Straße zu legen? Ich seufzte. Inzwischen traute ich allerdings den russischen Organisatoren so einiges zu.

Obwohl wir keine Pause gemacht hatten, zeigten die Hunde nicht die geringsten Ermüdungserscheinungen. In Norwegen hatte ich sie trainiert, im Notfall dreizehn, vierzehn Stunden durchzuhalten, wir waren jetzt ungefähr neun Stunden unterwegs und hatten sicher über hundert Kilometer geschafft. Bald würde es stockduster sein, kein erfreulicher Gedanke.

Plötzlich tauchten aus dem Schwarz zwei Scheinwerfer auf. Ein Auto. Es fuhr extrem langsam die Anhöhe hinauf. Durch das helle Scheinwerferlicht erkannte ich auf einer Schneewehe einen Marker. Wer, bitte schön, sollte einen in dieser Höhe angebrachten Marker entdecken? Die Blicke eines Mushers sind, gerade bei gefährlichen Eisverhältnissen, auf die Hunde gerichtet. Und selbst bei einer guten Headlamp hätte man ihn in dieser Höhe kaum erkennen können, jedenfalls nicht mit meiner Größe. Trotzdem war ich erleichtert. Jeder Umweg bei meiner schwachen Lampe konnte problematisch werden.

Aber der Gegenverkehr bot noch eine andere Chance, und zwar die Möglichkeit, das Fahrzeug mit dem Schlitten anzuhalten. Was ich schnell überlegt hatte, setzte ich sofort in die Tat um – und stellte mich quer. Es war ein großer Jeep, ähnlich schwarz wie die Nacht, darin saßen drei junge Russen in genauso schwarzen Lederjacken, alle drei trugen eine Headlamp. Ich konnte außerdem eine auseinandergefaltete Karte erkennen, wahrscheinlich suchten sie auf ihr eine Straße oder eine Ortschaft.

Leise surrend ließ der Fahrer sein Fenster hinunter. Eigentlich wollte ich nach dem Weg fragen, aber da die Russen anscheinend fremd in der Gegend waren oder ein mangelndes geographisches Gedächtnis hatten, kam mir etwas anderes in den Sinn: «Leute, könnt ihr etwas zur Völkerverständigung beitragen? Nach dem Motto: Russen, Deutsche und Norweger halten zusammen? Kurz gesagt: Ich brauche eine von euren Headlamps, meine macht es nämlich nicht mehr lange. Ich kann die Marker nicht erkennen, aber die würde man nicht einmal bei Vollmond sehen. Also, bestünde da eine Chance?»

Die Männer guckten mich seltsam an. Nicht weil sie mein Englisch nicht verstanden, sondern weil ich ihnen mit meinen zwölf Hunden vermutlich wie eine Erscheinung vorkam. Auf einmal fingen sie an zu lachen, konnten sich kaum noch einkriegen.

«Wenn ihr mir eine Adresse aufschreibt, schicke ich sie euch auch wieder zurück. Wirklich», beteuerte ich. Keineswegs sollte der Eindruck entstehen, dass ich sie um eine ihrer Lampen ärmer machen wollte.

Noch mehr Gelächter. Schließlich nahm der Fahrer, der nicht älter als dreißig war, seine Lampe vom Kopf, reichte sie mir und sagte in ziemlich akzentfreiem Englisch: «Behalte sie.»

Weil ich aufgrund der freundlichen Geste noch etwas sagen wollte, fragte ich: «Bin ich hier überhaupt richtig? Volga Quest?»

«Noch sechs Kilometer», bekam ich zur Antwort. Sie kam so prompt, dass es fast schon wieder verdächtig war. Und dieses breite Grinsen – so richtig mochte ich dem nicht trauen. Aber egal, Hauptsache, ich hatte eine funktionierende Lampe.

«Danke.»

Ich verabschiedete mich, und die drei Russen fuhren weiter. Sechs Kilometer, das ist ja nichts, dachte ich. Und schon stand ich wieder auf den Kufen. Meine «Laufmaschinen» zog es weiter, ihre Lust am Rennen – das war schon sehr ansteckend. Dann dachte ich: Seltsam, dass so viele Russen derart teure Hightech-Autos fahren. Natürlich hatte ich auch Schepperkisten auf den Straßen entdeckt, aber sie waren nicht unbedingt in der Mehrzahl.

Die Headlamp des Russen hatte auch ihre Leuchtgrenzen, aber heller als die von Jeff war sie allemal. Durch sie konnte ich erkennen, dass der Trail eine Abzweigung nahm, mit dem schwachen Licht der Fotografenlampe hätte ich die bestimmt verpasst. Schnell musste ich auf die Bremse treten. Wobei: Die sechs Kilometer waren die Hunde längst gelaufen, langsam war ich mir sicher, dass die Russen sich bei der Angabe der Entfernung einen Spaß erlaubt hatten. Als Gegenleistung für ihre Gabe. Oder sie hatten nicht die geringste Ahnung gehabt, was ich mit Volga Quest gemeint hatte.

Links von mir strahlte es hell am Himmel, ein richtiger Lichtkegel, das mussten die Lichter einer Stadt sein. Laut Karte konnte das Shiryvaeo sein. Aha, dachte ich, nun würde ich es gleich geschafft haben. Von wegen. Wir sollten sie hinter uns lassen. Es ging weiter und weiter. Dann eine scharfe Kurve, und wir landeten mitten in der Finsternis, weit und breit kein Schimmer einer menschlichen Behausung. Ganz zu schweigen von einem Checkpoint. Dazu wurde es wieder hügelig. Auch das noch. Kein sanftes Auslaufen. Immer wieder musste ich mich bücken, weil mir Äste von Büschen und Bäumen im Weg waren – oder ich ihnen. Wer hatte nur diesen engen Trail ausgesucht? Gerade als ich an den Mann dachte, dem wir das alles zu verdanken hatten, vernahm ich ein ziemlich schnell näherkommendes Motorengeheul. Mit höllischer Geschwindigkeit preschte mir – als hätte er gewusst, dass ich gerade an ihn dachte – Nikolai auf seinem Scooter entgegen. Gerade noch rechtzeitig stoppte er, sonst wäre er prompt in mein Team hineingefahren.

«Silvia! Du?», fragte er überrascht und alkoholisiert.

«Ist etwas dagegen einzuwenden?»

Ich war so richtig geladen. Er hätte meine Hunde verletzen können. Bei seinem Wodkapegel konnte von Fahrtüchtigkeit keine Rede mehr sein.

«Aber bist du nicht verschollen?»

«Offensichtlich nicht.»

«Mmmh. Du giltst doch als vermisst ...»

Sein Hirn brauchte in diesem Zustand etwas länger, um zu verstehen, wen er da vor sich hatte. Ich gab ihm keine Antwort.

«Aber wir haben als Erstes ein russisches Team erwartet», fuhr er kopfschüttelnd fort.

«Nun musst du dich damit abfinden, dass es ein deutsch-norwegisches Team ist.»

«Das ist schon sehr erstaunlich.» Wieder schüttelte er den Kopf. «Es ist dann wohl jetzt besser, wenn ich zurückfahre und denen im Checkpoint Bescheid sag.»

Mit diesen Worten drehte er seinen Scooter und machte sich auf den Rückweg, ohne mich darüber zu informieren, welche Strecke ich noch vor mir hatte.

«Wie weit ist es denn noch?», rief ich ihm hinterher.

«Zwei, drei Kilometer.»

Nach den bisherigen Erfahrungen konnte ich mich auf das Dreifache der Strecke einstellen. Und so war es dann auch. Seit der Begegnung mit den Russen hatte ich zwanzig Kilometer bewältigt.

Großer Jubel! Ein Riesenapplaus, Frauen in bunten Trachten und nicht weniger farbenfrohen Tüchern um die Schultern, mit Pelzmützen auf dem Kopf, einige in Weiß, andere in Braun, klatschten voller Begeisterung in die Hände. «Silvia, Silvia!», riefen sie und kamen mit blitzenden Augen auf mich zugelaufen. In ihren Händen trugen sie ein großes Stück Brot. Toll, dachte ich, jetzt bekomme ich etwas Leckeres, nicht schlecht, denn ich hatte einen Bärenhunger. Immerhin war es inzwischen neun Uhr. Doch ich durfte mir von dem Laib nur ein kleines Stück abbrechen. Es war, so wurde mir zu verstehen gegeben, der hiesigen Sitte entsprechend ein Willkommensgruß, ich würde aber noch was Richtiges zu essen bekommen.

«Danke», sagte ich irritiert und mit knurrendem Magen. «Spasibo.»

Auch die Männer im ersten Checkpoint Shiryvaeo – eine Art Baracke, die als Haus gepriesen wurde, ich blieb dennoch bei meiner Meinung, dass es eine Baracke war, zumal sie ziemlich schlecht geheizt war – sprangen von ihren Sitzen auf. Sie wollten mir gratulieren und zusammen mit mir meinen Etappensieg feiern. Sie zogen mich auf einen Platz zu sich in die Mitte, deuteten zu den Frauen und auf einen Herd, von dem es angenehm roch (und von dem immerhin etwas Wärme ausging). Das war besser als frischgebackenes Brot.

«Später», erklärte ich jedoch bestimmt. «Zuerst sind meine Hunde dran. Die müssen jetzt unbedingt etwas zu fressen kriegen. Sie haben sich das wirklich verdient.»

Und das stimmte wahrlich. Sie waren elf Stunden anstandslos gelaufen, sogar unplanmäßig länger gelaufen, und es war ein harter Trail gewesen. Sie hatten vor allem anderem Priorität.

«Ich kann das für dich machen», meinte Nikolai. «Ich fahr dein Team zum Stake-out.»

Was hörte ich da gerade? Wie viele Regelverstöße wollte er denn noch begehen?

«Du spinnst wohl», bemerkte ich aufgebracht. «Ich gebe dir doch nicht mein Team. Wo kommen wir denn da hin? Du bist Race Marshall, das ist nicht dein Job. Es ist sogar verboten, die Hunde der Musher zu füttern. Das muss ich schon selbst machen. Sag mir nur, wo ich meine Huskys unterbringen kann.»

Eigentlich hätte Jurij diese Aufgabe übernehmen können, anstelle von Rob. Aber Jurij hatte sich frühzeitig von allem verabschiedet, was Arbeit bedeutet. Das Einzige, wozu er sich noch herabließ, war, meinen Mercedes und den Hundeanhänger von einem Checkpoint zum nächsten zu bringen, alles andere wäre eine Zumutung für ihn gewesen.

«Jaaaa …», sagte Nikolai gedehnt, den ich insgeheim nur noch den Zar nannte. «Also, wie soll ich es erklären, zum Stake-out sind es zwei Kilometer.» Es war raus.

«Zwei Kilometer?» Ich war fassungslos ob der Entfernung.

«Ich fahr dich hin, mit dem Scooter vorweg», versuchte mich Zar Nikolai zu beruhigen. «Allein wirst du das nie finden. Es geht ziemlich weit hinauf.»

Ich seufzte und gab mich geschlagen. «Also gut.»

Wieder raus in die Kälte – obwohl, so groß war der Unterschied nicht. Kein Wunder, dass die Frauen beim Kochen ihre Fellmützen aufbehalten hatten. Ich folgte dem Race Marshall einen Berg hoch. Als es höher und höher ging, dachte ich, der muss seine Birne versoffen haben, sonst hätte er das Rennen besser organisiert und mehr an die Hunde gedacht. Als es kaum noch höher ging und wir sicher schon vier Kilometer hinter uns gebracht hatten, erreichte uns einer der Männer aus dem Checkpoint und meinte: «Ihr seid falsch.»

«Oh, wir sind falsch?» Nikolai konnte das kaum glauben.

«Ja, ihr müsst umkehren», meinte unser Verfolger.

Es war unglaublich. Der Race Marshall wusste nicht einmal mehr, wo der Stake-out war. Ich hatte keine Worte mehr für dieses Missmanagement.

Auf enger Straße musste ich mit meinem Gespann umdrehen, eine Neunzig-Grad-Wende. Das hatten meine Hunde nach diesem extrem anstrengenden Tag nicht verdient. Sie sollten so schnell wie möglich rasten, Fressen und Wasser kriegen, keine Extratouren unternehmen.

Endlich kamen wir zu dem Platz, der als «Unterkunft» für die Hunde gedacht war. Nichts war hergerichtet. Trotz allem hatte ich das gehofft, denn bei normalen Wettbewerben war es üblich, einen schönen flachen Platz, ideal zum Ausruhen und um den Bauch vollzufuttern, für die Tiere vorzubereiten. Doch davon konnte hier nicht die Rede sein. Nur Tiefschnee, der mir bis zur Brust ging. Normalerweise hatte sich der Race Marshall darum zu kümmern, dass der Schnee flach war. Nikolai sah meinen «So geht das nicht»-Blick und wollte im nächsten Moment mit seinem Scooter in den Tiefschnee fahren.

«Ich mach den Schnee platt», murmelte er.

«Du kannst doch nicht mit dem Scooter in den Tiefschnee fahren», hielt ich ihn vehement zurück. «Der hängt gleich fest.»

Natürlich konnte man mit dem Snowmobil den Schnee

platt machen, aber Nikolai war viel zu betrunken, um diese Aufgabe überhaupt noch erledigen zu können. Dazu brauchte man Konzentration und eine gewisse Fahrtüchtigkeit. Beides war ihm abhandengekommen.

Doch der Zar und auf eine Frau hören? Das kam natürlich nicht in Frage. Er musste beweisen, dass er dieser Aufgabe gewachsen war – und blieb prompt mit seinem Scooter im Tiefschnee stecken. Russische Flüche in rascher Folge kamen über seine Lippen, denn nun musste er zur Schaufel greifen, die er auf seinem Gefährt verstaut hatte, und sich frei schaufeln. Das bedeutete körperliche Anstrengung, was er ebenso wenig wie Jurij mochte.

«Wenn dir der Schnee zu hoch ist, dann pack die Hunde in deinen Hänger», kläffte er lauter als jeder meiner Huskys.

Laut stöhnte ich auf. «Während des Rennens dürfen sie nicht im Hänger übernachten, sie müssen in der Nähe des Schlittens bleiben. Hast du noch nie davon gehört?» Nein, hatte er anscheinend nicht. Jeder machte hier sowieso, was er wollte. Später erfuhr ich, dass die Frauen in der Baracke auch noch die Fressnäpfe für die anderen Hunde vorbereitet hatten. Ebenfalls ein eindeutiger Verstoß gegen die Regeln.

Aus dem Schlitten holte ich meine Schneeschuhe heraus und fing an, eine Stelle im Schnee so herunterzutreten, dass es für die Hunde reichte. So musste ich auch noch den Stakeout selbst vorbereiten.

Nach einer Stunde war das Stroh für die Hunde verteilt, und alle zwölf begannen, ihre Mahlzeit zu verdauen. Friedliches Wohlbehagen empfing Steinar, der schließlich vorbeikam, um sich die Tiere und ihren Gesundheitszustand anzusehen. Zum Glück war mit ihnen alles in Ordnung. Wäre einer der Hunde verletzt oder sehr erschöpft, hätte der Veterinär mich angewiesen, ihn aus dem Rennen zu nehmen. Als Musher hätte ich seine Anordnung widerspruchslos ausführen müssen.

Nach dem Essen im Checkpoint – es schmeckte wirklich gut – wollte ich nur noch schlafen. Nirgendwo gab es in diesem letztlich recht kleinen Raum, in dem insgesamt dreißig Menschen herumsaßen und -standen, einen separaten Platz. Ich würde mich zwischen all den Menschen hinlegen müssen, auf dem Betonboden, mitten im Trubel. Krawall war vielleicht das passendere Wort. Und je mehr Alkohol floss, umso lauter wurde die Stimmung um mich herum. Alle hatten glasige Augen, ich bestimmt auch, denn es kam mir vor, als wäre ich schon vom Riechen des Wodkas betrunken. Doch wo war eine ruhige Ecke? Auf allen anderen Rennen hatten wir Musher uns in den Checkpoints zurückziehen können, um für den nächsten Tag fit zu sein. Profisportler-Bedingungen waren das hier nicht.

In diesem Moment trat Svetlana an mich heran, die Präsidentin des Volga Quest, die ich schon bei meiner Anreise in Togliatti kennengelernt hatte. Sie erzählte mir nun, dass sie sich um ihren Mann Sergej große Sorgen mache, noch immer sei er nicht im Checkpoint angekommen.

«Du brauchst dir keine Sorgen zu machen», erwiderte ich. «Die anderen Musher sind doch auch noch nicht da.»

«Aber keiner weiß, wo er ist.»

Svetlana verzog das Gesicht so, als würde sie gleich weinen, und zum ersten Mal sah ich ihre Zähne. Schlagartig wurde mir klar, warum ich sie nie, auch jetzt bei der Brotgabe und beim Auftischen der Essen nicht, hatte lächeln sehen. Es fehlte ihr vorne ein Zahn.

«Er weiß schon, was er tut», tröstete ich. «Er hat einen Schlafsack bei sich. Dein Sergej wird sich irgendwo hingelegt haben, damit die Hunde ein wenig rasten können.»

Ich ertappte mich dabei, dass ich nett zu Svetlana war, eigentlich wollte ich aber gar nicht nett sein. Am liebsten hätte ich gesagt: «Weißt du, dass er noch nicht da ist, liegt daran, dass er ganz, ganz langsame Hunde hat. Wäre ich Race Marshall gewesen, ich hätte ihm gesagt, dass seine Tiere vom Trainingsstand her bei einem solchen Rennen nichts zu suchen haben.» Aber weil ich ziemlich k. o. war, wählte ich den leichteren Weg, und der bedeutete, zu anderen nett zu sein, damit ich nicht noch in irgendwelche Diskussionen verwickelt wurde.

Keine drei Minuten später lag ich in einer hintersten Ecke in meinem Schlafsack auf dem blanken Betonboden, dazwischen nur eine Isomatte, als durch meine Beine die heftigsten Krämpfe fuhren. Was waren die übel, sie durchzuckten mich, als würde man Blitze durch meine Ober- und Unterschenkel schicken. Sosehr ich mich auch wand, sie wollten nicht aufhören, und an Einschlafen war nicht zu denken. Über die Ursachen der Krämpfe musste ich mir nicht groß den Kopf zerbrechen. Ich hatte den Tag über wie bescheuert gepedalt, damit ich den Anschluss fand – und sogar noch alle überholte –, ich hatte die Hunde bei den hügeligen Etappen unterstützt, wo ich nur konnte, und zum Schluss hatte ich noch mit meinen Schneeschuhen den Stake-out für die Huskys hergerichtet. Kein Wunder, dass meine Beine rebellierten.

Irgendwann bekamen die Trinkgenossen mein Problem

mit, laut genug hatte ich meine Schmerzen herausgeschrien, gegen ihr Tohuwabohu angebrüllt. Plötzliche Stille. Ah, was tat die gut. Nachdem sie begriffen hatten, was Sache war, schritten sie sofort zur Tat: Zwei Russen, die jeden Braunbären das Fürchten gelehrt hätten, setzten sich jeweils auf eines meiner Beine, eigentlich lagen sie darauf, ein dritter machte sich daran, erst das eine Bein, dann das andere zu strecken, es geradezuziehen und zu massieren. Das taten sie mindestens eine halbe Stunde lang, und sie taten es perfekt. Zeitgleich nahm ich mir noch zwei Freunde zur Brust: Ibuprofen und Diclofenac, zwei Mittel gegen Schmerzen. Endlich fand ich Schlaf.

Nach zwei, drei Stunden wurde ich wach – es war Zeit, die Hunde nochmals zu füttern. Diesen Rhythmus verinnerlichte ich, sobald ich an einem Rennen teilnahm. War es vorbei, schlief ich automatisch wieder durch. Aber auf meine innere Renn-Uhr konnte ich mich verlassen. Zudem wollte ich nachsehen, ob irgendeiner der Huskys eine geschwollene Pfote hatte. So etwas sah man nicht gleich beim Ausspannen, es entwickelte sich meist erst in der Erholungsphase. Ebenso verhielt es sich mit Durchfall.

In tiefster Nacht stieg ich über mehrere Wodkaleichen, die Hitze, die der Herd verströmte, war noch ein wenig zu spüren. Man hatte also lange durchgehalten. Meine Beine waren wieder vollkommen beweglich und elastisch, als wären ihnen Krämpfe ein Fremdwort. Dennoch war es mühsam, nachts zum Stake-out hochzukraxeln. Eine kleine Schimpftirade auf Nikolai musste ich dabei loswerden; es konnte mich ja keiner hören. Die Hunde hatten sich eingerollt, sie erhoben sich erst, als ich sie untersuchte. Doch alles war in Ordnung, alle waren gut drauf. Sie fingen sogar an zu bellen. «Hey, wir können eigentlich wieder los!» Ich schüttelte nur mit dem Kopf: «Nein, keinen Stress. Genießt die Pause, vor morgen früh geht es nicht weiter.»

Bei meiner Rückkehr in die Baracke entdeckte ich Mihail und Vyacheslav, die während meiner Abwesenheit eingetroffen waren. Letzterer sagte, über einen Teller gebeugt: «Ich gebe auf, ich habe meinen Hunden zu viel zugemutet. Habe sie überpest.»

«Überpest» war Musher-Sprache und bedeutete, dass er es übertrieben hatte.

«Das habe ich mir schon gedacht», gab ich zur Antwort. «Ahnte ich schon gestern, bevor du gestartet bist.»

«Und wieso hast du mir nichts gesagt?»

«Es sind doch nicht meine Hunde. Ich hätte mich auch irren können. Außerdem kann ich dir nicht sagen, wie du dein Team laufen lassen sollst.»

Oleg, der kurz nach mir die Baracke betrat, erklärte ebenfalls: «Ich schmeiße hin, ich kann nicht mehr.»

«Und warum?», fragte ich. Gemeinerweise wollte ich auch von ihm eine Begründung hören.

«Ich habe mir den Fuß gebrochen», murmelte er so leise, dass man es kaum verstand.

Dafür lief er aber erstaunlich gut im Checkpoint herum, wie ich beobachten konnte. Er humpelte zwar ein wenig, doch das vergaß er zwischendurch auch mal. Nach meiner Diagnose hatte er sich den Fuß höchstens leicht angeknackst. Aber so hatte er wenigstens eine gute Ausrede parat. Manch russischer Mann, dachte ich, hat wohl Schwierigkeiten damit zuzugeben, dass dieses Rennen über seine Kräfte ging. Das bekannte Phänomen war zugegebenermaßen aber nicht nur den russischen Männern eigen.

In einer Ecke saß Svetlana und heulte. Sergej war also immer noch nicht da. Das war wirklich das absurdeste Rennen, das ich bislang mitgemacht hatte. Ich aß ebenfalls noch etwas, danach kroch ich wieder in meinen Schlafsack – ohne dass drei russische Bären auf meinen Beinen liegen mussten.

Canyon hoch, Canyon runter, Canyon hoch ...

Gerade wurde es draußen über der Eiswüste hell. Ein grauer Schleier lag noch über ihr, doch es versprach ein schöner Tag zu werden. Ich dachte an die einsamen Kuppelbauten, die ich gestern nur aus den Augenwinkeln wahrgenommen hatte, ganz weiß, mit goldenen Kuppeln, in denen sich die Sonne spiegelte, als gäbe es kein Morgen mehr. Ich musste an die Königstochter denken, die mit der goldenen Kugel spielte, bis sie sie so ungeschickt hochwarf, dass sie in den Brunnen fiel. Da tauchte bei den Gebrüdern Grimm als Retter in der Not der Froschkönig auf und beruhigte die bitterlich Weinende. Diese russischen Goldkuppeln waren nicht in den Brunnen gefallen, sie thronten geradezu majestätisch über den weißen Mauern und Türmen. Mit ihnen konnte man keine Bedingungen aushandeln wie im Märchen, à la «Ich möchte von deinem Tellerchen essen». Wenn es hier schon nicht mehr um ein großes internationales Rennen ging, dann konnte ich mich wenigstens ein bisschen auf die Schönheiten meiner Umgebung und meine mit ihnen verbundenen Gedanken einlassen. Ich freute mich darauf.

Gut gelaunt trat ich in meinem roten, wärmenden Daunenoutfit zum Aufbruch aus dem Checkpoint an, die Hunde hatten schon längst ihr Frühstück serviert bekommen, sie brannten darauf, wieder loszupowern. In diesem Moment

erreichte Lokalheld Sergej Semenov, den ich als Ersten überholt hatte, als Letzter den Checkpoint.

«Hier ist Schluss», rief er mir blass, bleich und übernäch-
tigt entgegen. «Meine Hunde können nicht mehr, ich kann
nicht mehr.»

«Du bist wirklich arm dran», sagte ich gerührt. «Es ist auch
besser, du kümmerst dich um deine Frau, die hat sich nämlich
die ganze Nacht über die Augen ausgeheult.»

Noch ein Team war mehr oder weniger in den Brunnen
gefallen. Ich hatte es erwartet. Vielleicht hätte ich mehr Mit-
gefühl zeigen sollen, aber die Erlebnisse des vergangenen Tages und der vergangenen Nacht hatten einen Panzer um mich
gelegt. Mich hatte man ausbooten wollen, und noch hatte
ich nicht ganz durchschaut, wer mit wem unter einer Decke
steckte. Egal. Fünf von sieben Teams hatten jetzt aufgegeben,
jetzt waren nur noch zwei unterwegs. Das von Mihail und
mir.

Line, meine Eigenwillige, hatte ihren Kopf vorgestreckt.
Zweifelsohne musste sie ihre Leaderposition unterstreichen.
Nachdem alle angespannt waren, dauerte es nur eine halbe
Stunde, und wir waren wieder auf der Wolga. Der Schnee
funkelte, als wäre der Fluss ein einziges breites Collier. Tief
atmete ich durch, ich fühlte mich seltsam befreit. Wenig
später, genau genommen nach fünf Kilometern – fünf Kilometern! –, hatten wir die Fahrer, die in ihrem Snowmobil den
Trail überprüfen und richtig abstecken sollten, eingeholt.

«Du bist schon da?», fragten die zwei Männer überrascht.
Sie waren gerade dabei, eine Kaffeepause einzulegen.

Ich ging gar nicht auf ihre Frage ein, sondern sagte klipp
und klar, was ich dachte. «Ihr könnt doch nicht dann raus-

fahren, wenn ich das auch tue. Ihr müsst mindestens zwei Stunden vor den Mushern raus. Das ist beim Iditarod-Rennen so und auch beim Yukon Quest. Der Trailbrecher startet zwei Stunden früher.»

«Ja, ja, aber wieso bist du denn so schnell?»

«Schnell? Ich bin nicht schnell, ich hatte nur gedacht, dass ich an einem Rennen teilnehme.»

«Stimmt ja auch.» Die Trailbrecher grinsten. «Aber wenn es so ist, wie es jetzt ist, dann fahr doch schon mal vor.»

«Wie? Ich soll schon mal vorfahren? Was soll das denn heißen? Es sind doch noch gar keine Marker angebracht?»

«Das ist nicht so wichtig, es gibt sowieso nur den einen Weg, den kannst du nicht verfehlen. Du fährst da vorne jetzt hoch, dann links, und danach kommst du durch einen Canyon. Naturschutzgebiet, da kann nichts schiefgehen – außer du umrundest einen Baum und nimmst danach die falsche Richtung.»

Jetzt lachten die beiden Männer dröhnend. Sollte ich das noch glauben, nach all dem, was ich bislang erzählt bekommen hatte?

«Okay», sagte ich und fuhr los. Welche Wahl hätte ich gehabt? Keine.

Beim Frühstück hatte man mir von einem Berg erzählt, einem riesigen Berg, den es heute zu bewältigen galt. Es hatte ganz dramatisch geklungen, es sei dort ziemlich gefährlich. Danach hatte ich mindestens so etwas wie einen Zweitausender erwartet, aber ich wusste, dass es in dieser Gegend keine so hohen Gebirge wie in den Alpen gab. Als der «Berg» dann vor mir auftauchte, war es eher ein langgezogener Hügel, der dennoch seine Tücken hatte. Nicht aufgrund seiner Höhe, sondern weil quer über dem Trail Bäume lagen, die die Organisatoren des Quest nicht weggeräumt hatten. Bei diesen Bäumen handelte es sich nicht um junge Anpflanzungen, sondern um ausgewachsene Tannenstämme, die wir umfahren mussten. Manche lagen auch nicht auf dem Eis, sondern hingen ziemlich tief und schräg herum, gebrochen nach einem Sturm, sodass die Hunde zwar unter ihnen durchlaufen konnten, ich mich aber jedes Mal bücken musste. Hätte ich mich nicht rechtzeitig geduckt, ich wäre mit dem Kopf gegen den Stamm geknallt und hätte mehr als flachgelegen. Klatsch! Eine Gehirnerschütterung wäre noch das Geringste gewesen, ganz zu schweigen davon, dass der Schlitten das Zeitliche gesegnet hätte. Bei einer nächtlichen Fahrt hätten mich die Äste der Bäume auch strangulieren können.

Zwischenzeitlich überholten mich dann schließlich doch noch die Trailbrecher, das freche Grinsen war nicht aus ihren Gesichtern verschwunden. Nikolai zeigte sich ebenfalls auf seinem fahrenden Thron, aber weder er noch ich waren bereit, großartig Worte miteinander zu wechseln.

Letztlich war ich erleichtert, als wir das unwirtliche Gebiet verlassen konnten. Wenig später tauchte dann der angekündigte Canyon auf. Erst ein großes Feld, das offensichtlich ein Eldorado für einheimische Snowmobilfahrer war, denn überall waren Spuren von ihren Gefährten zu sehen. Unzählige. Wie sollte man da noch irgendeinen Marker erkennen? Ich dachte, leicht verstimmt: Dieser laufende Meter von Race Marshall macht es mir nicht leicht, nicht zu glauben, dass kleine Männer keine Probleme haben. Passte es ihm nicht, dass ich als Frau in eine Männerdomäne eingebrochen war? Immerhin war ich größer als er, dabei kann ich mich mit meinen eins sechzig auch nicht gerade als groß bezeichnen. Aber ich hätte ihm auf den Kopf spucken können. Hinzu kam, dass er wie Vladimir Tschuktsche war. Die Russen hatten die tschuktschischen Gebiete schon seit dem 17. Jahrhundert kolonisiert und die Nomaden und Halbnomaden ihrer Kultur beraubt. Besonders in der Sowjetära wurden sie gezwungen, ihr Nomadendasein aufzugeben und Russisch zu lernen (Tschuktschisch ist eigentlich ihre Muttersprache). Aufgrund dieser Historie gab es sicher auch Schwierigkeiten mit der eigenen Identität.

Danach ging es ziemlich tief hinunter und nach der Ankunft im Tal extrem steil wieder hoch, vier-, fünfmal hintereinander. Konnte man Schlitten fahren und hatte gute Hunde, war dieses Auf und Ab kein großes Problem. Ich dachte aber an das Team hinter mir – war Mikail mit seinen Hunden schon jemals mit einer solch immensen Herausforderung konfrontiert gewesen? So ganz war nicht nachvollziehbar, warum man eine derart schwierige Route gewählt hatte, mit Sicherheit hätte der Trail auch am Canyon vorbei abgesteckt werden können.

Los! Canyon hoch, Canyon runter, Canyon hoch ... Die Hunde und ich schnauften heftig um die Wette. Aber wir bekamen das hin, kein Zweifel. Hinterher sah ich Videoaufnahmen, wie irgendwelche Scooter-Fahrer bei Mihails Team nachhalfen. Drei Mann zogen den Schlitten zusammen mit den Hunden nach oben, genau das hatte ich befürchtet.

Langsam dämmerte es abermals, wieder war die Strecke länger, als man sie berechnet hatte. Wir passierten gerade ein Dorf – so viel war angesichts der Umrisse bei einbrechender Nacht zu erkennen –, was hieß, dass der Trail ein weiteres Mal einer eisglatten Straße folgte. Ich stand schon auf der Bremse, denn die Hunde hatten vorher ganz schön Gas gegeben. Ganz hinten im Team hatte Ella ihren Platz, eine ziemlich kräftige Hündin, die für ihre weiblichen Artgenossen nicht viel übrighatte. Ich nannte sie «meine Fressmaschine», denn nichts tat sie lieber, als sich vollzufuttern. Sie war noch nicht sehr lange bei mir im Team, und sie lief im Gespann immer so, dass sie an all den anderen Hunden vorbeigucken konnte. Dank dieser besonderen Position hatte sie etwas erspäht, was die anderen Hunde noch nicht erblickt hatten, wobei ich annahm, dass es ihnen auch egal war, was sich da gegen den dunkler werdenden Himmel noch dunkler abzeichnete. Ich sah nur, wie zwei kleine Augen auf uns zukommen, und rief: «Katze, du solltest besser mal abbiegen!»

Die Katze dachte aber nicht daran und stolzierte munter weiter auf das Zwölfhundeteam zu, dumdidumdidum. Ella bekam schon einen langen Hals. Ein gefundenes Fressen. Ich wunderte mich, dass die vorderen Hunde immer noch nicht gecheckt hatten, was sich da auf uns zubewegte. Aber nun gut.

Schließlich begriff das kleine Raubtier, mit wem es es da aufgenommen hatte. In Comics werden Katzen, wenn sie vor Schreck innehalten, immer so gezeichnet: Die Vorderpfoten gegen den Boden gestemmt, die Ohren gehen nach oben. Und genau so sah sie aus, wie ich mit dem Licht meiner inzwischen wiedergefundenen Headlamp (Jurij hatte sie in seinem «Büro») sehen konnte. Knapp einen Meter vor dem Team bog die Katze zur Seite ab. Ella war furchtbar enttäuscht, ließ den Schweif hängen. Was für ein Mist! Line lief von dem Ganzen unbeeindruckt weiter.

Doch schon im nächsten Augenblick musste ein weiteres Abenteuer überstanden werden. Ein Ungetüm zeigte sich weiter vorne, ein Ungetüm von Hund. Riesig. Eine Mischung aus Dogge und Schäferhund. Er stand in einer Einfahrt, gleich würde Line mit ihm auf Augenhöhe sein. Er sah kriegslustig aus, eine kleine Rauferei wäre ihm gerade recht. War er allein, überlegte ich, oder das Alphatier einer Gruppe herumstreunender Hunde? Das konnte dann gefährlich werden. Schon mehrmals hatte ich in Russland diese Rudel frei herumlaufender Tiere gesehen, die, herrenlos geworden, sich zusammengeschlossen hatten. War Letzteres der Fall, dann konnten sie geschlossen angreifen, und Line mit ihren Jungs und Mädels wäre gegen diese Streuner nicht unbedingt gewappnet. Zum einen konnten sie in der Überzahl sein, zum anderen hatten sie völlig andere Überlebensstrategien erlernt.

Jetzt waren sie Kopf an Kopf. Und was machte das Kalb? Es wich vor Entsetzen zurück, lief in Panik hinter das Tor der Einfahrt, nicht anders als eben die Katze. Wahrscheinlich hatte der Hund zunächst nur Line wahrgenommen. Als er dann sah, dass ihr eine komplette Mannschaft folgte, war es mit seiner Courage aus gewesen. So viele, was geht denn hier ab? Nichts wie weg. Fast musste ich lachen, wenn es nicht auch anders hätte ausgehen können, aber er wirkte, als würde er nie wieder auf einen Hund losgehen wollen. Meine Huskys hatte auch diese Einlage eines Genossen nicht aus der Ruhe gebracht. Stolz blickte ich auf sie, gerade eben hatten sie mir gezeigt, wie gut sie trainiert waren.

Schließlich, nach einer guten weiteren Stunde, erreichte ich dann doch noch den nächsten Checkpoint. Uslada. Was für ein seltsames Gefühl eigentlich, bei einem internationalen Rennen nur mit einem weiteren Team übers Eis zu rennen. Hoffentlich hielt wenigstens noch Mihail bis zum Ende durch. Aber als ich dann genauer über die Situation nachdachte, fand ich es längst nicht mehr merkwürdig. So eigen wie die Reise begonnen hatte, so eigen sollte sie wohl aufhören. Langsam fing es an, mir zu gefallen.

Dazu trug bei, dass der zweite Checkpoint auch okay war: Es gab eine Dusche, und ich hatte mein eigenes Zimmer. Das war schon mal ein gewaltiger Fortschritt gegenüber dem letzten.

«Silvia, Mihail Fateev ist schon raus! Du musst ihn überholen, heute bist du nicht die Erste. Es ist schon neun Uhr.» Aufgeregt rannte Nikolai zu mir, gerade war ich dabei, die Hunde für den dritten Renntag einzuspannen.

Was wollte der Zar mir damit zu verstehen geben?

«Ist dir etwa entgangen, dass ich am ersten Tag so einige Musher überholt habe, obwohl du mich auf einen falschen Trail geschickt hast?» Das musste einfach einmal gesagt werden. Und weil ich meinen Mund nicht halten konnte, fügte ich noch hinzu: «Warum sind schon am zweiten Tag fünf Teams ausgestiegen? Hast du dich mal gefragt, wieso dieses Rennen so demotivierend auf die anderen wirkt? Warum es nicht möglich ist, Vertrauen dir gegenüber zu haben?»

Eine Antwort wartete ich nicht ab, sondern gab den Hunden das Kommando, sich in Bewegung zu setzen. Es war noch kälter geworden, dabei war die Temperatur schon am Vortag gefallen, auf mindestens minus 40 Grad Celsius. Am Morgen hatte auch das fließende Wasser im Checkpoint nicht funktioniert, die Leitungen waren eingefroren. Aus diesem Grund hatte ich für die Hunde Schnee zum Schmelzen bringen müssen, damit sie ausreichend zu trinken hatten. Das war eine Zeitverzögerung von insgesamt einer Stunde gewesen. Deshalb war ich nicht um acht, wie ich es vorgehabt hatte, sondern erst um neun losgekommen. Dabei hatte man gemurrt, als ich meine Acht-Uhr-Abfahrtszeit angekündigt hatte. Nikolai hatte sogar gemeint: «So früh, geht es nicht ein bisschen später? Vielleicht halb neun? Wir wollen nämlich noch ein wenig feiern.» Erst hatte ich das für einen Spaß gehalten, aber er meinte es ernst.

Im Wegfahren rief ich ihm noch zu: «Damit es klar ist, du hast mir nichts zu sagen. Und überhaupt: Wir Musher plädieren für keine Drogen und kein Alkohol. Hundeschlittenrennen sind sportliche Veranstaltung. Du solltest dir mal die internationalen Quest-Regeln durchlesen.» Die Fronten waren damit geklärt.

Er hatte mich auch nicht nur wegen Mihail auf die Uhrzeit hingewiesen. Er wollte sich auch wichtigmachen. Und das beste Gegenmittel war, ihn nicht mehr wichtig zu nehmen. Nachdem ich das beschlossen hatte, ging es mir wunderbar.

Sengiley war mein nächstes Etappenziel, eine kleine Stadt im mittleren Wolgabereich. Bei eisigen Temperaturen und klarem Sonnenschein ging es voran. Ohne Wolga, so hatte ich gestern Abend beim Essen gehört, gäbe es kein Russland, die Wolga sei die Wiege des Landes, die «russische Seele». Auf jeden Fall eine, die monatelang zugefroren war. Und dann hatten sie mir noch von den Wolgadeutschen erzählt, die durch eine Einladung der russischen Zarin Katharina II. an die Wolga gekommen waren. Die Herrscherin hatte 1762 in deutschen Zeitungen zwei Manifeste abdrucken lassen mit bestimmten Versprechungen, um damit Kaufleute, Bauern und Offiziere in die öden Gegenden Russlands zu locken. Die Zarin wollte die Siedler für ihr großes Reich gewinnen, um dessen Grenzen abzusichern – doch sie versprach mehr, als sie hatte halten können. Die Auswanderer hatten im Gegensatz zu mir für ihren Aufbruch an den großen Strom recht pragmatische Gründe gehabt, die Zarin hatte ihnen das Land schenken wollen. Und wenn man keins besaß, konnte das schon ein Anreiz sein. Jürgen und ich hatten andere Motive gehabt, Land und Arbeit hatten nicht in Aussicht gestanden. Aber wäre ich gern an die Wolga gezogen? So herrlich die Landschaft auch war, ich hatte das eindeutige Gefühl, mit Norwegen die richtige Entscheidung getroffen zu haben. Die beste, um genau zu sein.

Der Tag verlief ansonsten ohne weitere Probleme, ich musste mich auch nicht umdrehen, niemand hätte mich einholen können. Mihail wusste ich vor mir. Ich war auf weiter Flur allein unterwegs. Als ich den – diesmal erkennbaren – Markierungen folgte, wurde mir abermals bewusst, dass ich es bei diesem Rennen nicht mit einem wirklichen Wettbewerb zu tun hatte. Schon die Jahrmarktsstimmung in Togliatti hatte das angedeutet. Aber wie sollte ich das Rennen für mich werten?

Gestern Abend hatte ich noch ein kurzes Gespräch mit Steinar gehabt, der sich als begleitender Veterinär des Rennens ausgeklinkt hatte, das hatte er mir mitteilen wollen.

«Silvia, ich bin nicht mehr offizieller Tierarzt», sagte er. «Ich bin raus, ich fühle mich, als wäre ich auf einer Touristenattraktion. Von einem sportlichen Wettbewerb kann hier keine Rede sein.»

«Ich kann dich gut verstehen», erwiderte ich. «Es ist ein Festival allein für die Sponsoren, wir sind nur Beiwerk.»

«Genau so ist es. Aber du willst noch weiter an dem Rennen teilnehmen?»

Ich nickte. «Ja, ich ziehe es durch. Ich nehme es nicht mehr ganz so ernst, aber ich ziehe es durch. Es ist eine gute Vorbereitung fürs nächste Abenteuer.»

«Dann viel Glück!»

Das, was ich am gestrigen Abend geäußert hatte, stimmte auch noch an diesem Morgen. Das «Rennen» war eine gute Trainingseinheit. Eine innere Stimme sagte mir: «Du schaust einfach, welche Hunde du für das nächste große Rennen einsetzen kannst.» Mit dieser Antwort konnte ich mich zufriedengeben. Dennoch fehlte natürlich der sportliche Anreiz.

Egal, was sollte ich mir darüber noch länger den Kopf zerbrechen? Weiter die Wolga entlang, vorbei an russischen Dörfern und Menschen, die mir zuwinkten. Die Landschaft war herrlich, diese verschiedenen Weißtöne, es war immer wieder faszinierend. Einmal hatte ich mit Seglern gesprochen, die den Atlantik überquert hatten und am Ende müde waren, tagelang nur mit der Farbe Blau konfrontiert zu sein. Sie hatten sich nach einem saftigen Grün oder einem Rot wie bei einer Mohnblume gesehnt. Was atmeten sie auf, als sie in der Karibik landeten und sich an den verschiedenen Dschungelgrüntönen nicht sattsehen konnten. In Norwegen war ich monatelang diesem wahnsinnigen Weiß ausgesetzt – und nicht einen Tag hatte ich Langeweile dabei empfunden. Ich konnte auf Papagei- und Smaragdgrün und leuchtenden

Blütenzauber verzichten, aber die Menschen waren nicht alle gleich.

Es war schon dunkel, als ich nach 120 Kilometern den dritten Checkpoint erreichte. Kurz zuvor hatte ich noch gedacht, dass wir nie ankommen würden, weil meine Hunde und ich erst einmal an Sengiley vorbeimussten, um dann in einem großen Bogen von der Wolga runter und durch einen Park zu fahren. Schließlich bogen wir in eine breite Straße ein, und an ihrem Ende konnte ich Menschen sehen, die mich erwarteten, darunter auch alle anderen Musher. Der Checkpoint selbst war eine Turnhalle, wo mir auch ein kleiner Raum, wahrscheinlich eine Umkleide, mit einem Bett zur Verfügung gestellt wurde.

Jurij entdeckte ich nirgends, ich hatte auch nicht wirklich erwartet, dass er sich um die Hunde kümmern würde. Inzwischen hatte ich herausgefunden, dass er ein großer Freund von Nikolai war, die beiden hockten gern zusammen, eine Flasche Wodka zwischen sich – wenn eine Flasche überhaupt ausreichte. Jurij konnte ich abhaken, was ich im Prinzip von Anfang an wusste, doch es hatte gedauert, bis ich es mir eingestehen konnte.

Vierundzwanzig Stunden Pflichtpause waren an diesem dritten Checkpoint angeordnet – aber interessierte das überhaupt noch jemanden? Man hatte mir nämlich gesagt, dass inzwischen auch Mihail aufgegeben hätte. Nun war kein einziges weiteres Team mehr im Rennen. Ich musste es laut aussprechen, um es zu begreifen: «Ich bin die Einzige, die noch dabei ist.»

Aber die sechs Musher, die alle hingeschmissen hatten

– Sergej, Mihail, Vladimir, Yuri, Oleg und der nette Anwalt Vyacheslav, den alle nur Slava nannten –, versicherten mir jetzt, dass sie mich noch von Checkpoint zu Checkpoint (zwei lagen noch bis zum Endziel Kazan vor mir) begleiten würden – in ihren Autos. Deshalb hatten sie wohl auch als «Empfangskomitee» vor der Turnhalle gestanden.

Inzwischen hatten auch die Musher, die dem Race Marshall anfangs Rückendeckung gegeben hatten, gemerkt, dass mit «Zar Nikolai» irgendetwas nicht stimmte, dass sie, wie sie sagten, von ihm «verkohlt» worden waren. Immer neugieriger hatten sie mich und mein Team verfolgt, und nun trugen sie mir, nachdem ich mich ein wenig in der Halle aufgewärmt und gegessen hatte, noch eine Bitte vor, die ich doch sehr ungewöhnlich fand.

«Silvia, kannst du uns nicht etwas erzählen, etwa wie du mit deinen Hunden trainierst?»

«Wie soll ich das verstehen?», fragte ich nach, weil ich im ersten Moment nicht gleich verstand, was ihr Anliegen war. Vielleicht weil es so befremdlich in meinen Ohren klang.

«Na ja, wir wollen von dir etwas über Huskys lernen. Wie man sie fit macht für ein wirkliches Rennen», sagte Oleg, der an seinem kleinen Schnauzbart zwirbelte.

«Ihr wollt, dass ich in dieser meiner freien Zeit, diesen vierundzwanzig Stunden, ein Seminar abhalte?»

Es wurde ernsthaft genickt.

«Gut, warum nicht?»

Ich mochte die Männer, die sich bemüht hatten, mit mir mitzuhalten, und sie wollten wirklich etwas erfahren, waren das Gegenteil von dem dumpfen Zar.

Zwei Stunden lang erzählte ich ihnen am nächsten Tag,

wie man Hunde dazu bringt, dass sie auch noch beim letzten Checkpoint freudig ankommen. Die ganze Zeit über hatte ich das Gefühl, im falschen Film zu sein. Aber die russischen Musher hörten interessiert zu. Sie waren Sprint-Musher, wie sie sich selbst eingestanden, und keine Long-Distance-Musher, und sie brachten mir viel Respekt entgegen. Wären sie noch im Rennen gewesen, hätte der Race Marshall sicher inoffiziell seinen Job verloren. Man machte mir auch Komplimente: Alle Vorurteile, die sie über Westeuropäer gehabt hätten, speziell über Deutsche, die würden sie widerrufen. Sie hätten gelernt, eine deutsche Frau müsse nicht unbedingt zickig und hochnäsig sein. Das gefiel mir natürlich. So hatte ich nach einer Anfahrt von über tausend Kilometern etwas für das Ansehen der deutschen Frau getan.

Und dann ging es nach der Zwangspause weiter. Staraya Mayna – so der Name der nächsten Etappe, auch ein Ort mitten im alles umfassenden Weiß. Das konnte ich behaupten, weil ich den vierten Checkpoint endlich einmal kurz vor Einbruch der Dunkelheit erreichte. Ich hätte sogar noch früher ankommen können, doch die Marker hatten mich abermals auf einen Umweg von zehn Kilometern geschickt. Aber geschenkt. Meine treuen Gefolgsleute begrüßten mich vor einem langgestreckten weißen Gebäude, dessen Funktion ich nicht weiter ergründen konnte.

Früh legte ich mich schlafen, am nächsten Tag sollte es nach Bolgar gehen. Ich war gespannt, was auch immer sich hinter dem Namen verbarg, der so klang wie der orientalische Weizenschrot Bulgur. Im Liegen dachte ich darüber nach, was ich über die Stadt der Republik Tatarstan im Vorfeld des Rennens gelesen hatte. Einst, im 8. Jahrhundert, war sie nicht von den Wolgadeutschen, sondern von den Wolgabulgaren gegründet worden. Zwischendurch war sie ein religiöses Zentrum des Islam gewesen, bis sie im 16. Jahrhundert von Zar Iwan dem Schrecklichen wieder besetzt wurde. Je näher ich der Stadt kam, umso deutlicher konnte ich die Walllinien erkennen, die einst von den Wolgabulgaren erbaut worden waren, um die mächtige Stadt vor einfallenden Feinden wie den Mongolen zu schützen. Heute war sie, wie ich gelesen hatte, UNESCO-Weltkulturerbe. Was für eine wechselvolle Geschichte, ganz in multikultureller Tradition. Christen, Muslime, wahrscheinlich hatten auch Juden in Bolgar gelebt.

Die Hunde hatten immer noch ihren Spaß, als wir erneut am nächsten Tag losfuhren, von ihrer Seite kamen keine Klagen. Dennoch machte ich mir ein wenig Sorgen um ihre Gesundheit. Zum Glück war Steinar immer noch da, auch wenn er nicht mehr offiziell als Tierarzt antrat. Der Trail war bislang hart gewesen, viel Eis, wenig Land, und nicht im Geringsten präpariert. Der eisige Wind fegte über die gefrorenen Flächen, nirgendwo blieb der Schnee liegen, was bedeutete, dass die Hunde vielen scharfen Kanten ausgesetzt waren. Genauer gesagt: ihre Pfoten. Ich hatte Angst, dass sie sich verletzen würden. Sie selbst machten sich darum ja keine Gedanken. Sie dachten bestimmt: Jetzt ist eigentlich alles wie zu Hause, Eis und Sturm. Manchmal blickten sie mich an, als würden sie erneut sagen wollen: «Und dafür hast du uns so lange im Hänger herumhocken lassen?» Es gab aber auch wirklich wenig Abwechslung. Und die mit Schnee bedeckten Türme

und Kuppeln – manche sahen aus wie umgestülpte Zitronen-
törtchen mit Masern – der vielen Kirchen und Minarette an
den Ufern der Wolga schienen kaum ihr Interesse zu wecken.
Kulturbanausen. Ebenso wenig die über Land laufenden Gas-
leitungen.

Als ich am frühen Nachmittag – das war schon sehr erstaunlich gegenüber den vorherigen Tagen – im Checkpoint
ankam, hieß es gleich nach meiner Ankunft: «Silvia, es muss
eine Entscheidung getroffen werden. Warum sollen wir
länger ein Rennen vortäuschen, wenn der Sieger längst fest-
steht? Die Siegerin.»

Ich schaute hinüber zu Svetlana und Sergej, ihr Traum
von einem großen Husky-Rennen drohte zu platzen, nein, eigentlich war er schon zerplatzt. Es hatte so viele Sponsoren
gegeben, eine große russische Bank war involviert gewesen,
und nun hatte sich alles zu einem Desaster entwickelt.

«Willst du wirklich allein weiterfahren?» Svetlana sprach
nun das aus, was mich tagsüber die meiste Zeit beschäftigt
hatte. Sie sah so traurig aus, und das lag nicht nur daran, dass
sie wegen ihres fehlenden Zahns nicht zu lächeln wagte. Ihre
Augen waren umschattet, die dünnen braunen Haare hingen
noch schlaffer herunter als in den vergangenen Tagen. Doch
nicht nur sie schaute mich an. Mehrere Augenpaare sahen
auf einmal erwartungsvoll zu mir hinüber.

«Natürlich fahre ich weiter. Wer Sieger sein möchte, und
das möchte ich, muss bis zum Schluss durchhalten.» Das war
die einzig mögliche offizielle Antwort, von meinen inneren
Zweifeln sollte keiner etwas mitbekommen.

«Mmh ...» Svetlana zögerte, sie schien nicht die richtigen
Worte zu finden. «Aber es ist so sinnlos», sagte sie schließ-

lich. «Ich finde, wir beenden hier dieses Rennen, und du bist unsere erklärte Siegerin des ersten Volga Quest.»

Das kam jetzt doch etwas überraschend, dann aber sagte ich: «Wenn ihr das für richtig haltet, bin ich damit einverstanden. Aber es muss auch nach außen getragen werden, die Medien müssen erfahren, dass ich das Rennen gewonnen habe. Nicht dass ihr es sang- und klanglos beendet, als hätte es diesen Wettbewerb nie gegeben.»

Immer wieder hatte ich bei dieser Diskussion Blicke zwischen Nikolai und Jurij ausgemacht, auch ein Daumenrunter, als hätten sie untereinander etwas anderes ausgekungelt. Beide sahen aus, als würden sie jeden Hund verschachern können – und sei es zu Tierexperimenten.

«Wenn ich merke, dass ich über den Tisch gezogen werde», fügte ich hinzu, «dann werde ich die ganze Geschichte, wie hier alles abgelaufen ist, auf Facebook posten. Ich habe Respekt vor dir und deinem Mann, Svetlana, aber es gibt hier auch gewisse kriminelle Energien» – ein unmissverständlicher Blick zu Nikolai –, «und wenn ich spüre, dass diese die Oberhand gewinnen, werde ich meinen Mund nicht halten. Ich lasse mich nicht für irgendwelche Machenschaften benutzen.»

«Nein, nein, Silvia, wir versprechen dir, dass alles seine Ordnung hat.»

Auch die anderen Musher beteuerten einhellig: «Silvia, das ist wirklich die letzte Etappe. Du bist die Siegerin, du bekommst das Preisgeld und die Prämie.»

«Es geht mir nicht ums Geld», erklärte ich. «Es geht mir ums Prinzip. Wenn man etwas versprochen hat, muss man sich auch daran halten. Mein Name ist mit diesem Rennen verbunden, ihr habt ihn benutzt, um Sponsorengelder zu bekommen, und den habe ich zu verlieren, wenn ihr irgendwelche Dinge ausheckt.» Dann insistierte ich nochmals, das konnte nach meinen bisherigen Erfahrungen nicht schaden: «Ich bin nicht für nichts tausend Kilometer gefahren. Sonst hättet ihr das Rennen von vornherein canceln müssen. Und damit ihr es wisst, ich bin ein seriöser Musher.»

«Alles hat seine Ordnung», wiederholte Svetlana. «Das ist das offizielle Ende des Rennens.»

«Okay», sagte ich, «dann lade ich meine Hunde ein und fahre nach Hause.»

Im Grunde hatte ich nichts dagegen. Von dem Chaos-Rennen und dem ewig betrunkenen Race Marshall, der nichts zustande brachte, hatte ich die Nase gestrichen voll.

«Silvia?»

«Ja, ist noch was, Svetlana?»

«Könntest du uns noch einen Gefallen tun?»

«Was führst du im Schilde?»

«Es wäre toll, wenn du, wenn ihr alle», Svetlana blickte in die Runde der Musher, «noch von Swijaschsk aus, einem kleinen Dorf mit 276 Einwohnern, bis Kazan mit euren Teams fahren könntet. Für die Sponsoren, damit die glücklich sind. Das sind nur fünfunddreißig, vierzig Kilometer, wirklich nur ein kleines Rennen.»

«Und ganz bestimmt ohne Marker», warf ich ein, woraufhin alle lachen mussten, selbst Svetlana, die dadurch ihre Zahnlücke freilegte und verschämt ihre Hand auf den Mund legte, als sie es bemerkte.

«Bist du dabei?»

«Klar.»

Am Ende der Wolga-Show ein harter Konkurrent

«Go, straight, Line!»

Vor uns lag mitten auf der Wolga eine Art Autobahn, eine Ice-Road, die zwei große Eisflächen trennte. Sie musste überquert werden, dabei fuhren hier eine Menge Pkws und Lastwagen. Natürlich ohne Ampeln. Aber Line lief straight, sie ließ sich von dem Verkehrsstrom nicht beeinflussen. Ich war an diesem Tag als Erste gestartet, das war auch keine Frage gewesen, aber plötzlich merkte ich auf dieser großen Freifläche, dass mich jemand überholen wollte. Ein kurzer Blick über die Schulter sagte mir, dass es Slava war. Der Rechtsanwalt mit seinen schnellen Hetzhunden, der gleich beim ersten Checkpoint ausgeschieden war, hatte sich wohl gedacht: Komm, einmal will ich sie schlagen! Jetzt packe ich mir die Silvia! Auf Kurzstrecken bin ich besser als sie und ihr Team. Und er kam mit seinen Hunden wirklich an wie ein Weltmeister. Ich dachte: Lass ihn, meine Huskys haben schon ein paar hundert Kilometer in den Beinen ...

Dann aber ging der Trail nach links ab, wir hatten einer Scooter-Spur zu folgen. Zum ersten Mal gab es tatsächlich einen richtigen Trail, einen, bei dem sich die Hunde freilaufen konnten. Man merkte es ihnen richtig an: «Juppiduh – endlich ein guter Trail!» An keiner Stelle mussten sie selbst einen brechen. Slava war nun mit seinem Team auf gleicher Höhe.

Seinen Hunden befahl er bei rasendem Tempo: «Ho, ho, ho – links, links, links!» Doch was taten die Hunde? Der Leader lief weiter geradeaus, und die anderen Tiere folgten ihm brav. Sie hatten Scheuklappen auf wie Rennpferde. Sie wollten einfach nur Gas geben, alles andere interessierte sie nicht, da konnte Slava noch so verzweifelt seine Kommandos brüllen. Sie hatten ihn nicht auf der Rechnung. Ich dachte nur: Ja, so ist das manchmal ...

Line bog natürlich nach links ab, ihr hatte mein Ho-Kommando keine Probleme bereitet. Somit hatte ich wieder einen Vorsprung. Zum ersten Mal seit Beginn des Quest gab es auch ein richtiges Rennen, es fing an, Spaß zu machen – selbst wenn es nur ein Scheinrennen war. Später erzählte mir Slava, dass sein Leader nach dem Wendemanöver wieder nicht die Biege gemacht hatte, sondern erneut stur geradeaus gelaufen war. Was nutzte es, wenn man schnelle Hunde hatte, aber sein Team nicht unter Kontrolle? War ich etwa ein wenig schadenfroh?

Erst kurz bevor wir unser Ziel Kazan erreichten, holte Slava mich ein weiteres Mal ein. Aber diesen Vorsprung durfte er nur bis zu einem gewissen Punkt genießen. Da ich die erklärte Siegerin des Volga Quest war, durfte er selbstverständlich nicht vor mir ins Ziel laufen – das hätte die wartende Menge nur verwirrt. Irrtümlicherweise hätte man ihn am Ende doch für den Gewinner des Rennens gehalten. An einem verabredeten Punkt wartete er auf mich und ließ mir galant mit seinem sympathischen Lächeln den Vortritt. Ich fand das alles ziemlich blödsinnig, es war ja ein separates Rennen, doch ich musste partout als Siegerin ins Ziel laufen. Sieger dieses Einzelrennens war aber definitiv Slava mit seinen Rennhunden. Somit waren wir nur für die perfekte Show gelaufen. Was für ein Zirkus!

Doch als ich die Ziellinie erreichte – war niemand da! Slava und ich waren zu schnell gewesen. Jeder hatte angenommen, wir würden gegen elf Uhr vormittags ankommen, wir waren aber schon eine Stunde früher dort. Erst nach und nach trudelten die Zuschauer ein. Was das Zeitmanagement betraf, hatte ich von den Organisatoren des Rennens ja sowieso nie viel gehalten. Es konnte kaum aberwitziger werden. Doch ich hatte mich getäuscht. Längst hatte ich meine Hunde geparkt, als man auf mich zutrat und eine Bitte vortrug.

«Silvia, könntest du nicht noch mal die Hunde einspannen und mit ihnen eine kleine Runde samt Zieleinlauf machen? So würden die Zuschauer doch noch auf ihre Kosten kommen.»

Meine Antwort war unmissverständlich: «Das mache ich nicht! Beim besten Willen nicht.» Das konnte ich auch meinen Hunden gegenüber nicht verantworten. Sie hatten sich sowieso sicher schon gefragt, ob mit mir alles in Ordnung war. Die anderen Musher ließen sich dazu überreden, aber ich blieb bei meiner Meinung.

Stattdessen blickte ich mich um. Kazan, Hauptstadt der Republik Tatarstan, mit über einer Million Einwohnern, mal siebt-, mal achtgrößte Stadt Russlands, eine Stadt, die sehr islamisch geprägt ist. Das hatte ich schon unterwegs gesehen, viele hoch aufragende Minarette. Aber es gab auch die Kuppeln russisch-orthodoxer Kirchen, hier weniger bunt, eher waren sie schwarz oder silbern, ganz oben prangte ein großes goldenes Kreuz, das im Sonnenlicht oft wie ein Signal blitzte, als wolle es etwas mitteilen. Auch die kleineren zwiebelartigen Kuppeln wiesen solche Kreuze, etwas kleiner, auf, so kamen bei größeren Kirchen schon mal sieben und mehr Kreuze zusammen. Am Ufer der Wolga hatte ich auch noch einen ganz modernen Bau entdeckt, er sah aus, als hätte man ihn direkt aus Saudi-Arabien importiert. Schon in Bolgar hatte mir dieses Nebeneinander der verschiedenen Religionen imponiert – jedenfalls optisch, denn nur so hatte ich Bekanntschaft mit der Stadt gemacht –, hier in Kazan kam es noch deutlicher in den Bauten zum Ausdruck.

Bevor ich mich aber weiter in der Architektur der Stadt verlieren konnte, war ich umringt von Presseleuten. Es war kaum zu glauben, aber es ging medienmäßig ein echter Hype um mich los. Ich war für Journalisten und Kameraleute die Heldin, die deutsche Frau aus Norwegen, die es allen russischen Männern gezeigt hatte.

Zum Abschluss des Rennens sollte ich am Abend noch eine kuriose Abschiedsfeier erleben. Vorher wollten wir Musher aber in einem Hotel Riviera – über diesen Namen konnte man sich nur wundern, zumindest im Winter – einchecken. Ich hatte angenommen, dass man uns dort ein Zimmer reserviert hatte, dem war aber nicht so. Man teilte uns stattdessen sogar mit, dass wir unsere Übernachtung selbst zu bezahlen hätten.

«Das mache ich nicht mit, in der Ausschreibung stand dieses Hotelzimmer drin, wir haben sowieso schon auf so vieles verzichtet. Jetzt ist Schluss mit Rücksichtnahme.»

Demonstrativ setzte ich mich in der Lobby in einen Sessel, die anderen Musher taten es mir nach. Unser Sitzprotest hatte Erfolg, jeder bekam ein Zimmer, ohne es bezahlen zu müssen. Es war nicht sehr teuer, ich hätte es mir leisten können, aber mir ging es ums Prinzip.

Zwei Stunden später trafen wir uns alle in einem Restaurant. Von einer feierlichen Zeremonie konnte keine Rede sein, auch kein einziger Sponsor war anwesend, ebenso wenig Journalisten. Hinsetzen. Essen. Geldübergabe. Das war's. Zuerst erhielt ich mein Preisgeld für die letzte, die Showetappe, 1000 Rubel waren es, danach das für das Quest-Rennen, eine Million Rubel, umgerechnet gut 13 000 Euro. Dieses Geld musste ich auch noch teilen, mit allen anderen am Start beteiligten Mushern und obwohl die aufgegeben hatten. In Russland galten wohl andere Regeln. Am Ende blieben mir nur 300 000 Rubel übrig. Mochte Russland ein kommunistisches Land sein, aber das ging gegen mein Verständnis von Gerechtigkeit. Widerspruch zwecklos, sonst hätte ich mich gegen die anderen Musher stellen müssen. Immerhin erhielt ich so viel, dass meine gesamten Unkosten gedeckt waren.

Das Geld bekam ich während der Preisverleihung in die Hand ausgezahlt, die Scheine lagen in einem Briefumschlag. Ich kam mir vor, als würde man mich für einen Mafia-Auftrag bezahlen. Umtauschen, so dachte ich, wollte ich es in Norwegen, würde ich es unterwegs tun, in Moskau etwa, würde mich das nur zu sehr aufhalten. Hätte ich es nur getan.

Denn als ich die Rubel später in der Tinn Sparebank in Rjukan umtauschen wollte, sagte mir ein Angestellter ohne Umschweife: «Wir nehmen keine Rubel.»

«Wieso nehmt ihr keine Rubel?», fragte ich erstaunt nach. «Soll ich damit jetzt Monopoly spielen?»

«Die sind hier nichts wert», lautete lapidar die Antwort.

«Habe ich das richtig gehört? 300 000 Rubel sollen in Norwegen nichts wert sein?»

«Wir in dieser Bank können jedenfalls nichts damit anfangen.»

«Und was heißt das für mich? Soll ich sie in den Gully schmeißen?»

«Es gibt Geldtransferbanken wie Western Union, versuch es dort einmal.»

Ich rief bei einer dieser Spezialbanken an, der AVB-Bank.

«Nehmt ihr Rubel an?»

«Natürlich tun wir das.»

Dazu musste ich aber erst nach Oslo fahren, ein Tagesausflug.

Nach der Geldverteilung saßen wir noch eine Weile zusammen, Nikolai musste sich noch selbst beweihräuchern, wie großartig er alles gemacht hatte, was für ein toller Hecht er doch war. Ich konnte nur mit dem Kopf schütteln. Und damit war das erste Volga Quest beendet.

Im Januar 2015 gab es das zweite. Ohne mich. Dieses Rennen war nichts für mich. Es war allein darum gegangen, von A nach B zu kommen. Es war kein eigenständiges Taktieren möglich, ich konnte keine Strategie entwickeln. Das Volga Quest wird ein Festival bleiben, touristisch angehaucht.

Jurij hatte die Nacht durchgefeiert, aber ich hatte nicht das geringste Mitleid mit ihm. Ich wollte am Morgen nach der Preisverleihung früh los, und er wollte, wie verabredet, bis St. Petersburg mitkommen. Wir fuhren denselben Weg zurück, auf dem wir gekommen waren. Besser gesagt: Jurij schlief die ganze Zeit und stank fürchterlich nach Alkohol. Als wir St. Petersburg erreichten, musste ich ihm noch ein Erste-Klasse-Ticket in die Hauptstadt kaufen – der Herr wohnte ja in Moskau und bestand darauf. Die letzten Stunden fuhr ich allein, welch eine Erleichterung, wenigstens in den sechs, sieben Stunden, die ich bis zur Grenze brauchte.

Bei der Ausreise wartete jedoch das nächste Problem auf mich. Bei der Einreise hatte ich mein Auto angeben müssen – so sollte sichergestellt werden, dass ich es zwischenzeitlich nicht verkaufte. Für den Hänger mit den Hunden hatte sich aber niemand interessiert. Man hatte ihn zwar kontrolliert, aber er wurde nicht weiter vermerkt. Ich hatte mir darüber auch weiter keine Gedanken gemacht, was sich nun als ein Hindernis herausstellte.

«Wo ist der Zettel für den Hänger?» Der Blick der Zöllnerin war gar nicht freundlich.

«Habe ich bei der Einreise nicht bekommen», erwiderte ich.

«Dann können Sie nicht ausreisen.»

«Aber was wollen Sie machen? In meinen Papieren steht, dass ich mit Hunden eingereist bin. Meinen Sie, dass ich mir in Russland einen Anhänger mit norwegischem Kennzeichen gekauft habe? Mit Sicherheit bin ich nicht zu Fuß mit den Hunden über die Grenze gegangen.»

Die Russin konnte nicht zugeben, dass an meiner Logik nichts auszusetzen war. Da ich aber so penetrant war, ließ sie mich schließlich ziehen. Wahrscheinlich froh, dass sie es nicht länger mit mir zu tun hatte.

Die nächste Hürde war die finnische Grenze.

«Sie müssen die Hunde verzollen.» Das sagte eine Beamtin, die aussah wie Lara Croft, mit Pistolenblick und entsprechender Oberweite. Alter passte auch, höchstens Mitte zwanzig.

«Aber die Hunde sind mein Eigentum. Ich verzolle doch nicht mein Eigentum.»

«Sie dürfen als Einzelperson nicht mehr als fünf Hunde mitführen.»

«Aber diese EU-Richtlinie galt früher einmal, die ist längst aufgehoben. Wenn man zu Rennveranstaltungen fährt, darf man mehr Hunde mitnehmen. Außerdem: Ich bin mit diesen Hunden über die finnische Grenze nach Russland eingereist.»

Lara Croft sah mich an, als wäre ich ein rücksichtsloser Gegner. «Alles Weitere entscheidet unsere Veterinärin.»

«Wunderbar», sagte ich. «Rufen Sie sie an.»

«Morgen früh. Es ist jetzt schon zu spät.» Es war gegen 21 Uhr.

«Es ist aber kalt draußen, wo soll ich übernachten? Morgen früh um zehn geht auch meine Fähre nach Schweden.» Ich hatte durchfahren und auf der Fähre schlafen wollen.

«Übernachten Sie draußen!»

«Wie?»

«Da draußen können Sie irgendwo stehen.» Die Hand wies schnurgerade auf einen beleuchteten Parkplatz.

Alle zwei Stunden suchte ich Lara Croft auf, bis sie mir die Telefonnummer der Tierärztin gab. Mittlerweile war es fünf Uhr morgens. Die Veterinärin kam aber erst zwei Stunden später. Sie schaute sich die Impfpässe der Hunde an, dann sagte sie zu der Pistolenlady, die sich gerade aufmachte, ihren Dienst zu beenden: «Sie hätten die Frau durchfahren lassen müssen. Für ein Rennen darf sie so viele Hunde mitnehmen, wie sie will.»

Lara Croft zuckte nicht einmal mit der Wimper, als sie mir meinen Pass aushändigte. Nur ihr Kaugummi bewegte sie von einer Wange zur anderen. Dabei wäre eine Entschuldigung mehr als angebracht gewesen – immerhin verpasste ich meine Fähre.

Es wütete ein richtig schöner und fieser Schneesturm, eine bedrohliche Wolke nach der anderen zog auf. Es war mal wieder echtes Fritz-Walter-Wetter, als ich in Norwegen eintraf, mit fünfzehn Stunden Verspätung. Der Fußballer Fritz Walter liebte regnerisches Wetter zum Spielen, da konnte er am besten kicken. Das lag daran, dass er sich als Soldat im Zweiten Weltkrieg eine Malaria zugezogen hatte und seitdem Hitze nicht mehr gut vertrug. Beim Endspiel der Fußballweltmeisterschaft 1954, das zum Sieg der Deutschen führte, regnete es bekanntermaßen unentwegt.

Sturm ist mein Fritz-Walter-Wetter, dann fühle ich mich am wohlsten. Bei Silvia-Wetter laufen meine Hunde zur Hochform auf. Doch jetzt konnte ich das nicht gerade behaupten, denn bei jeder Steigung musste ich beim Mercedes die Schneeketten anlegen und, oben angekommen, wieder abmachen. Langsam gelangte ich an mein Limit. Stimmt das?, fragte ich mich und gab mir selbst die Antwort: Nein, du bist nicht an deinem Limit, du willst einfach nur nach Hause.

Ich hatte immer gedacht, mit dem Älterwerden würde alles leichter, aber auf dieser Reise hatte ich den Eindruck gewonnen, dass es eher immer schwieriger wird. Dennoch: Ich war bei dem Rennen nicht in eine Krise geraten, verzweifelte an keinem Punkt, hatte mir nur immer wieder gesagt: «Das schaffe ich.» Ich hatte mein Bestes gegeben, vollen Einsatz gezeigt. «Stets bemüht», wie es oft in Bewerbungen heißt, wenn man eine Sache lahm anging, das war nicht mein Lebensmotto.

Und nun fand ich es völlig legitim, kurz vor der Ankunft zu sagen: «Jetzt reicht's.» Als der nächste Berg vor mir auftauchte, traf ich eine Entscheidung: «Ich lass die Schneeketten einfach drauf, ich nehme sie nicht mehr ab.» Und so fuhr ich mit Schneeketten weiter über den Asphalt.

Noch im Hellen kam ich an. Schlitten raus, Hunde raus, Hunde vor den Schlitten spannen, vom Parkplatz aus mussten wir ja noch zehn Kilometer über den zugefrorenen See fahren. Ich konnte ihren Ruf hören: «Yeeh – wir sind daheim!»

Zusammen hatten wir wieder ein Abenteuer überstanden, und ich hoffte, dass die Hunde ihren Spaß gehabt hatten, wenn sie auch kaum Gelegenheit gehabt hatten, mit irgendwelchen Ladys oder Gentlemen aus den anderen Teams anzubandeln. Aber für ein Date war ein Wettbewerb eh nicht der richtige Zeitpunkt. Sie hatten einen Job zu erledigen gehabt, und den hatten sie bravourös gemeistert.

Vor unserem Haus standen Steven und Jürgen auf der Veranda und hießen mich willkommen. «Schön, dass du wieder da bist!» Schön, weil es dann nicht mehr gekauftes Brot gab, sondern von mir selbst gebackenes. Und die Wäsche wurde wieder regelmäßig gewaschen, wie in anderen Familien auch. Der Ausnahmezustand war beendet. Es war gut, mal ohne Mama zu sein, aber auch gut, wenn sie wieder da war.

EPILOG

Nie wieder zurück

Umfassende Zweifel hatte ich nie an der Auswanderung, dennoch stellte ich mir immer wieder die Frage: «War der Schritt, den du gemacht hast, der richtige?» Nach gut sieben Jahren kann ich behaupten, unser Haus am Møsvatn-See fühlt sich wie Heimat an. Für jeden von uns vielleicht anders. Steven empfinde ich heute mehr als Norweger denn als Deutschen. Er ruht in sich, ist mit seinen neunzehn Jahren ein aufgeschlossener, freundlicher und zugleich sehr selbstbewusster junger Mann. Das wäre er womöglich auch in Deutschland geworden, das muss nicht unbedingt an Norwegen liegen, aber ich merke, dass dieses Leben in der Wildnis genau sein Ding ist. Besonders das Snowmobilfahren hat es ihm angetan. Die praktische Fahrprüfung hat er schon bestanden, bei der theoretischen ist er im ersten Anlauf gescheitert – acht von dreißig Fragen hat er verpatzt. Aber viele fliegen bei dieser Prüfung durch – sie stellt dieselben Anforderungen wie bei der Führerscheinprüfung fürs Auto, dieselbe Straßenverkehrsordnung wird abgefragt –, und beim nächsten Mal wird er es schaffen. Er büffelt ordentlich.

Stevens Weg war mehr als richtig gewesen. In Deutschland hatte ich zu hören bekommen: «Warum stecken Sie Ihr Kind nicht in eine Behindertenwerkstatt? Der wird nie eine Sprache groß lernen.» Jetzt spricht er drei Sprachen: Norwegisch, Englisch und Deutsch. Nicht nur mündlich, sondern inzwischen auch schriftlich. Wobei: Mit dem Deutschen hapert es langsam ein bisschen ... Er sieht keinen Sinn mehr darin, diese Sprache zu beherrschen. Dann versuche ich ihm zu erklären, dass es doch hin und wieder ganz nützlich sein könnte, auf Deutsch zu kommunizieren. Zum Beispiel mit seinen älteren Geschwistern.

Ich denke, dass man Steven in Deutschland nie an einer Führerscheinprüfung hätte teilnehmen lassen, insofern hat sich für ihn die Lebensqualität extrem erhöht. Das sieht er auch selbst so. Auf keinen Fall will er wieder zurück nach Deutschland. Jedes Mal, wenn es Probleme gibt, wie sie überall vorkommen, fragt er leicht verängstigt: «Mama, wir ziehen aber hier jetzt nicht weg, oder?» Meine Antwort ist dann immer dieselbe: «Nein, wir müssen überhaupt nicht von hier fort.»

Seit einigen Monaten suchen wir einen Ausbildungsplatz, Steven ist dabei, die letzte Klasse seiner weiterführenden Schule in Rjukan abzuschließen. Statt eine Behindertenwerkstatt zu besuchen, hat er in Norwegen die Möglichkeit, eine Lehre zu machen beziehungsweise, wie es hier heißt, ein «Lehrlingskandidat» zu sein. Lehrlingskandidaten sind Kinder, die besondere Aufmerksamkeit benötigen. Dennoch haben sie die Chance, einen ganz normalen Berufsausbildungsabschluss zu machen, wobei sie sich in ihrer Ausbildung auf gewisse Dinge spezialisieren. Fängt ein Lehrlingskandidat zum Beispiel in einer Firma als Techniker an, muss er nicht alle Abteilungen durchlaufen, so kann etwa das Kaufmännische außen vor gelassen werden, stattdessen konzentriert er sich aufs Schweißen. Er kann sich auch ein Jahr länger bis zur Endprüfung Zeit lassen als normale Auszubildende, wenn Ausbilder und Auszubildender das Gefühl haben, das wäre gut. Aber wenn Steven dann seinen Abschluss schafft, hat er eine abgeschlossene Ausbildung, einen Fachbrief.

Technik – das ist Stevens Leidenschaft geblieben. Er möchte Mechaniker werden, Snowmobile zusammenschrauben. Das ist eine Perspektive, die er im Bayerischen Wald nie gehabt hätte. Er hat sich frei entwickeln können, dafür hat sich alles gelohnt. Allein das ist wert gewesen, dass wir hierhergezogen sind. Dabei hatten wir von diesen Möglichkeiten bei unserer Auswanderung so gut wie nichts gewusst, uns war nur klar gewesen, dass es in Norwegen vermutlich sozialer zugehen würde als in Deutschland.

Jürgen, mein Mann, war schon in Deutschland ein Workaholic gewesen, das hat sich in Norwegen nur bedingt geändert. Trotzdem arbeitet er sichtbar entspannter, nimmt sich viel mehr Zeit für andere Dinge, paddelt mit dem Kajak stundenlang über unseren See. Inzwischen ist er bei seiner Firma nicht nur für die Installation von Bohrinseln überall auf der Welt unterwegs, er berät auch Kunden bei der Wahl von Anlagen. So entkommt er regelmäßig der Wildnis, kehrt in diese aber immer liebend gern zurück. Sicher auch deshalb, weil bei uns frisches, selbsterlegtes Fleisch auf den Tisch kommt, dazu selbstgemachtes Brot, Käse und Joghurt. Das hört sich nicht nur toll an, es ist auch toll.

Immer mehr lebe ich im Einklang mit der Natur, bin authentisch in den Dingen, die ich tue – und das ist mir sehr wichtig. Der einzige Wermutstropfen sind meine fünf Enkelkinder, die in Deutschland leben. Es ist schade, dass sie so weit weg sind, denn ich bin liebend gern Oma und hätte nichts dagegen, sie jeden Tag um mich zu haben. Aber das geht nicht, das ist leider unmöglich. Stattdessen telefonieren Colin, Jana, Céline, Noel, Jordan und ich fast täglich über Skype. Aber auch wer Mutter und Oma ist, davon bin ich überzeugt, hat ein Recht auf ein eigenständiges Leben. Und das habe ich in meinem Garten Eden am See, diesem riesigen Garten, den ich nutzen darf. Eine gewaltige Chance.

Ich bin hier angekommen, mit allen Höhen und Tiefen, die es zwischendurch auch gegeben hat. Ich habe meine Lebensform gefunden. Tief in mir hat es wohl immer geschlummert, dieses Bedürfnis nach einem Leben mit der Natur, mit den Tieren und Pflanzen. Ich habe gelernt, die Natur zu respektieren, mit ihrer unendlichen Schönheit, aber auch mit ihrer gnadenlosen Gewalt. All das kann ich in mich aufnehmen, finde es faszinierend, mittendrin sein zu dürfen in diesem großen Ganzen. Nicht als Mensch, der Macht über die Natur hat, sondern als Mensch, der erfahren hat, dass in ihr nichts so abläuft, wie ich es mir vorgestellt habe. Das habe ich gelernt zu akzeptieren.

Ende 2015 werde ich wieder nach Alaska und Kanada gehen und mich auf das Yukon Quest 2016 vorbereiten. Bislang lief ich mit meinen Hunden von Whitehorse (Kanada) nach Fairbanks (Alaska), dieses Mal haben wir Musher dem Trail entgegengesetzt zu folgen, von Fairbanks nach Whitehorse. Mit dem Rennen ehrt man die Leistungen der frühen Pioniere, aber natürlich ist das Quest auch ein großer Wettbewerb. Und ich werde nicht nur mit einem Team dorthin gehen, sondern gleich noch ein zweites mitnehmen. Denn im selben Winter möchte ich noch am Iditarod-Rennen teilnehmen, dabei hatte ich gedacht, dass ich das nicht mehr müsste. Doch da hatte ich mich getäuscht. Als ich dort 2012 nach drei Tagen scratchte (Musherwort für aufgeben) – aus gesundheitlichen Gründen, ich hatte einen Innenohrinfarkt gehabt, ganz böse, mit hohem Fieber und Gleichgewichtsstörungen –, da dachte ich: Soll halt nicht sein. Aber dann merkte ich, dass ich dieses Kapitel zu Ende bringen muss. Das Iditarod-Rennen, das nur durch Alaska geht und sogar etwas länger ist als das Yukon Quest, ist für mich wie ein Buch, das ich zu lesen angefangen und zur Seite gelegt habe. Jetzt will ich es zu Ende lesen.

Wer beim Quest startet, will durchkommen, wer am Iditarod teilnimmt, will gewinnen – das sagen Musher, die an beiden Wettbewerben teilgenommen haben. Meist waren das Amerikaner und Kanadier, noch nie zuvor hat sich ein Europäer, schon gar nicht eine Europäerin, beiden großen Rennen hintereinander gestellt. Wobei ich keine Ambitionen habe, als Erste durchs Ziel zu laufen, ich will nur bei beiden Rennen «durchkommen». Zuerst werde ich beim Quest starten, am ersten Februar-Wochenende 2016, danach habe ich vier Wochen «Pause», bevor ich Anfang März mit dem Iditarod beginne. Dass ich schon im November in Alaska sein werde, hat damit zu tun, dass ich dort trainieren möchte.

Durch die Art, wie ich in Norwegen lebe, mitten im Schnee und im Sturm, habe ich das absolute Selbstvertrauen, beides zu schaffen. Dieses Selbstvertrauen hätte ich in Deutschland nie entwickeln können. Ich bin mental so tough, ruhe so in mir, dass mir die über zweitausend Meilen im Eis nichts ausmachen werden. Eine schönere Erkenntnis als diese gibt es nicht für mich. Ich habe das Ziel vor Augen, nein, ich bin schon am Ziel angekommen, beim Quest und beim Iditarod. Alles ist schon in meinem Kopf. Meine Hunde sind meine besten Partner. Ich vertraue ihnen, und sie vertrauen mir.

Dank

Danken möchte ich allen, die mich durch mein Leben begleitet haben, all denen, die mich mögen, die gönnen können und
die mir Steine in den Weg gelegt haben ... Ich hätte weniger
zu erzählen, wenn ihr nicht an meinem Leben teilgenommen
hättet.

Ein großer Dank geht an meine Sponsoren und Unterstüt-
zer, die es mir ermöglichten, in all den Jahren meine Abenteuer durchzuführen und zu erleben.

Julia Suchorski, meiner Lektorin bei Rowohlt, danke ich
für ihren genauen Blick. Regina Carstensen wieder für eine
wunderbare Zusammenarbeit. Es gibt wenige Menschen, von
denen ich sagen kann, dass sie mich wirklich verstehen. Du
bist eine davon.

Meiner Familie, meinem Mann und meinen Kindern, muss
ich eigentlich nicht danken, denn sie spüren es jeden Tag,
dass ich dankbar bin, ein Teil ihres Lebens sein zu dürfen. Ich
liebe euch.

Streckenverlauf des 1. Internationalen Volga Quest 2014:

Etwa fünfunddreißig Kilometer vor dem eigentlichen Ziel-
ort Kazan erklärte das Rennkomitee das Rennen offiziell für
beendet. Aber schon vorher war ich mit meinen Hunden im
Alleingang unterwegs, rund die Hälfte der 600 Kilometer
langen Route.

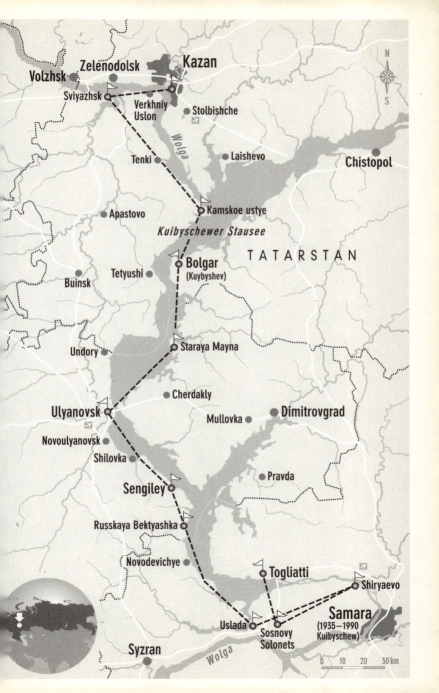

Bildnachweis

Bild 21, 22, 23, 25, 26, 27
Copyright © Dmitry Sharomov

Alle weiteren Bilder
Copyright © Silvia Furtwängler

http://de.therm-ic.com

Ich schwöre auf die Wärmetechnologien der österreichischen Marke Therm-ic. Beheizte Sohlen, Handschuhe und Socken wärmen mich beim Training wie im Rennen und unterstützen die körperliche Leistungsfähigkeit.

http://www.arcticcat.eu

Das richtige Gefährt, um meine Hunde professionell auf ein Langstreckenrennen vorzubereiten.

http://yukonquest.fgxpress.com

PowerStrips, meine alltägliche Lösung zur Regeneration und Schmerzlinderung.

https://www.ledlenser.com/de

Mit einem großen Hundegespann durch eine tiefschwarze Nacht zu jagen, fühlt sich oft wie eine Fahrt auf einer Achterbahn an. Die Stirnlampen von LED LENSER® ermöglichen mir nicht nur eine sichere Nachtfahrt, sondern auch, dass ich meine Hunde in der Dunkelheit optimal versorgen kann.

Olaf Hildebrandt   https://hildebrandt.bemergroup.com/de

Ich benutze Produkte von BEMER für meine Hunde und für mich. Sie unterstützen uns bei der Heilung von Verletzungen, sie schützen unsere Gesundheit, und vor allem können wir unsere Leistungen nachweislich steigern.

Durch die deutsche Wildnis

Zu Fuß von Wilhelmshaven bis zur 2962 Meter hohen Zugspitze mit diesem Ziel schlägt sich Joey Kelly durch die «Wildnis» Deutschlands: Er übernachtet draußen unter einer Plane, trinkt und isst nur, was die Natur ihm bietet, und marschiert pro Tag im Schnitt mehr als einen Marathon. Wetter und Einsamkeit sind seine stetigen Begleiter. Hunger und Durst treiben ihn an den Rand der Verzweiflung. Doch am Ende besiegt Joey Kelly die Hysterie seines Körpers und steht nach knapp drei Wochen und 900 Kilometern auf der Zugspitze. Der Lauf seines Lebens – ein faszinierender Survival-Trip.

rororo 62810

Auf Spurensuche am Kilimandscharo

Wer ist eigentlich dieser streng blickende Mann, dessen Foto über dem Esstisch hängt? Tillmann Prüfer weiß wenig über seinen Urgroßvater – nur dass er Anfang des 20. Jahrhunderts als Missionar in Tansania lebte und wenig Sinn für weltliche Zerstreuung hatte. Erst als sich seine Mutter in Afrika auf Spurensuche begeben will, fängt Prüfer an nachzuforschen. Er erfährt nicht nur, dass sein Uropa einst in der Ferne sein Glück fand, sondern auch, dass er dort noch immer fast wie ein Heiliger verehrt wird. Und so wird aus dem Familienurlaub plötzlich eine höchst offizielle Angelegenheit, in deren Verlauf sich Tillmann Prüfer am Fuße des Kilimandscharo vor Tausenden Gläubigen wiederfindet, die auf weise Worte aus seinem so gar nicht heiligen Munde warten ...

Eine Familie sucht nach ihrer Geschichte – sehr vergnüglich und hochspannend!

rororo 63057

Das für dieses Buch verwendete FSC®-zertifizierte Papier
Lux Cream liefert Stora Enso, Finnland.